多变世界的十大生存技能

Ten Survival Skills for a World in Flux

〔英〕汤姆·弗莱彻 著
Tom Fletcher

姜琳 李小霞 译

中国出版集团
中译出版社

图书在版编目(CIP)数据

多变世界的十大生存技能 / (英)汤姆·弗莱彻
(Tom Fletcher) 著；姜琳，李小霞译. -- 北京 : 中译
出版社，2023.3
书名原文: Ten Survival Skills for a World in
Flux
ISBN 978-7-5001-7266-6

Ⅰ. ①多… Ⅱ. ①汤… ②姜… ③李… Ⅲ. ①生存能
力 – 通俗读物 Ⅳ. ① B848.2-49

中国版本图书馆 CIP 数据核字 (2022) 第 240516 号

Copyright © 2022 by Tom Fletcher
Simplified Chinese translation copyright © 2023
by China Translation & Publishing House
ALL RIGHTS RESERVED

著作权合同登记号：图字 01-2022-6210

多变世界的十大生存技能
DUOBIAN SHIJIE DE SHIDA SHENGCUN JINENG

出版发行 / 中译出版社
地　　址 / 北京市西城区新街口外大街28号普天德胜大厦主楼4层
电　　话 /（010）68005858，68358224（编辑部）
传　　真 /（010）68357870
邮　　编 / 100088
电子邮箱 / book@ctph.com.cn
网　　址 / http://www.ctph.com.cn
策划编辑 / 郑　南
责任编辑 / 张孟桥
文字编辑 / 郑　南
营销编辑 / 白雪圆　喻林芳
版权支持 / 马燕琦　王立萌　王少甫
封面设计 / 远·顾
排　　版 / 潘　峰
印　　刷 / 北京盛通印刷股份有限公司
经　　销 / 新华书店
规　　格 / 710mm × 1000mm　1/16
印　　张 / 19.5
字　　数 / 223千字
版　　次 / 2023年3月第1版
印　　次 / 2023年3月第1次

ISBN 978-7-5001-7266-6　定价：78.00元

版权所有　侵权必究
中 译 出 版 社

谨以此书献给

我的父亲马克、我的母亲黛比

以及我勇敢善良、求知欲强的先辈们

序 言
泽纳布的登月计划

这趟旅程起始于一个问题，而那时的我，不知该如何回答。

黎巴嫩的贝卡谷地是世界上最美的地方之一。这里土地肥沃，又是连通各大陆的交通枢纽，几个世纪以来成了各大帝国的争抢目标。游人到这里可以一边沐浴温暖阳光，一边仰望皑皑雪山，这样的体验十分独特。众所周知，"面包和马戏"是古罗马帝国的生存之道。这里说的面包恰恰来源于此，而为马戏团准备的酒大部分也来源于此。位于贝卡谷地巴勒贝克地区的巴克斯神庙和朱庇特神庙废墟的规模之大，令人叹为观止，足以证明这片地区对于古罗马文明的价值。

近年来，这片地区却成了大麻种植中心，为毁灭性的黎巴嫩内战提供资金。游客早已绝迹，各种旅行警告、真主党的黄旗和路障令人望而却步。现在，住在贝卡谷地的人主要是难民，他们在叙利亚内战、巴以冲突和其他冲突事件中饱受摧残。

傍晚下起了毛毛细雨，我们的车队在土路上颠簸了一整天，参观破烂不堪的难民营。终于到了此次旅程的最后一站：叙利亚难民的住所。

我在一顶小帐篷的外面见到了泽纳布。这个帐篷的屋顶是一块旧烟草广告牌，他们一大家子都住在里面。泽纳布今年12岁，已辍学4年。他们全家逃离了故乡，那个叫霍姆斯的小镇如今被叙利亚总统巴沙尔·阿萨德下令布设的桶装炸弹炸成了废墟。她的学校、家庭、医院，还有无忧无虑的童年都被摧毁殆尽。父亲被杀，母亲如今在他们营地外的一家面包店打工，从早干到晚，只能靠她照料两个弟弟妹妹，甚至还要负责教他们读书写字。

泽纳布指了指帐篷的一角，她最小的弟弟艾哈迈德正跪在潮湿的地上，用一根粗短的黑色蜡笔画画。他今年8岁，和我儿子差不多大，但是营养不良，加上对成年人格外戒备，让他看起来小了很多。艾哈迈德十分害羞，但还是给我看了他画的那幅画：飞机射出麻秆一样的导弹，射向麻秆一样的儿童。骨瘦如柴的孩子们不是在奔跑，就是趴在地上。

泽纳布说，营地里缺少食物和干净的饮用水，药品更是稀缺，但她并不想和我这个突然造访的大使谈论此问题。听说，在附近的营地很快会开设一所临时学校，她那双浅褐色的眼睛兴奋地闪烁着光芒。

她说："我想当一名宇航员。"

这句话让我很意外。不过,生活这么灰暗,转移一下注意力也是件好事。"太棒了! 你想去月球吗?"我担心自己的阿拉伯语说得不好,一边问,一边比画着火箭的样子。

她用略带口音,却非常流利的英语回答道:"不,我想为艾哈迈德找到更安全的星球。"

一股绝望向我袭来。我有什么权利侃侃而谈诸如人要树立远大梦想、努力奋斗之类的空话呢? 她当然有远大梦想,也会为梦想努力奋斗,但她还是会被眼前的困境压倒。虽然我知道她的梦想难以实现,但是带给她一丝希望又何错之有?

我结结巴巴地鼓励她继续加油,抽出时间学习。她珍而重之地点了点头。显然,这不是泽纳布第一次听到配了车队和摄影师的白种人这么对她说话,也不会是最后一次。一名保镖敲了敲手表,目光扫向汽车。黎巴嫩的军方说,我们不可以在天黑后过真主党检查站:我们正位于冲突地区,要是让一位大使在这里遭遇"意外",将非常不利于大马士革政权与西方国家建立联系。

也许老师能够不顾疲惫和超员问题,帮泽纳布和艾哈迈德赶上功课。某个非政府组织的行动可能会将更多资金从其他挽救生命的事业上转移到教育上。某个西方政客可能会直面八卦小报上对种族主义的破坏性宣传,给他们一个在新国家重新开始的机会。也许,运气、韧性和善良真的能帮他们克服困难,真的能帮泽纳布实现她的登月计划?

但是,这无疑需要非常多的运气、非常多的韧性和善良才能办到。

我正要转身离开,泽纳布忽然拽住了我的衣袖。她问我这个问题时，脸上写满了真诚："我具体要学习些什么呢？"

我们从父母、老师、祖先那里继承的思想和价值观究竟是什么呢？究竟是什么构成了我们知识体系的基本框架？我们如何确保孩子们能够准备好面对连我们自己都无法想象的世界呢？我们必须具备哪些知识才能过上美好的生活呢？每个人都是一座桥，用我父亲的说法就是连接过去和未来的传承者。这是一个艰巨的任务，但从来没有人教我们该怎样去做。

我开车离开了营地，内心十分沮丧，因为我没法向她说清楚，这些问题对于我们来说有多难回答，与泽纳布和艾哈迈德相比，我们的生活有多么幸福。很遗憾，我竟然无法帮她想象一个这样的世界，在这个世界里，她弟弟画的火箭会射向浩瀚的星空，而不是他们。这也是最让我恼火的地方。

泽纳布弯下身子要进帐篷，又转过身来，嘴角露出善解人意的笑容。

"我会尽我所能地做好我该做的事，你呢？"

本书中，我将尽力给泽纳布一个更好的答案。

目录

前　言　点燃火焰·01

第一部分／十大生存技能

第一章　夺回控制权·27

第二章　拥有好奇心·46

第三章　战胜失败的恐惧·75

第四章　有效沟通·96

第五章　社会协作·111

第六章　建设共同愿景·127

第七章　保持善良·149

第八章　与科技共存·173

第九章　全球化的远见·191

第十章　传承与榜样·207

第二部分／现在就行动吧

第十一章　教育开放的大门徐徐打开·229

第十二章　文艺复兴 2.0 时代·239

第十三章　人文主义·252

第十四章　39 个生存措施·264

后　记　271

附　录　275

前 言
点燃火焰

> 教育是改变世界最有力的武器。
>
> ——纳尔逊·曼德拉（Nelson Mandela）

首先，本书不是教你如何变得更苗条、更富有、更聪明，当然它可能确实有这方面的作用。其次，本书也不是教导你和你的孩子如何出人头地，当然它也可能会产生这样的效果。

相反，本书讨论的是生存：个人、家庭、社区和社会该如何生存；要想更好地共同生活、应对各种威胁和机遇，我们必须学些什么。在这样一个动荡的年代，我们当中的很多人会产生不确定的感觉，脚下的路也没有以往那样坚实稳定，这本书会帮我们产生一些掌控力。同时，也希望这本书帮我们成为后代更好的榜样。

遇到泽纳布和艾哈迈德之后，我辞去了外交工作，调到教育部门，为数百万叙利亚失学儿童争取受教育的机会。我经常和政府领导、商业领袖们提出一个摆在我们面前的简单问题：年轻的难民向我们求助的时候，他们是穿医护服、防护背心、救生衣，还是（极端情况下）自杀式炸弹背心。

在做这项工作的过程中，这些年轻人和他们的父母多次告诉我，他们最渴望接受教育。但是，为了生存，他们游走于各个国家，面对不同的教育体系，失去了宝贵的时间，更糟糕的是，失去了希望。我曾遇到过一个叫卡勒德的阿富汗难民，他在一年之中接触过五种不同的教育体系。移民到欧洲的难民辍学的概率会翻倍。在全世界，大概有60%的人不识字、不会计算，7 500万人根本没有受到过正规教育，这庞大的数字太惊人了！

但是，泽纳布的问题更难以解决，远远不止让更多的孩子上学这么简单。他们在学校里究竟应该学什么呢？我们自己在上学期间，又有哪些东西本该学习，却没有学呢？我在纽约大学带领一支团队，花了两年的时间为泽纳布的问题寻找答案。我们该如何确保人类用正确的方式学习正确的知识？我们该学习哪些新的生存技能？如何培养这些技能？为此，我采访了数百人，从特种部队的司令、难民到各国首相，从教育先驱、探险家到科技大鳄。

我越来越急迫地想要解决泽纳布的问题，因此在阿布扎比、上海、悉尼、马德里、内罗毕和纽约举办了学生黑客马拉松[1]活动，

---

1. 黑客马拉松（Hackathon）这个概念源自美国，是一种赛制形式，云集一堂的高手们，要在几十个小时里开发出一款插件，累了或坐或卧，现场休息，做完后当场提交作品，被誉为"世界上最酷的开发者狂欢"。——译者注

年轻人齐聚一堂，共同面对激烈的挑战。我让他们找出他们没有学过，但必须知道的东西。我故意将这个过程安排得很混乱，目的是给学生发挥创造性的空间。我的许多同事认为我最后肯定会把事情搞砸。但是，随着项目的不断推进，学生们明显非常珍惜这个机会，都在反思自己错过了什么。我本以为会收到一长串截然不同的想法，看着都累人。但是，他们的答案来了，无论他们来自哪里、教育程度如何，这些年轻人都出奇一致地知道自己想要什么。

学校有没有告诉过我们，我们自己也是课程的一部分？我们自己也是21世纪的一分子？

"我们来自哪里？又是怎么来到这里的？"他们都意识到，他们有着共同的人类身份，有着共同的历史，却很困惑自己竟然没有研究过全球史。他们想知道自己国家的历史在他人眼中是什么样的，想知道自己国家的历史与他国历史之间的联系。"我们不想站在我们或者他们的角度、站在赢家或者输家的角度来研究历史。"

他们认为自己需要确立政治、公民教育和道德的基本底线。"我们对彼此的义务是什么？""我们对自由的限制是什么？各国对自由的限制有哪些不同？""纵观历史，人类是怎么治理的呢？"

很显然，来自各个群体的人都感觉到，他们对身体健康和精神健康的理解存在巨大差异。他们想学习急救知识，想得到饮食和健身方面的建议，想接受性教育。虽然不是很特别也没有开拓性，但是诸如金融理财、烹饪或汽车维修之类的简单技能对他们来说却十分重要。"也许上一代人是从家人或者邻居那里学到这些实用技能的。"

他们对数字化技能的要求越来越高，不是因为他们必须要用到这些技能，而是因为在他们看来，这些是他们必须要掌握的生存语言。"不是所有人都要成为程序员，但是我们必须了解与生活息息相关的技术。"

他们觉得现在的这些教育体系并没有指导他们如何表达观点、论述问题、影响他人。他们想要学习如何更好地倾听，如何与他人建立联系，如何进行有建设性的争论，而不仅仅是简单说出观点。他们希望对不同类型的人包容、尊敬、敞开心怀，与他人共情。他们强调，他们尊重的人没有地区与种族之分。"我们必须知道如何与意见相左的人交谈。"他们常常谈起生活中的焦虑和压力，谈论他们对待困难的韧性以及应对失败的能力。"我们永远敞开怀抱，绝不封闭自己。"在观点严重对立的辩论中，他们常常这样说。"我们应该如何表达见解？应该如何把握说话的时机呢？""我们如何知晓自己被误导了呢？""怎样才能最好地学习？"

这些人的学习经历各不相同，有的只接受过最基础的启蒙教育，有的坐在整齐划一的工厂式学校接受规模化教育，还有的接受的是贵族独立学校的教育。但是，他们一直保持学习的自主性和灵活性。他们想学习更多的课外知识，听更多的音乐，做更多的运动。他们想游览更多的地方，和不同文化背景的人交往。

但让他们倍感挫折的是，父母和老师都把学业看得更重要，对他们的评价也仅仅是依据考试成绩和死记硬背的本事。"评价我们的标准应该综合我们在团队中的实际工作能力、解决问题的能力、做项目的能力。应该鼓励我们具有冒险精神,而不是让我们不敢承担风险。"

大多数人认为,科技的潜力并没有得到充分利用。"我们本可以更好地利用这些科技,但父母和老师总是让我们远离手机。我们在考试时不能上网,但是实际生活中,人们一直都在使用网络。"

黑客马拉松的参与者一再向我表达改变的深切愿望以及改革教育体系的迫切要求。最典型的是,现实已经说明让学习者自主设计学习的重要性。正如哲学家荀子[1]所言:"不闻不若闻之,闻之不若见之,见之不若知之,知之不若行之。学至于行之而止矣。"

他们告诉我的这些想法和问题让我深受感动,颇有启发,也倍感挑战。我们能更好地在一起生活吗?我们与亚伯拉罕·林肯口中"我们本性中善良的天使"之间关联密切,为什么我们如今正在逐渐失去这种关联?为什么科技和社交媒体好像过多地鼓励我们血液中最坏的本性,却忽略了我们最好的本性呢?我们能否重新获得妥协、理解和理性的空间呢?独裁者、极端分子,以及那些坚信21世纪人与人之间会隔膜更深的人,会是全球社会的最初原型吗?

在这些年轻人的帮助下,我根据他们的反馈结果,开设了21世纪生存技能的课程,也就是本书的主要内容,目的是填补这些空白。同时,我也希望能够给泽纳布一个更好的答案。

---

1. 荀子(约前313—前238年),名况,战国末期赵国人,思想家、哲学家、教育家,儒家学派的代表人物,先秦时代百家争鸣的集大成者。

过去，我们应对危机和变化的手段不仅是掌握新工具，还要掌握新观念。如果不能重新掌握这些技能，我们就无从应对生存危机。无论是在网络上还是现实中，如果一代人没有掌握必备的技能，那么极端主义、不平等、不作为、偏执、怀疑将会日趋严重。如果做不到这一点，不久的将来，我们的子孙后代就会沦落为难民。

2020—2022年，由于新冠肺炎疫情席卷全球，我们不得不与他人保持社交距离，这也让我们反思，我们珍视的究竟是什么样的人际关系，哪些交往即便没有，我们依然可以生存下去。疫情带来的封锁也促使我们投入更多的时间和精力去关注人类生存不可或缺的东西。我们可以，而且必须更好地为即将发生的事情做准备。通过我们在纽约大学的研究，我认为人类需要在知识、技能和个性之间形成新的平衡。因此，本书阐述的十大生存技能是头脑、手和心灵共同作用的结果。

从头脑，也就是知识储备方面来说，人类从远古的洞穴画发展到如今的无人驾驶汽车，我们需要深入了解人类的聪明才智和创造力，我们要充分利用数千年来人类积累的知识，这将有助于我们培养好奇心，实现下一个巨大的飞跃。我们需要更好地学会如何共同生活，不仅要研究那些冲突频繁的社会时期，也要研究那些冲突减少的社会时期。同时，我们还要更深刻地了解我们和这个星球的关系。我们该如何更好地为将来做准备呢？2050年的世界会变成什么样呢？对我们的健康、财富和幸福会造成什么样的影响？人类是如何进化的？我们又该如何重新进化以应对一系列新的威胁和机遇？

从手，也就是技能储备方面来说，作为全球公民，我们必须谋求发展、不断适应、努力学习、勇于创造、立足共存，只为更好地管理我们的身心健康。传统课程并不重视这些基本的生存技能，正因如此，畅销书中才出现了很多这类书籍。我们需要打造全球竞争力，帮助我们在不同社会文化中形成生机勃勃的文化触角。我们需要学会如何学习，让后代更好地适应未来排山倒海般的科技海啸。正如哈佛大学教育学教授霍华德·加德纳所说："不要问一个人有多聪明，而是要问他为什么这么聪明。"

从心灵，也就是价值观方面来说，我们必须学习如何变得更加善良、更加充满求知欲、更加勇敢。我们需要充满善意，减少而不是扩大不平等。我们需要保持高度的求知欲，这样才能发明新的生活方式和组织自我的方式。我们需要足够的勇气来掌控技术而不是被技术掌控。怎样才能找到人生的目标？怎样找到、建立和动员与自己志同道合的群体？怎样才能真正地夺回控制权？怎样才能和科技共存，解决不平等、气候危机、历史遗留的冲突等体制不公的问题，成为后代眼中更好的长辈？

也许，凭借这些新的（甚至是旧的）生存技能，我们可以在制度失败时建立联系，在争论不休时达成共识，在壁垒丛生时弥合鸿沟。我们可以在随处充斥假新闻、摘引金句和思想上的人云亦云时努力获取知识、耐心、观点和判断力。我们向往能够在愤怒、偏执和所谓的"后真相"政治时代勇敢地保持平静、容忍、诚实。在民族主义盛行的时代，我们可以继续做个国际主义者；在思想封闭的时代，我们可以保持思想开放。

那才是我希望我的孩子们学到的东西。更为重要的是，我希望那也是想成为下一个居里夫人、爱因斯坦、阿尔·花剌子模或者比尔·盖茨的人要学的东西。也许在我们目前的"工业化教育"开始之前,我们的祖先就已经得出了许多应对此问题的答案。苏格拉底就告诉他的学生:"教育不是灌输,而是点燃火焰。"

要想转变学习的动机、方式和内容并非易事,但是,本书中分享的故事也许能够将这些点连成线。某个牛津大学的教授正努力开设带有全球历史观的课程,也许,这位教授会受到艺术专业老师的启发,后者会证明,创造力绝对不是在课外绘画班上练几张画就能轻松掌握的。某位校长看到一位科技企业家的实验,证明玩耍能够开发脑力,他深受启发,劝老师和家长们相信,冥想有助于取得学业上的成功。某个商业领袖正因为员工不具备正确解决问题的能力而深感失望,却从一位"油管视频"(YouTube)发布者那里受到启发,后者制作了许多大受欢迎的视频,说明了教育为什么不起作用。某个拼命致力于帮助难民接受多种教育体系的联合国官员看到学生们强烈希望通过学习提高自身的国际竞争力,而不是了解他们国家胜利的辉煌战绩时,同样深受启发。

但是,为什么如此紧迫呢?

如果我们希望自己和孩子为未来数十年的生存做好准备,我们的出发点必须是更好地了解未来即将面临的实际情况。

学生们问我最多的问题是:"我未来应该做什么工作呢?"其次是:"30年后这个工作还存在吗?"上一代人从来都没有意识到自己所选的职业会充满不确定性,也从来都没有意识到当今世界竟然如此动荡。

而且,我们给他们的建议也许并不是什么好建议。

对现有的任何一种工作进行审视，几乎都会产生同样的问题：我们所进行的一切都依赖于我们现有的认知。我们花大量的时间和年轻人一起思考熟悉的职业道路，却没有考虑这个职业到2050年是否还存在，为什么还存在。当他们面临做出人生的重大决定，要选择足以改变命运的职业时，我们对自己提出的建议真的那么信心满满吗？这些年轻人真的应该去当律师、工程师、银行家和外科医生吗？他们真的应该学习我们学过的那些知识吗？

在2000年，西方国家毕业生的共同点是没有太多地考虑职业发展的问题。虽然很少有人会认为，签了一份工作就要干一辈子，但是社会的基本假设却是如此。很多人找工作是为了交朋友，即使只是办公室友情。大部分人向往获得一定的声望和金钱，不必过多。社会流动性不断增强，他们和父母从事同样职业的可能性越来越低。但是，那时的人们并没有感到不安：也许他们没有得到最心仪的工作机会，但是其他的机会却出现了。

刚步入社会的毕业生决定选择一份工作的因素有很多，如地点（我喜欢旅游，我想在伦敦找工作）、技术要求、工作目标或者使命感，等等，很少有人选择工作是为了改变世界。但是，工作很快成为人们自我定义的主要因素。从学校毕业后，他们这样介绍自己："我是一个机械师/律师/医生/教师/会计师/外交官。"我们的祖先直接以自己在社区中的角色给自己取名字。和他们一样，工作就代表着我们的身份。

而在2025届毕业生看来，20世纪末的从业选择思路就像我们如今看待过去子承父业的从业思路一样，早已成了过去。在他们看来，从事朝九晚五的工作、65岁退休、女人不用工作的职场思路，早已成了过去。

他们离开校园时，会变得更加焦虑，理由也十分充分。他们可能负债更多，改善住房条件的理想更加遥不可及，领取养老金和退休的可能性也越来越小。他们通常认为第一份工作只是一块跳板，而不是一生的选择。他们会频繁跳槽，在20多岁的时候就开始频繁跳槽。他们将更加深刻地理解，气候、经济、流行病等不可控的因素比选择职业道路更能够影响他们的命运。

了解到这一点以及看清了这个世界，年轻人便产生了更大的目标和更多的动力：他们比先辈们更想让世界变得更美好。但是，他们也有一种更强烈的无力感。英国六分之一的年轻人可能有心理健康障碍。我们再也不会想当然地认为孩子们一定比我们生活得好，几乎有一半的人认为生活会变得更糟糕。东方国家的这些数字要更加乐观些，但是欧洲的情况糟透了。

2025届毕业生将考虑比父母更灵活的就业形式。他们不再限定就业区域：流动性对他们来说比就业地点更为重要。他们已经离不开经常性的、社交媒体式的体验，而不只是把两个星期的年假花在阳光、海滨和沙滩上。实际上，他们的早期目标并不是拥有房产，正如《经济学人》(Economist)杂志说的那样，"他们不求拥有房舍，只求拥有房内的植物"。[1]当他们进入就业市场的时候，他们面对的可能是完全不同的职业，如维护人员、数据侦探或者数据恢复顾问。

他们的流动性可能会更大。他们对自己拥有并且需要的特殊

---

[1]. 这篇文章里的后半句话说，"因为它们更便宜、更环保、更容易维护"。

技能具有更强烈的意识，他们不会再按照 20 世纪的生活方式生活。在我们那个年代，幸运的话，会从学徒开始，一步步从职员晋升到专家、经理、合伙人，最后退休。未来，自动化控制、境外生产或外包业务的竞争将更加激烈，只从事单一职业的人恐怕非常稀少。据世界经济论坛（World Economic Forum）的数据统计，目前从事一项职业的平均时间只有 4 年。无论哪一个行业，到 2030 年，现代工人采用的技术有三分之一将会消失；四分之一的成年人说他们甚至没有能力胜任现在的工作。

21 世纪的前 10 年及之后出生的人中，大多数年轻人也将成为数字原住民。拿 2025 年 22 岁的大学毕业生来说，Skype 在他们出生的那一年推出，Twitter 在他们 3 岁的时候创立，第一部 iPhone 手机在他们 4 岁的时候发布上市。很多发达国家的年轻人无论是生活，还是工作都离不开科技。在新冠肺炎疫情封锁期间，他们依靠这些科技和朋友、学校保持联络交流。我们这一代人常常批评年轻人太过于依赖高科技设备，但是，我们在纽约大学的研究结果表明，他们对科技，包括社交媒体的理解和控制能力反而比我们更好、更深刻。基于这一点，反倒是孩子们应该让他们的父母放下手中的电子设备。

工作和生活将进一步融合。与单一的从业者相比，如今那些走出校园的人可能拥有多元化、甚至不拘一格的身份和兴趣。四分之一的人可能没有全职工作。在某种意义上，所谓全民基本收入距离他们遥遥无期。按照目前的预测，他们会晚婚晚育，甚至不生小孩。在他们看来，拥有良师益友、保持开放好学的心态、建立关系网、保持自己的身心健康将更加重要。

2025 届毕业生的情况大致如此。但是，我们能否为现在仍在接受教育的孩子们先行做一些展望呢？事实就是，我们并不知道 2050 年的世界会是什么样子，但是我们可以做一些有根据的猜测。《未来工业》(*The Industries of the Future*)一书的作者亚历克·罗斯在纽约吃了顿煎饼快餐，他告诉我，如果在 21 世纪只有单一的发展路径，结果会非常可怕。他说："2050 年的就业形势将与今天完全不同。如果我们不去调整我们的教育系统，早做准备，无异于过失犯罪。"

他说得没错。如今，几乎一半的工作岗位风险极高。到 2050 年，传统的办公室工作和体力工作将不复存在，如同早前这些工作取代纺纱织布、扛麻袋或制作马蹄铁的需要一样。南希·格里森是纽约大学阿布扎比分校的教授，也是《第四次工业革命时代的高等教育》(*Higher Education in the Era of the Fourth Industrial Revolution*)一书的作者。她告诉我，一旦机器接管了模式化工作，只有知识将不足以成功就业。"高薪工作无疑会涉及创造力、数据分析能力和网络安全水平。随着工作自动化，工作流程也将变得更加流畅。员工需要能够在不同类型的任务和环境之间自由切换。"

重复性的体力劳动岗位会最快遭到自动化的重创。随便问问某个总机接线员或者邮政工作人员，就会了解这一点。我们已经看到还有一大批工作岗位岌岌可危：出租车司机、测量员、快餐店服务员、翻译人员。不难想象，卫星地图和汽车智能芯片可以取代停车执法人员，就像测速摄像头取代人工执法一样。如果你还想象不出你的行业或技能会如何被技术颠覆，那么你很快就会从有这种想象力的人那里得到答案。

不可思议的是，那些更具创造力的人反而会更容易摆脱自动化。计算机很快就能产生比大多数人类更智能、更连贯的想法了，那一天将很快到来。以 GPT-3 为例，这是一种可编码、可写作的预测性语言模型。目前它还不能像人类一样推理，也不能通过图灵测试，让我们相信它是人类。但它的写作质量是最接近人类的写作质量的。而且，它的进步速度比我们快得多。和其他技能相比，创造力将会更晚实现自动化。不过，现在不仅可以想象，而且可以体验到机器在一定程度上的创造力，这表明我们人类的领先地位正在弱化。

我们不知道在下一阶段人类进化的过程中会遭遇到什么，但只要跟着投资流向走，就能看出端倪。科技巨头们正在大量投资机器人技术，这些技术与我们的身体整合后，会让人类变得更强壮、更灵活、更聪明。结果就是，人类与机器之间的鸿沟正在缩小。企业家埃隆·马斯克称，我们已经是电子人了。想象一下，在 2030 年，当你走在一条繁忙的街道上，与你擦肩而过的很可能是那些为了治病而植入微芯片的人，或者只是为了减少带钥匙和银行卡的麻烦而植入芯片的人。如果你想参军，你可能会遇到已经在使用外骨骼的人。如果你从事外交工作，你可能会使用翻译机器与人交谈。如果 2050 年我还活着，估计到那时我身上会移植了某个 3D 打印技术制造的器官。

同时，物联网赋予了我们周围机器一种非凡的能力，可以协同工作来监控、组织我们的生活。量子计算和人工智能军备竞赛导致人类大脑无法竞争的领域在迅速增加。这些冲击不仅会出现在高科技已经覆盖的区域，随着大量投资的进入，会让现在还无法联网的 50 亿人都用上互联网。

这些惊人的进步主要是遗传学和纳米技术的进步。克雷格·文特尔是首批对人类基因组进行测序的科学家之一。据称，当他被问及他是否在扮演上帝的角色时，他回答说："我们不是在闹着玩。"

这并不是什么科幻小说。这些技术变革的浪潮将改变人类的基本能力，包括我们的行动力和创造力，最显著的是思考力。因此，我们需要确保我们的教育系统能够及时响应。如果说变化的速度让人难以理解，那是因为它本身确实难以理解。在商务休息室整洁的一角，由全球权威人士、顾问和前领导人组成的达沃斯圈（Davosphere）认为我们现在正处于第四次工业革命，他们形容这是"所有令人眼花缭乱的技术突破几乎在同一时间出现"。

当然，这不是科技第一次改变我们的工作和生活方式了。我的祖先最初是造箭师，火药发明之后，他们必须从简历中删除这一身份。第一次工业革命导致纺织工人失业。第三次工业革命后，计算机操控的生产线取代了人力生产线，我们现在更可能从事脑力劳动而不是体力劳动。

第四次工业革命以及之后的工业革命不仅会改变我们的工作类型，而且会改变我们与工作的整体关系。这种情况首次出现，其变革的规模与速度是前所未有的：来福车（Lyft）、优步（Uber）、户户送（Deliveroo）和拼趣（Pinterest）在 2000 年甚至还不存在！我们的超级链接加速了创新，到下一阶段，消灭工作岗位的速度将超过我们创造新工作岗位的速度。

然而，从某方面来说，下一次工业革命与之前的三次工业革命都有一个简单，但容易被忽视的特点。透过阴霾、科技和噪声，我们必须吸取一个简单的历史教训：适应最快的人能够取得胜利，适应最慢的人将会失败。显然这是一个生存问题，但是，我们却没有领悟到这一点。结果就是，我们也没有让年轻人理解到这个问题。如果我们把之前的几次工业革命相加分析，看看其中的赢家和输家，也许对我们会有所帮助。

1760—1840年的第一次工业革命之后，英国成为主要的受益者。蒸汽机和蒸汽机车改变了英国的经济影响力。无论结果是好是坏，英国在全球排行榜的位置的确迅速上升，政治信心和军事实力大大提高，最终统治了世界大部分地区。曾经可以与之匹敌的帝国无法适应新的发展，迅速衰落，在战场上最显而易见。土耳其成为"欧洲病夫"，它不会是最后一个拥有这个不幸头衔的前帝国。

1870—1914年的第二次工业革命之后，美国成为20世纪的强国，见证了批量生产以及电力、灯泡、汽车和收音机的到来。和之前的英国人一样，美国人发明、制造了我们的生活必需品。其他人努力保持这种不安的好奇心和耐心。其实在两次世界大战之前，欧洲就已经很落后了。而中国当时闭关锁国，没有走上现代化道路，导致处处被人看低一等，处处被边缘化。

第三次工业革命始于20世纪70年代，随着个人计算机、移动电话、万维网和机器智能的发明，美国经济步入自动化，成为第三次工业革命的最大赢家。但如今，印度和中国等新兴的超级大国正在第四次工业革命中寻找恰当的方法，利用互联网的独创性和创造力，借助自身庞大的人口数量和自身的经济模式寻求发展。相比之下，欧洲的步伐相对缓慢、笨拙。但是，美国并没有升级自己的民主模式，以适应数字时代的需要。

只要有技术变革，就会产生赢家和输家。"科技的影响就如同一阵龙卷风，首先冲击的是富裕国家，最终也会席卷贫穷的国家，"《经济学人》报道称，"没有任何一个国家已经做好万全的准备。"

因此，无须等待政府采取措施，我们需要找到工作和学习的新方法。人类在过去不断发展，不断应对新的威胁和机遇，同样，我们现在也需要适应第四次工业革命的步伐，否则，我们要么失业，要么为那些进步速度快于我们的人工作。我们不知道2050届毕业生将会如何看待这个世界，但是，如果我们和他们都能生活得富裕，就要形成一个更加清晰的世界观。这需要我们更好地理解这个世界。

对当前的政治格局和经济格局，我们能否辨别出大致的轮廓呢？这种尝试似乎很愚蠢，但不尝试的话，无疑更愚蠢。在分析地缘政治时，外交官经常谈到"已知的未知"和"未知的未知"。只有弄清楚需要学习什么，才能在一个不断变化的时代生存下来。为此，我认为我们应该预见到10个已知的未知因素。所有这些未知因素都强调了改变我们的学习内容和学习方式刻不容缓，都需要新的生存技能来迎接这些未知因素的到来。

第一，世界人口还会不断增加。除非生育率急剧下降、我们会用核武器或新型武器消灭彼此，或是未来的流行病对人类的打击比新型冠状病毒更严重，否则，到2050年，世界总人口将达到100亿，而在1800年，这一数字仅为10亿。到2100年，我们占据的空间几乎是我们在 1500 年占据空间的 30 倍（相当于今天的中等城市规模），我们中的一半人将生活在 5 个国家。印度将拥有近 15 亿人口，而美国则为 4 亿人口。这种增长不会在所有国家都发生，德国、俄罗斯和日本的人口将会减少。但是我们需要发挥创造力，努力维持人口数量。

第二，正如《纽约时报》报道的那样，气候变化将导致"世界上有史以来最大的全球移民潮"。之后的 50 年，气温将比之前的 6 000 年升高得更快。到 2070 年，世界上五分之一的地区将变得非常炎热。气温每升高 1℃，就有 10 亿人要迁徙。随着撒哈拉沙漠不断向南扩展，随着从中美洲到苏丹再到湄公河三角洲的土地干旱少雨，数亿人将被迫逃离或者继续忍受酷热、饥饿和死亡。移民将为宜居地区的老龄化社会注入新的活力。但是，一些国家因为无力应对人口流动对政府和民用基础设施的冲击，将进行自我封闭。更多理智的国家将寻找共同生存的新方法。因此，我们必须学习如何共同生存。

第三，气候变化和人口增长将加速经济和政治发展的势头东移。2050 年，中国和印度的 GDP 可能会超过美国。中国的 STEM[1] 专业毕业生的数量已经是美国的 6 倍多。新兴市场的增长速度大概是 G7 经济体的 2 倍。欧洲占世界 GDP 的份额将低于 10%，英国将跌到第十位，法国将跌出前十，意大利将跌出前二十，会被墨西哥、土耳其和越南等迅速发展的经济体甩在后面。

---

1. STEM 是科学（Science）、技术（Technology）、工程（Engineering）和数学（Mathematics）四门学科英文首字母的缩写。

那些仍然认为西方是世界中心的人到时候会大吃一惊。因此，我们都应该尽快学会如何走向世界舞台。

第四，到2050年时，我们的老龄化现象会更加严重。1950年，老人仅占全球总人口的11%。这个比例将在2075年左右超过年轻人的占比。由于医疗保健的进步，到2100年时，全球将有2 000万名百岁老人。对于有养老金的人来说，他们的养老金将占全球GDP的10%。我们会逐渐衰老，因此要更好地享受幸福。因此，我们必须适应老龄前的工作，并且持续学习。

第五，世界的权力中心将南移。非洲将成为布鲁金斯学会（Brookings Institution）称之为"世界机遇"的公共政策组织。它第一次出现是在殖民时期。由于治理不善，欧洲向非洲出口工业武器，并从非洲进口资源、引进人才，非洲地区的发展受到严重创伤。但自2015年以来，非洲大陆经历了近30次政治领导变动，问责制和民主程度不断提高。自2000年以来，非洲小学生人数从6 000万增加到1.5亿，识字率提高了10%。彼此连通的能力将成为一个很好的平衡器。德勤会计师事务所的研究表明，在发展中国家为40亿人扩充网络互联服务，将使生产力提高四分之一，GDP提高近四分之三，将创造1.4亿个工作岗位，使1.6亿人摆脱贫困。我曾与肯尼亚北部的农民接触过一段时间，他们能够接收贸易中心附近的天气预报和市场状况的短信，生计因而得到改善。曾有人说，授人以鱼不如授人以渔。也许在当今时代，我们需要给他们的是一部能联网的智能手机。

第六，尽管南半球、东方国家和我们的差距在缩小，但我们社会内部的不平等却在加剧，风险犹在。世界人口中处于底层的人占总人口的一半,他们占世界总财富的比例不到1%,然而1%的上层人口占世界总财富的比例将近一半。悲惨的现实情况是,新冠肺炎疫情对弱势群体的打击可能是最严重的。如今,移民和难民的数量已经相当于世界第五人口大国的人口数量。我们将面临更严峻的粮食生产压力,尤其是谷物生产。到2050年,将有超过一半的世界人口面临水资源短缺。如果不采取行动应对气候危机,数百万的饥饿和愤怒的人群会四处流动,形成人类历史上最大规模的迁徙。一些差距将会缩小,包括男女之间的差距、接受过大学教育的人和没有接受过大学教育的人之间的差距。但是,在世界经济论坛年度全球风险报告中,已经将日益加剧的不平等列为当今世界最大的风险。因此,我们需要好好弥补这个差距。

第七,新型武器使这种挑战变得更加紧迫。我们脑海中根深蒂固的焦虑,将我们的心思花在了21世纪的互相作战、厮杀的新方式上,正如前几个世纪中利用步枪、刺刀和长枪作战一样。配备无人机等新技术会让战争变得更简单、更环保、更具杀伤力,会降低对新技术使用者能力的限制。这些武器将广泛流行,直到被用来攻击我们。埃隆·马斯克和其他创新者写信给联合国,警告称:"我们制造风险的速度太快了。"联合国对此没有回应。尤其危险的是,网络战争的规则非常模糊,会造成一种混战的状态。我们已经建立了强大的常规武器、核武器、化学武器、集束炸弹和军火贸易国际体系,但我们无法管理这个快速发展的新领域。与过去一样,这种风险仍然存在,而少数国家拥有技术优势,因此不同意限制武器。但现实情况不会长期如此,这些新武器不符合现行的国际法律体系,他们必须重新定义国际体系。为此,我们需要有足够的创造力和应变力，以便快速做到这一点。

第八，管理传染病、移民、全球经济健康、气候变化、恐怖主义和新型武器的国际体系还没有开始取得成效，就会以失败告终。我们艰难地意识到，这些威胁不可能只在本国消失。经济低迷，让各国在最应该聚焦国外的时候将目光转向了国内。"二战"后，世界进入美国主导的全球合作时代，开始了保留至今的国际架构建设。1989年柏林墙倒塌，全球合作达到顶峰；2016年特朗普当选美国总统，全球合作时代结束。"战后"国际体系的建立是几代人倾力奉献和牺牲的结果，只为保护我们不受任何危险的个人或者意识形态的影响。这些个人和意识形态认为，只有他才能解决问题。在这些创立的国际机构里，有很多勤奋的专业人士，但是在21世纪经受着美国退出、俄罗斯分裂、权力东移的考验。现在，新冠肺炎疫情成为那些相信全球挑战需要国家解决方案的人手握的又一大武器。疫情暴露出国际合作体系的弱点，让很多政客倡导，除了人与人之间要保持社交距离之外，国家与国家之间也要保持距离。修复老化的全球"脚手架"需要认真、决心和耐心，我们一定要赋予世界人口更多的公民权利。在大国竞争的时代，改革尤为重要，但恰恰是大国最不希望改革。没有大国的参与，由谁来推动进程、召开会议、决定参与者呢？那些参与者会为非参与者说话吗？所有的事情都会受到重重阻碍。美国第34任总统德怀特·艾森豪威尔曾警告称："重要的事情都不太紧急，紧急的事情都不太重要。"之后的社交媒体和白宫办公室发的推文证明，他说得一点儿没错。

2017年，我给联合国秘书长写了一份报告，列出了国际社会急需采取哪些措施，为技术、社会飞速变化时期的地缘政治和社会巨变做好充分准备。显然，联合国并没有采取这些措施。2020年，联合国步履蹒跚地度过了75岁生日，其自身也存在大量的问题：被特朗普政府孤立和滥用，面对2020年开始的大流行病时陷于瘫痪。

第九，国家系统也将难以应对。正如比尔·盖茨所说，我们高估了科技的短期影响，却低估了它的长期影响。我们已经看到大多数政府（无论是民主政府还是威权政府）都在抗击新冠肺炎疫情。一些国家遭受到的经济和声誉的打击将多于其他国家，因此在排行榜上的排名时而上升时而下降。由于应急反应占用了如此多的精力，用于遏制极端主义、激进主义和不公正等社会流毒，以及保护难民和平民免受攻击的精力就更少了。大多数政府发现制定策略越来越难。在我到唐宁街10号工作之前，我总是相信卓越的思想家会制定出可行的方案，但却没有。

我和英国第52任首相戈登·布朗在他位于柯科迪的书房里见了面，那里堪称书盈四壁。正如他告诉我的那样，"我认为流行病肆虐期间，领导人确实是想要做点什么，但他们低估了流行病发展的规模。他们仅想解决本国的问题，却不明白这是一场全球流行病，如果不采取协调一致的行动，根本无法解决。领导人需要能够退后一步，问一问自己：'我想要实现什么目标？如何才能实现我想要实现的目标？其他人是否想和我一起实现这个目标？'你可能只会谈论大局，认为大局才是最重要的事，但其实你需要掌握其中的细节问题，这一点越来越难。我们过去常说，历史是一个陌生的国度。对于当今的政策制定者和领导人而言，当下也是一个陌生的国度"。

奥巴马总统和特朗普总统很少有意见一致的时候，但他们却一致认为，治国变得越来越难了。造成这一局面，是事情的发展速度、对决策的无情审查、对权威的不信任和治理失败等综合因素相互关联的结果。如果公民与代表他们的治理者之间没有形成新的社会契约，我们将无法为应对未来更大的挑战做好准备。所以，未来也是一个陌生的国度。

同时，科技公司的规模和实力将继续发展壮大。2021年，推特封掉了一位粉丝众多的美国前总统的账号。现在，苹果公司（Apple）的经济规模已经超过了尼日利亚全国的经济规模，微软公司（Microsoft）的经济规模已经超过了埃及全国的经济规模。自动化和人工智能将以不同的方式和速度影响各个国家，会给一些行业和地区的用户以及企业带来巨大的经济效益，却会给另一些行业和地区带去毁灭。因此，我们必须具备创造力和独创性才能与机器竞争。

第十，大趋势。人们通过互联网和移动设备购买商品和服务，这就是分享经济。当普华永道会计师事务所估计，2015年至2025年，分享经济将增长20倍时，着实让世人大吃一惊。但现在看来，这还只是保守估计。正如企业家汤姆·古德温所写的那样，"世界上最大的出租车公司优步并没有车；世界上最流行的媒体所有者脸书（Facebook）也并不创作内容；创造最多价值的零售商阿里巴巴（Alibaba）并没有库存；世界上最大的住宿供应商爱彼迎（Airbnb）没有任何房产"。所以，在一个流动性更强、物质更少的经济中，我们需要敏捷地寻找自己的位置。我们的求知欲对于我们的应对能力来说将变得更加关键，对于我们形成共享经济潜力的能力至关重要，会让我们的社会变得更加强大。

人口增长、气候危机、人口结构地震、地缘政治权力转移、新型武器、国际合作和国家战略失败、巨型科技企业和专制资本主义向前发展、共享经济形成中的不平等……真是一系列可怕的问题！

面对这股大趋势，大多数人会感到措手不及、担心焦虑，我们担心世界会莫名其妙地失控。这不足为奇，因为事实确实如此。

那么，为了生存，我们到底需要知道些什么？

| 第一部分 |

十大生存技能

第一章
夺回控制权

> 为什么当我们看到眼前的巨大成就时,想到的却是更糟糕的未来?
>
> ——托马斯·麦考莱(Thomas Macaulay)

现代社会瞬息万变,我们常常不知所措。无论你认同与否,诸如英国脱欧,或者特朗普的"让美国再次伟大"等政治运动已经找到了迎合这种错位感的方法,体现出这些国家寻找更稳定立足点的强烈愿望。

如果不脱离任何贸易集团,或者不选举特朗普这样的人作为政治领袖的话,我们该如何掌握更多的控制权呢?或者说,不像现在这样失控呢?我们又该如何更好地应对将来的种种变化呢?我们应该有所预见,并且充分了解我们将来要面临的形势,灵活应对危机和挫折,掌控、利用好时间和知识,让自己具备生存所需的必备技能。

该如何预见未来？这个问题听起来令人生畏。好消息是，我们人类已经领先一步了。预见变化并且准备应对变化，远比参与竞争对我们更有利。论赛跑，我们敌不过猎豹；论角力，我们比不过银背大猩猩，但是，现代人类比其他物种更擅长策划。

作为狩猎和采集者，我们通过学习能够预见猎物在何时何地最容易捕获，树木什么时候结出最丰硕的果实。在古罗马时代，人们通过占卜和对鸟类世界的解读，做出至关重要的军事决定。数千年来，由于数学家、天文学家尼古拉斯·哥白尼等智者的存在，人类已经成为预测恒星和行星运动轨迹的专家。微积分和现代统计学的飞跃进步为现代数据科学、机器学习和预测分析奠定了坚实的基础，从放牧奶牛的地点到天气、信用风险、网络搜索或者体育赛事阵容，无所不包。预测分析的市值将在2025年达到85亿美元。

然而，预知未来并不是脑科学。《超预测》(*Superforecasting*)的合著者菲利普·泰洛克认为，人们能够更好地预测未来，并且能够教导别人如何更有效地预测未来。如果他说得对，那我们为什么不把花在健身房的时间和力气用来提高这项技能呢？

迪拜的未来主义领袖诺亚·拉福德被称为未来的"维齐尔[1]和煽动分子"。我们一起参观雄伟壮观的迪拜未来博物馆时，他告诉我，每个人都迫切希望了解未来，或多或少地掌控未来。但是，我们都应该知道，这个世界比我们想象的更加陌生。复杂的世界

---

1. 维齐尔是旧时伊斯兰国家高官的称谓。

充满了不确定性,这是我们无法解决的问题。拉福德最重要的工作不是预测未来,而是"借助对未来的预测,更加清晰地反观我们当前的世界"。更好地预知未来,也就能够让我们更好地开展现在势在必行的改革。

"我们普通人真的能成为预言家吗?"我问道,深感自己被博物馆里的机器人狠狠碾压。这座博物馆我以前来过一次,这一次机器人一看到我,竟然能叫得出我的名字。

诺亚大笑着击掌道:"当然可以。不过,这与那些小技术、小工具无关。预言家不是要预测体育赛事的结果,而是要预测人们对待周遭世界的方式。问题的关键在于有意识地对待世界。"一旦你有意识地测验趋势、预测趋势,你已经对未来做出了更充分的准备。

我们该如何更好地预测未来,以便做好应对的准备?

首先,我们应该谦虚谨慎。尽管我们在计划和规划方面成绩卓著,但是事实证明,包括预言家和占星家在内的大多数人类并不善于预测未来。未来学家雷蒙德·库茨魏尔在这方面做得更为成功。他正确预测了科技和数据对个人隐私的威胁,以及健身手表等健康设备。不过,他在 1999 年也预测说,到 2019 年,人类预期寿命将升至"100 岁以上",而书籍将不复存在。无论你是在报纸上还是在网上看到这条消息,显然这两点他都预测错了。可以预见,那些经常预测正确的人也常常会判断错误。

诸如这些预测——全球人口将超过 80 亿、飞行汽车、电子投票、人类登上火星、化石燃料替代品、每周只工作 3 天、智能家居、反重力腰带、中国经济超过美国等频繁被修改。1968 年,麻省理工学院政治学教授伊锡尔·德·索拉·普尔预测,更顺畅的沟通、更容易的翻译和对人类动机更深入的理解将意味着"到2018年,民族主义应该是全世界一股在不断减弱的力量"。真要是这样就好了!发明家尼古拉·特斯拉是一位有远见卓识的人,他预测"21世纪的人类不会用咖啡因和尼古丁等有害物质污染他们的身体"。沃伦·巴菲特警告我们要始终考虑人们做预测背后的动机是什么,他的观点非常正确。"千万别询问理发师,自己是不是需要理发。"

这些事例中令人沮丧的一点是,人们的预测不可能永远正确。但令人鼓舞的是,我们没有理由不亲自尝试一下。

为了更好地做到这一点,我们最好先深入地理解和审视我在前言中提到的大趋势。例如,1766年出生的物理学家约翰·道尔顿自制设备用来记录和预测天气,以放松身心。他坚持了57年的记录成为英国最早的天气数据集,里面包含了他对湿度、温度、大气压力和风的研究内容,也成了气象学的基础。但是,用记者尼克·高英的话说,我们有时也需要让自己"思考不可想象的事情"。例如,理论物理学家彼得·希格斯和他的团队早在1964年就通过希格斯机制,预言了希格斯玻色子基本粒子的存在。然而,直到2012年,该粒子的存在才被证实,希格斯也因此获得了诺贝尔奖。我们可以找到我们并不认同的观点,并有意识地挑战我们对世界的现有假设,让自己思考想象不到的事情。

我们还可以进一步建立过去与未来的联系。未来学家安妮·丽丝·克亚尔说,未来学家和考古学家一样,能够"利用现在的人工制品,将这些点连成一个个故事"。说到未来,你可以有两种选择。你可以退避三舍地想：这种事不会发生在我身上，我要建造一座高大的城墙阻断所有坏消息。又或者，你也可以建造风车，来操控变幻莫测的风。这不仅是一个教育孩子的绝好机会，还是教育下一代家长的绝好机会。

掌握控制权的一个核心要素就是，预计到可能出现的挫折和危机，并做好应对的准备。我们新产生的直觉让我们假定了一件事：意外和不确定性是不可避免的；在与敌人的接触中，不可能完全按照计划进行。

人们通常认为，只有处于重压之下才能激发或者获得克服逆境的能力。为了培养韧性，你需要一些逆境或挫折，比如，受到暴力威胁、创伤、艰难的童年或家庭生活。但是，诺曼·加梅齐和艾美·维尔纳等心理学家的最新研究成果表明，韧性是可以后天培养的。有些时候，我们的这些能力是因为运气好，得到了长辈或导师的支持。但是，这常常与我们如何看待自己的能力有关，与我们如何看待环境对自身处事方式的影响有关。能够按照自己的方式面对这个世界的人更加独立自主。正如丁尼生在诗中写的那样，韧性强的人认为自己才是命运的主宰者。

哥伦比亚大学临床心理学家乔治·博南诺对人的韧性进行了长达 25 年的研究，试图弄清楚为什么有些人能够更好地应对压力。他告诉《纽约客》(New Yorker) 的记者，关键是这个人看待事物的方式，是把它当成创伤还是当成学习和成长的机会。每一个可怕的事件对经历者来说都可能是创伤，也可能不是。重要的是我们如何对自己解释这个问题。

我们能否训练自己更好地应对冲击，更有效地处理我们经历过的事情呢？当然可以。首先，是要了解我们调节情绪的能力。其次，宾夕法尼亚大学的积极心理学家马丁·塞利格曼告诉我，我们要调整向自己描述消极事件的方式。发生坏事不是我们的错，也没有预示我们会更加失败。我们有能力改变处境，如果我们将逆境视为一个值得学习的挑战，我们就更有可能摆脱逆境。韧性是我们从压力中恢复过来、适应困难环境、在逆境中发展壮大的能力，它需要我们对自我和他人有清醒的认识。韧性更强的人往往会认为，挫折只是暂时的，是在特定时间或特定情况下才会出现，并不完全是他们自身的问题。他们认为挫折不是永久的、普遍的，或者总是与他们如影随形的，他们会感觉更有控制力。增加我们勇气的因素和增加我们压力的因素一直在不停地博弈，因此，我们必须继续努力，做好准备。

我曾担任驻贝鲁特和叙利亚的大使，并在2008年金融危机后担任G20的顾问。根据我的经验，我们可以通过一些方法来训练自己做到这一点。首先，要训练自己在重压下认真思考。这是英格兰橄榄球联盟教练克莱夫·伍德沃德的口头禅，他曾赢得过世界杯冠军。这句话听起来很简单，但我们都知道，危机来袭时清晰的思路消失得有多快。人们在压力下的行为会严重变形。我们的肾上腺素上升，往往会做出仓促的决定，甚至感到恐慌。2003年的世界杯赛上，伍德沃德的球队在决赛最后时刻做出了正确的决定，和橄榄球队一样，我们完全可以训练自己在压力下认真思考。为了更好地应对大的危机，我们可以学着让自己不再执着于小危机，认识到很多事情我们无法控制，并专注于自己确实有能力和影响力的领域，也包括管理自身的情绪。如果我们想夺回控制权，可以以此为着手点。

其次，深陷危机时，你会比平时更需要知道"脚手架"在哪里。遇到困难时，你最有可能依赖的人是谁？最信得过的习惯是什么？我们可以提前投入大量的精力、物力，建立自己的人际关系，进行各种业务实践。打好基础很重要。

最后，压力大时，交流比平常更重要。我们需要付出更多的精力去倾听。"我们如何一起解决这个问题呢？"在危急时刻，这是个非常好的问题。让别人和你一起来解决问题。不要认为你说过一次，别人就会听进去、理解了。问的问题要正确，并且与自己以及周围其他人相关。有谁不同意这个方案吗？如果没有，那本身就是一个问题。

夺回控制权的下一步措施是重新掌控我们的时间。

时间是一种强大的货币。我们都知道，我们拥有的时间是非常有限的。随着年龄的增长，我们会感觉时间就如同沙漏，匆匆流逝。一个很好的简单练习是，想想你今天或本周真正想做的事情。在一个理想的世界里，你有多少时间留给能让你快乐的人和事？然后在旁边那栏中详细写下你今天或本周真正在做的事项。

两者之间的差别可能会非常明显，让人沮丧。但是至少可以让我们看清，可以从哪方面做出改变。

有时，我们只需要放慢脚步。我的朋友约翰·卡森接任了我在唐宁街10号的首相外交顾问的职务。他是我见过的最睿智的外交政策思想家。在那里度过了一段辉煌的时光之后，他前往开罗担任驻埃及大使。在这一段艰难的政治生涯中，他的表现非常卓越，吸引了 100 万推特粉丝。

之后，他放下了这一切，花时间体验安静、专注、自我意识、休息和释放自我。约翰告诉我，他在这段时间学会了一个道理："我们专注于什么事，就会成为什么样的人。一定不要匆匆忙忙，而是追求宁静，专心致志。"他借助约翰·奥多诺霍的诗向我表达祝福：

> 此刻，我们应该放慢脚步，
> 倚墙躺下，
> 静候糟糕的日子过去。
>
> 请试着，
> 不要让怀疑的闪电刮削
> 你所有的感知，
> 和心中犹豫不决的光明。
>
> 如果你依然保持慷慨的心态，
> 时光定不会辜负；
> 你会发现自己的双脚
> 重新站在充满希望的沃土上，
> 空气也充满好意，
> 一切将全新开始。

重新掌控我们的时间，也可能意味着会减少我们出卖给用人单位的时间。我们怎样才能在经济更加独立的同时给自己争取更多的时间呢？我们究竟需要什么才能年复一年地生存下去呢？我们现在需要赚多少钱才够呢？书架上堆满了能解决这些问题的书籍。归结起来，主要有两种普通却实用的方法：少负债、少购物。

个人理财专家内森·W. 莫里斯说："每次你借钱，都是在抢劫未来的自己。"这往往涉及很多艰难的选择。我们常常听人说，幸福的关键就是花钱，然而我们知道事实并非如此。正如威尔·罗杰斯所说："太多的人把他们没有赚到的钱花在购物上。他们其实并不想用这些东西吸引那些他们根本不喜欢的人。"购物本身激发了我们原始的狩猎、采集冲动，使我们更难判断我们真正需要什么，只顾着环顾自己的家或旁边的百货市场，冲动地购买那些本不需要的东西。

科学表明，如果你知道如何运用金钱，一定量的金钱会让你更幸福，因为有钱可以减少人生的不幸。但是，我们买不到真正的幸福，因为我们永远都不会满足。我们高估了拥有更多的金钱和物质带来的快乐，经济学家称之为"享乐跑步机"。

有时候，多余的钱会带来新的压力：更长的通勤时间，或者羡慕新邻居更富有。人比人气死人：这是一种生存技能，使我们能在历史的长河中延续生存。但是，一旦我们只满足于基本需求，可能会阻碍我们前进。哈佛教授丹尼尔·吉尔伯特在《哈佛幸福课》(*Stumbling on Happiness*)一书中说："一旦你的需求得到满足，更多的钱并不能带来更多的幸福。"当我们用时间而不是金钱来思考生活时，可能会发现，我们最看重的是每周在大自然中散步、顺畅地上网、与朋友共进午餐，以及偶尔休息时去一些以前没去过的地方。希腊的斯多葛派哲学家爱比克泰德曾经是奴隶，他说："财富不在于拥有大量财产，而在于少有需求。"

如何看待相对的财富，比财富本身对幸福感的影响更大。我们至少可以不与克鲁尼家族、杰夫·贝索斯或最近中彩票的人比较，而是开始将自己与达特茅斯学院经济学家厄佐·卢特默所称的"同类人"相比较。所谓同类人，就是和我们一起工作或长大的人，比如我们的老朋友、老同学。加州大学心理学教授索尼娅·米尔斯基认为，快乐的人不会为他人的成功所困扰。当她问那些不快乐的人喜欢与谁进行比较时，"他们会一直说个不停"。但是，"快乐的人根本不知道我们在说什么"，他们压根不比较。

将注意力放在我们需要的事情上，而不是想要的事情上，我们会赢得更多的时间。人们往往高估他们从物质中获得的快乐，低估他们从亲身经历中获得的快乐。科学表明，有的时候，那些不能持久、稍纵即逝的事物往往产生最持久的幸福。学生们认为亲身经历（在外留宿或者度假）比拥有的物质更为重要，因为经历不会消失，越是回忆感觉越开心。最幸福的人常常把一切看成一种经历，包括消费。

谷歌（Google）上搜索量最多的三个与金融相关的问题是：如何储蓄、如何投资和如何退休。搜索出的答案可能比我们想象的更加简单，而且可以同时回答这三个问题。加拿大博主、软件工程师彼得·阿德尼更有名的身份是"钱胡子先生"。他在30岁时退休，尽量减少开支，并不懈地追求财务独立的目标。他将典型的中产阶级生活方式描述为"火山喷发式浪费"。他认为通过少花钱和拥有更少的物质财产，我们可以让自己更幸福。

他这套方法的关键是，要认真计算好你的生活真正需要什么，从而将消费降至最低。他的追随者果断地还清债务、追踪他们的财务状况、预留应急资金、摆脱对生活不确定因素的焦虑。退休的目的不是什么事都不做，恰恰相反！这让他们有时间做自己热爱的事情，找到自己的目标。美国作家玛雅·安吉罗说："只有真正的热爱才能让你取得真正的成就，不要把赚钱当成你的目标。相反，追求你喜欢做的事情，尽力做好，让其他人的视线无法从你身上移开。"

她说得没错，如果我们把时间而不是金钱当成打开理想生活的钥匙，我们就有更多的机会解放自我，过上理想的生活。

夺回控制权要求我们对拥有的技能承担更大的责任，确保为未来可能发生的事情做充足的准备。圣雄甘地建议我们："好好生活吧，好像明天就要死了一样。坚持学习吧，好像你会永远活着一样。"然而，我们中的大多数人却没有好好利用时间和精力来发展自我。我们一旦离开了正规的学校教育，就好像我们要接受的教育已经结束了一样。

我们不能再这样虚度光阴了。

我们现在面临的情况是：由于数字化和自动化给各个行业带来巨大的变革，现在的工厂在 20 年后可能会变得面目全非。商界大佬已经表示，目前的教育模式并没有教会年轻人必要的社交和情感技能，他们需要更多有能力解决非结构化问题、处理新信息、分享和批判性评估新知识的人。对这些人而言，能够与团队良好合作比以前更重要。

有一个故事：画家提香在 86 岁时说："我想，我要开始学习独立作画了。"这位著名画家恰恰是在 86 岁辞世的。学习不应该停留在学校，我们必须懂得一件事：学无止境。社会企业家和教育家托尼·伯里告诉我，对社会做出最大贡献的学生是那些具备"学习潜力"的学生。每个人都要能"开始一段学习之旅，然后再迈入下一段学习之旅"。

牛津大学的专家们发现成人教育是"国家永远的必需品"。但是在提供终身学习机会以及成年人的读写能力、计算能力和解决问题能力等方面，各国的情况千差万别。丹麦政府的终身学习计划向所有公民提供每年两周的技能培训，三分之一的丹麦人参加了这个计划。这一点，很少有国家能够与之相媲美。我在哥本哈根大学演讲时，经常困惑地发现：参与该计划的大部分学生竟然是领取养老金的老人。

让自己尝试做新鲜、挑战性强的事情也会让人的幸福感爆棚。我们会痴迷于一些挑战，因为这些挑战有助于我们形成心理学家米哈里·契克森米哈赖教授提出的"沉浸"状态：完全沉浸在某种状态之中，让你达到身心的极限。不列颠哥伦比亚大学的一项研究表明，如果工作可以让人学习到更新鲜、更多样的东西，工人宁愿降低 20% 的加薪。

因此，我们也要培养终身学习的思维模式。正如新加坡时任总理李光耀所说："我一直都把自己当成一个学生。我从未停止过学习。"作为一个岛国，新加坡的"技能未来"计划就是一个很好的例子。每个新加坡人都会获得相当于 300 美元的奖金，用于"终身学习，提升个人才能，追求自己热衷的爱好"。该国设有 10 000

门课程的在线数据库。该计划的设计者对我说，它不是教育，而是"一项全国性运动，无论起点如何，每个新加坡人都能获得机会，发挥人生的最大潜力"。除了其课程数据库外，"技能未来"计划还拥有庞大的技能培训、知识发展和职业规划资源中心。监督其发展动态的部长告诉我，新加坡现有的教育体系虽然成功地提高了考试成绩，却加深了社会鸿沟、不再鼓励社会流动，该计划的构思正是为了解决这个问题。"我们进行了教育升级，让所有人都能接受教育，以创造一个更公平的社会，并确保建立一个更广泛的人才库。"

新加坡政府已经意识到，整整一代人接受的是应试教育。他们十分明智地认识到，人们需要更多的支持来培养个性、获取公民身份、提升幸福感。因此，政府鼓励新加坡媒体不要只关注学术排行榜。很多其他的国家会受到这种方法的启发，并且从中受益。

终身学习不只是为了发展经济和培养技术熟练的劳动力，也是为了让我们在就业市场上更有竞争力。纽约大学的研究成果也显示，我们需要持续学习来提升幸福感和自信心，提高我们与陌生人交流的能力和与新思维碰撞的能力。正如本书倡导的那样，持续学习能够滋养我们的大脑、动手能力和心灵。神经科学家还认为，保持大脑可塑性的最佳方法是持续学习。真正关注、培养一项新技能，是锻炼大脑的最好方式。

如果我们能意识到，智力在一生中的变化方式，终身学习就会变得更加简单。20世纪40年代，英国心理学家雷蒙德·卡特尔着重指出流体智力和晶体智力之间的差异。年轻的时候，我们往往拥有更多的流体智力，即解决新问题的速度、创造力和敏捷性。随着年龄的增长，这种智力会逐渐减少，取而代之的是晶体智力，即利用我们获得的知识，关联各个主题和各种想法，并最终形成智慧。你从事的职业更依赖流体智力还是晶体智力呢？你受到的教育支持哪种智力呢？今年你学到了什么东西能够发展你的晶体智力？

我们在一生中可能要在不同的领域工作，那么，我们又如何确保自己拥有正确的心态和能力来不断适应、不断学习呢？这个问题没有标准的解决方案。这不像一条生产线那么简单，我们的学习也各不相同。

你可能是视觉型学习者，需要利用图像、思维导图和图表来获取信息：在这种情况下，你现在可能会去"油管"或"网飞"（Netflix）学习新技能。肯尼亚标枪运动员朱利叶斯·耶戈在2012年伦敦奥运会上获得第八名。肯尼亚非常重视本国田径运动员的培养，但耶戈没有自己的教练，也没有上过任何正规的课程。他是通过挪威标枪运动员安德列亚斯·托希尔德森在"油管"上的标枪视频自学的。耶戈在2015年成为世界冠军，并创造了标枪投掷最远的纪录和世界第三的佳绩。

你可能是听觉型学习者，在听到别人说出或谈论某件事时理解得最透彻：你可能会在听研讨会和讲座时进步最快。在印刷术出现之前，这是大学传授知识的重要途径，学生常常听他人朗读课文内容。现在，这也是一些大学最基本的教学模式。

你可能在读写时获取最多的信息。自从印刷术问世以来，这一直是大学传授知识的主要途径。图书馆的质量比讲座的质量更为重要。

又或者，你可能更像是一个动觉型学习者，通过移动、创造和练习来理解新理念；你可能在有音乐或者不断切换的环境中工作效率最高。

我们大多数人这四种情况兼而有之。

你可能左脑更加发达，更善于用逻辑、数学、分析方法解决问题，也比较注重细节。或者，你可能右脑更加发达，富有创造性思维、艺术气息、直观思维和全局意识。我们在纽约大学的研究中，深入探讨了这些特点对我们如何获取、保留新信息和新技能的意义。如果你的左脑比较发达，在教学大纲和教学目标十分清晰、教学过程循序渐进的情况下，你会更喜欢学习。你会喜欢组织有序的日程表、定期修订的进度和清晰明确的解释。你更有可能通过需要讨论和团队合作的现实生活任务来学习。听起来有点儿耳熟？在新冠肺炎疫情封锁期间，如果在线学习能提供完整的学习框架和详尽的学习内容，左脑学习者就会适应得很好。

如果你的右脑更发达，你更有可能通过使用图片、视频、图表、思维导图和颜色编码来享受学习的乐趣。你可能会喜欢通过角色扮演和戏剧表演来吸收新知识。你不太可能想要或需要太多的结构化内容，比如概述，或者一系列的学习目标。这种类型的学习者可能更喜欢在工作中学习，而不是在培训课程中学习。你对理论不太感兴趣，总想亲自尝试。在新冠肺炎疫情封锁期间，右脑学习者也可以很好地适应在线学习，因为他们可以自由地追求内心的想法、随意安排时间以满足自己的好奇心。他们更有可能从学校的时间表中解放出来。

同样，很多人采用多种学习方法。你可能发现自己两种类型兼而有之，或者在两种类型之间不断切换。疫情期间，学校提供的最佳在线学习大部分能够实现课程框架与自由安排相结合。靠自己去弄清楚一门课最基本的学习内容（即必须理解和吸收的知识）要比以前困难一些，但是，只要给学生提供多种不同的途径来吸收知识，譬如画知识框架图、配上音乐背景、制作各种视频等，就能克服这种困难。快速发展的在线成人教育市场更倾向于左脑发达的学习者。相比于要通过交流互动来学习的方式，通过"油管"上的视频掌握结构化的内容更有助于探究和理解信息。不过，我还要强调一点，最有效的内容是不断将两种方法结合，引入更多的视觉材料、色彩、音乐……

探讨个人学习风格的另一个方法是，思考激进主义者、反思者、理论家和实用主义者的特点，从中找到平衡。激进主义者热情高涨时的学习效果是最好的，他们希望受到新体验的刺激。"让我们来探讨一番！"不难想象在培训日，激进主义者抓起便利贴、走向白板的场景。

反思者则更倾向于从旁观者的角度反思自己的问题，他们需要数据和时间来评估、质疑、修正自己的行为。"我们不要太急于求成了。"大部分学者常常会这样自我反思。

理论家喜欢以合乎逻辑的方式思考问题，他们更善于从情感中脱离出来思考问题。"这件事是否有意义？"

最后说说实用主义者，他们喜欢寻找思考问题的新方式，但往往喜欢迫不及待地采用已经掌握的知识来处理实际问题。"只要有效就非常好。"

在我近距离观察过的领导人中，尼古拉斯·萨科齐是一位激进主义者，安吉拉·默克尔是一位反思者，巴拉克·奥巴马是一位理论家，戈登·布朗是一位实用主义者。

认识到这些差异有助于我们重新掌控自己的终身教育问题。想想自己曾经与之一起学习或共事的人，以及他们自然地适应不同学习类型的方式。然后再想想，当别人要求你以不适合自己的方式学习时，你会觉得多么沮丧。有几代年轻人被迫进入层级较高或对左脑发达程度要求高的教室、演讲厅和课程进行学习，他们的学习热情和学习结果因此大受抑制。

通过对多国学生的观察，我们在纽约大学的研究结果是，最有效的方式是赋予学生充分的自主权和灵活度，来选择最佳的学习方式和参与方式。我们给学生下达任务，同时提供给他们几种解决方案供他们选择：团队合作；研究和拆解细节；采用图像或视频解释问题等。给学生自由，并且组织他们分享学习方式，这样产生的效果是最好的。

还有更多切实可行的方式能够提高我们的学习能力。我的父亲马克·弗莱彻毕生致力于教书育人，撰写了很多关于大脑友好型学习方法的论著。作为他的儿子，我也是他的教学方法的众多受益者之一。每个人的学习方法各不相同，而他列出了一套清单，让我们将自己的学习提升到了不同的程度。他说："首先要确立责任感。能帮助你学习的人只有你自己，你要记学习日记，花时间确定自己要学习什么，什么时间学习，怎么学习，还要回过头来检验学习成果。定期休息一下，一堂课的时间通常是45分钟，可以参考这个时间。定期复习，消化所学的知识。"如果我们把学习当成随机行为，我们就不会真正地学习。当我们感到无聊或焦虑时，我们就学不到太多的东西。

我在纽约大学的研究结果发现，对于21岁以上的学习者，最有效的学习方法是先观察、再学习、再实践、再教授，这也是本书极力推荐的。对于那些将来要应用新技能适应新角色的人、或者那些学习全新技能的人而言，这种方法更加简单，也没有那么令人生畏。

首先谈论一下观察的问题。我们举一个关于生存技能或者研究结果的有趣案例来说明这个问题。面对铺天盖地的网络信息，你可能需要提高自己的信息筛选能力，或者更加严谨的思考能力。我们来找一找榜样吧，谁在这方面做得好呢？他们采用了什么方法呢？当年轻人或者真正努力解决事情的人讲述他的经历时，一个最有力的问题是："你学到了什么？"这个问题最容易让他们重新回顾整个过程，帮助人们反思各个阶段的观察结果。

接下来，我们要尽力将其提炼成一种方便记忆的方式来保留这种观察结果。参考本章之前关于韧性学习的观察，你可以将这些观察结果分解为如何准备、如何实践，以及对人的观察。然后，你要走出去，亲自去实践。有意识地将自己置于需要应用这项技能的情景中，为自己设定可管理的测试和目标，检查自己的进度，并请其他人监督。要想真正地掌握这项技能，还要试着教给他人。从画家、泥瓦匠、数学家到理发师，优秀的学徒都是这么学习的。本书将把这个框架应用到各类生存技能中。

和提香一样，美国民权活动家玛雅·安吉罗认为，教育是一段旅程，而非目的地。她克服了贫穷和虐待，成为一位杰出的作家和诗人。在给女儿的信中，她谈到了人生旅途中的发现。"我知道，无论发生什么，或者今天看起来多么糟糕，生活都将继续，明天会更好。我知道，要想了解一个人，你可以看他/她处理这三件事的方式：如何应对下雨天、如何应对丢失的行李、如何解决纠结的圣诞树灯……我知道，每当我以开放的心态决定某件事时，我通常会做出正确的决定。我知道，即使遭受痛苦，我也不必整日深陷痛苦之中。我知道，每天应该伸出手去触摸他人、感受他人……我知道，我还有很多东西要学。"

好消息是，终身学习的核心要点可能比我们想象的更容易实现。我需要知道什么？我能学到什么才能让我在未来与众不同？我最欠缺的生存技能是什么？

问自己这些问题，我们能够据此设计课程。我们可以有意识地把自己变成不断学习的人。我们可以实际地思考自己的学习情况：写学习日记、反思我们的学习方式、锻炼各种技能，让自己从一个观察者变为一个老师。我们可能想知道提香的画笔相当于什么？在我们生命的尽头，我们还最热衷于学习什么？我们要培养和保持自己的好奇心，它也是一项生存技能。

第二章
拥有好奇心

少一点对人的好奇心，多一些对想法的好奇心。

——居里夫人（Marie Curie）

年仅32岁的梅兰妮·珀金斯是澳大利亚最年轻的亿万富翁，也是该国第三富有的女性。她的父亲是一名同时拥有菲律宾和斯里兰卡血统的马来西亚工程师，她本人是可画公司（Canva）的创始人。可画公司是一家平面设计创业公司，现在市值近90亿美元，在新冠肺炎疫情封锁期间，市值翻了一倍。据梅兰妮估计，有100多个投资者拒绝投资她的公司。于是她开始学习风筝冲浪，以便与风险投资家建立联系。在接受《福布斯》（Forbes）杂志的采访时，铂金斯说："在我看来，风险就是遭受重创，回报就是创办公司。只要你想向前迈进一小步，就必须确保把全身的重量都用上去。"

"可画"是一个软件平台，它方便任何有想法的人（可能是为了某个业务、某次演示，甚至只是某个聚会邀请）设计自己的图案，这激发了很多人的独创性和创造力。以前，这类软件太昂贵，而且难以掌握。现在，任何人都可以成为平面设计师。2 000多万使用过该服务的人非常认同这一点，但她却没有将金钱看得很重。2019年，她的联合创始人向她求婚，当时他们正在土耳其背包旅行，她的订婚戒指只有30美元。

梅兰妮说，她在14岁时开创了她的第一家公司，为客户订制围巾，那时的她就已经有了独创性。这也许得益于她早年想做职业滑冰运动员的梦想，需要每天早起，并且持之以恒地训练。不过，光有耐心还不够，有时仍然需要一点灵感。她母亲的家在珀斯，大学期间，她在母亲家的沙发上做白日梦时，萌生了创建可画公司的想法。我们是不是经常听到成功的企业家和发明家谈论这样一个灵光一现的时刻？仿佛忽然亮起了一盏灯。接着，命运发生了改变。

正如我们所见，我们人类做的事，以及做事的方法，正以有史以来最快的速度发生变化。迄今为止，我们的生存基础就是建立在能否应对这些转变上。这需要我们不断地创新、不断地创造。石器时代的结束并不是因为石头用完了，而是因为我们找到了一种更好的方法来制造我们需要的东西。我们的好奇心让我们能够更好地控制周围的世界，这是一项必不可少的生存技能。

好奇是人类的天性。2016年美国的一项研究表明，好奇心可能会导致人类将自己暴露于厌恶的刺激（甚至电击）中，而且并不是为了什么明显的好处。我们的内心都希望能够解决不确定性：

研究表明，当面对不确定性并感到好奇时，即使预计到可能会出现负面后果，我们还是会采取行动去解决这种不确定性。因此，虽然有时需要控制不断解谜的愿望，但我们天生就会修补不足和提出疑问。

罗利·基廷是大英图书馆的首席执行官，他每天都能看到这个场景："从大约9点开始，这些人开始排队。他们的年龄、背景各不相同。你不知道他们在那里做什么，但他们要在那里找到某种使命。队伍一直延伸，穿过广场，几乎排到马路上。这就像每天都在保证在那些藏书室的某个地方，在那栋非凡建筑的某个地方，每个人的问题最终会找到答案，或者至少他们会发现可能引发其他问题的东西。每天早上，卡车都会来到这里，运来当天的出版物，就好像这里是农场或工厂一样。这对我们来说是一种解放，因为我或者馆长都不用费心思决定应该保留什么资料，这只是一种有关保存的工作，最好让好奇心强的人来做选择。"

我对罗利说，在中东，人们仍然在讲述底格里斯河的故事。1258年，呼拉古汗率领蒙古入侵者摧毁了智慧宫（或智慧之家），宫殿里用墨汁写成的书籍被扔到河里，将河水染成了黑色。"如果图书馆遭遇火灾，你会想到跑回去救出什么？"我问。他看起来很痛苦。"想想都让人心疼。我会朝一个方向伸手去拿《大宪章》（*Magna Carta*），然后我会看到简·奥斯汀的手稿。天哪，我们真应该妥善保存好莫扎特的亲笔手稿。接着我会注意到那边苏丹巴巴尔的《古兰经》（Koran）。我想我们一定不能忘记这本在公元862年来自中国的最早的印刷书。或者我会去挽救《艾比之路》（*Abbey Road*）。让我选择去救哪本书真是非常痛苦。因为真正的知识之旅是培养最后一批人的技能，也就是大火幸存者的生存技能，确保他们至少还有好奇心，知道如何去问正确的问题，如何将丢失的证据拼串到一起。"

21世纪是让人们保持好奇心的伟大时代。"如果你饿了想吃东西，你就要四处打猎寻找食物。如果你渴望获得信息，也同样如此，"斯蒂芬·弗莱说，"如今，我们身边充斥着各种信息，比人类历史上的任何时候都多。你几乎不用大费周章就可以找出问题所在。如果一个人知道的东西很少，只可能是他不想去知道。缺乏好奇心，这是最反常、最愚蠢的弱点。"

最伟大的教育家总是力图激发人们的好奇心，最伟大的创新者一直在利用好奇心。当我让企业家理查德·布兰森说出他最重要的生存技能时，他告诉我，永不满足的好奇心排在首位。在一个充满不确定性的时代，我们必须保持好奇心。这是为什么呢？

首先，正如我们所见，好奇心有助于我们学习。2014年，加州大学专门研究，当好奇心被激发的时候，人类大脑里究竟发生了什么。研究人员问了研究对象100多个琐碎的问题，评出他们的好奇等级，同时使用功能性磁共振成像扫描仪检测他们的大脑是如何反应的。研究人员发现，好奇心会驱使大脑准备好学习，让学习变得更有成效。伊恩·莱斯利在其著作《好奇心：保持对未知世界永不停息的热情》（*Curious: The Desire to Know and Why Your Future Depends On It*）中，借用心理学、经济学、教育学和商学的研究表明，好奇心是一种精神肌肉。在最理想的情况下，好奇心结合了智慧、毅力和对新奇事物的渴望。和其他肌肉一样，好奇心也会在缺少锻炼的情况下萎缩。

其次，好奇心会帮助我们创新并取得事业上的成功。最成功的公司深知自己对这种探索型、修补型和创造型人才的需求。这与智商无关，许多大公司现在都在使用脑筋急转弯和谜语来测试应聘者。他们不太关心我们是否可以回答问题，而关心我们如何应对复杂的情况。2004年，硅谷的一块匿名广告牌出了一道数学难题。那些想要算出答案的人在网上找了很多方程式，他们给谷歌发送了简历。时任谷歌首席执行官的埃里克·施密特在2015年告诉我，"与大多数公司不同的是，我们并不是在寻找拥有完美学术背景、无所不知的人。企业要靠不断地追逐问题而不是固守答案，才能获得成功"。

当我们对自己的工作或学习充满好奇时，会取得更多的成就。百事公司首席执行官卢英德告诉员工，成功的秘诀就是"做一个终身学习的学生，永远不要失去好奇心"。这是一种商业模式的巨大变化，以往的商业模式是鼓励人们坚持下去，而不是提出令人尴尬的问题。哈佛商学院对于如何招聘到好奇心强的人，提出了一整套的模式。

再次，好奇心能让我们更快乐、更健康、更容易容忍焦虑和不确定性。好奇心有助于我们选择更健康的生活方式，这正是我们需要的。在一项研究中，仅仅通过在大学教学楼的电梯附近张贴琐事问题并将答案张贴在楼梯间，楼梯的使用率就提高了10%。我再举一个例子，"人们在水果、蔬菜的标记牌上写一则笑话，把搞笑的句子印在了包装袋的封口上，这一做法大大增加了新鲜农产品的销量"。好奇心也拉近了人与人之间的关系，这是我们幸福的核心。当人们对我们表现出真正的兴趣时，我们会认为他们更热情、更有吸引力。

伊迪丝·沃顿是美国小说家，也是获得普利策奖的首位女性作家。她非常认同这种观点，她说："尽管疾病缠身，尽管身处地狱般的忧伤，但是如果一个人不畏惧变化，永远怀有强烈的求知欲，对大事感兴趣，对小事很满足，那么在捱过这一衰变期之后，他还会长久地活着。"

最后，好奇心还有助于我们和谐共存，好奇心让我们更容易做到在第六章论及的话题——共同生活。我的朋友奥马尔·戈巴什是一位阿联酋外交官，也是一位饱学之士，他写了一本很棒的书，名为《致年轻穆斯林的信》（Letters to a Young Muslim）。书中包括他给儿子赛义夫写的几封坦诚而深思熟虑的信，信的内容是寻找自己父亲的声音。他的父亲是一位政府部长，在奥马尔6岁时被暗杀。在此过程中，他反思了现代人关于身份、信仰和民族问题的复杂辩论。他认为，如果我们要解决这些问题，就必须去创造和保护辩论的空间，并为此做出让步。奥马尔告诫他的儿子："我希望你留意那些以正确的信念告诉你应该做什么和应该想什么的人。"这些话在中东及其他地区也应该会引起共鸣。

在全球范围内，我们似乎正处于一个不确定性太多，而好奇心太少的时期。人们发现自己被一步步地拉入回声室，在回声室中，他们只能听到别人的观点。任何拥有智能手机或平板电脑的人都知道，电子世界非常精彩、令人兴奋。但它们也会让我们变得更懒散、更冷漠或者更心烦意乱。人们很容易对任何事都漠不关心，认为一切都太困难，因此一切简而化之，或者干脆反对。互联网给了愤怒和偏狭的人发声的机会。准备站出来为某件事而战，而不只是嘴上说说的人变得越来越少了。破坏往往比建造更容易。但是好奇心会增强我们跨越这些界限的同理心，帮助我们去理解他人不同的经历。这是我们解锁高情商的关键，这是我们调节情绪、理解情绪、回应情绪的能力。

我在网上花了大量的时间去追踪年轻人是如何一步步变得激进。无论在堪萨斯州还是喀布尔，语言都是相似的。"我们可以带你回到那个让你更强大、更受尊重、更伟大的时代。在这些新想法和新人来到你的社会之前，你的生活比现在好很多。"要想守住伊斯兰国及其未来的效仿者攻击的"灰色地带"变得越来越难；要想守住极右翼和极左翼攻击的自由主义共识，变得越来越难。但是，这片空间是可以让好奇心自由呼吸的地方。在这里，个人思想和言论自由得到重视，不同社区之间会相互交流。本质上它是不完美的，始终在不断进化。因此，我们还必须准备好更加努力地维护我们共有的好奇心，而不是像我们周围的偏狭者那样极力地摧毁它。这样的偏狭者，存在于所有的社会。

我问过"照片墙"（Instagram）平台的网红杰里米·詹西，为什么他如此热衷旅行。我本以为他会给我一个照片墙风格的答案——寻找自我。结果，他却激情澎湃地说："旅行是一种通用语言，旅行可以让人们彻底消除种族主义、偏执、不平等、仇恨和所有偏见。你只需要走出家门，在一个国家度过一段时光，像当地人一样走一段路程。只有你在他们的国家和当地人坐在一起吃饭，你才能真正对一个人做出判断。我认为这是我们传承给下一代人的最重要的一课。"

然而，许多教育似乎限制了好奇心，而不是激发好奇心，我们需要改变这一点。

应该如何培养好奇心呢？怎么教别人培养好奇心呢？

我们可以先了解几个世纪以来我们与好奇心的关系，以及历史上最聪明的人是如何不拘一格的。正是他们帮助我们从洞穴壁画发展到无人驾驶汽车。为了增强自己的好奇心，我们需要通过人类发现历史的基础来了解这些突破是如何发生的，背后的原因是什么。

在人类创新的历史进程中，有哪些关键时刻呢？

在我们的祖先中，最聪明的是那些最先会走路、会说话的人。我们的猿类祖先最初在东非进化，双腿站立并使用燧石工具。大约200万年前，这些早期人类还学会了如何生火做饭、取暖和保护自己免受动物攻击。10万年前，我们开始发展出语言能力，可以进行更丰富的交流，并开始在洞穴壁画和雕刻品中表达我们的想象力。我们的好奇心不再只局限于生存问题。

随着人类的进化，我们发现某些草类可以食用，于是逐渐开始定居种植这些草类。此外，我们开始使用金属，并发明了犁等工具，还驯养了动物。我们还创造了早期的文字来保存交易记录。

大约5 000年前，灌溉技术的发展使埃及、美索不达米亚和中国华北等早期王国的粮食生产有了富余，人们开始在尼罗河、底格里斯河、幼发拉底河、印度河和黄河等河流附近定居。3 500年前，我们青铜时代的祖先发明了轮轴组合，人们能够搬运农产品，最终可以迁居生活。

蒸汽动力是我们的下一项重大发现。人们第一次拥有了无须依赖自然的动力来源。第一次工业革命改变了生产方式、生活水平和交通状况。从蒸汽动力开始，人们越发容易辨别出个体在科学发现和人类发展过程中的作用。随着电的发现和大规模使用，电灯问世了。

19世纪30年代，塞缪尔·莫尔斯发明的电报机迅速催生了跨大西洋的快速通信业务，改变了同步创新的能力。1876年，来到美国教授聋哑人的亚历山大·格雷厄姆·贝尔发现了一种通过电话进行电子语音传输的方法。1973年，摩托罗拉（Motorola）员工马丁·库珀进行了第一次手机通话。他的手机重达2千克。如今，手机用户比地球上的真实人类还多。

与此同时，我们获取信息的方式也被19世纪和20世纪不拘一格的欧洲人、日本人和美国人改变了，他们的技能促进了约翰·洛吉·贝尔德的电视系统的诞生。1953年，2 000万人观看了英国女王伊丽莎白二世的加冕典礼。1960年，3亿人观看了女王胞妹的婚礼。1981年，10亿人观看了女王儿媳的婚礼。1997年，20亿人观看了女王儿媳的葬礼。2016年，电视真人秀主持人当选美国总统。

在人类历史的绝大部分时间里，感染比创伤造成的死亡人数更多。医务人员和科学家为了对抗疾病投入了大量的精力，但人类的发展仍因为疾病受到阻碍。不过，英国细菌学家亚历山大·弗莱明在1929年发现青霉素，并在第二次世界大战中进行了大规模测试，使人类的历史再次实现飞跃发展：人类来到了抗生素时代。天花在20世纪导致3亿—5亿人死亡，大规模的"战后"合作已经将其根除。继任两次诺贝尔奖获得者居里夫人之后，詹姆斯·沃森和弗朗西斯·克里克发现了人类的DNA，并由此启动了现代分子生物学。随后的人类基因组计划旨在绘制我们物种的所有基因图谱，这是一项伟大的国际合作创新项目，由美国资助，但在7个国家设有研究中心。

计算机加速了我们共同解决问题的能力。1944年，格蕾丝·赫柏在哈佛设计了一台5吨重、房间大小的计算机，给计算机带来故障的程序漏洞她必须定期清理才行。从那时起，集成电路中的现代晶体管的数量几乎每两年翻一番，这意味着计算能力超过了指数级增长速度。在激情、竞争和巨额潜在资金的刺激下，史蒂夫·乔布斯和史蒂夫·沃兹尼亚克于1975年创立了苹果电脑公司，决心制造一台轻便的家用电脑。IBM加入进来，比尔·盖茨创建的微软公司成为他们的操作系统供应商。1984年的苹果机（Apple Macintosh）后来发展成笔记本电脑、平板电脑和智能手机。一切再次发生了变化，为此后几年的技术创新（从火星任务到无人驾驶汽车）的飞速发展奠定了基础。

这些另类的人类独创性案例都具有三个共同的特征，这可以帮助我们了解如何构建一个良好的环境，适合让人类在未来对事物保持持续的好奇心。首先，当时的技术被大大低估了。许多为这些创新做出贡献的发明家和梦想家都被他们同时代的人视为怪人。只有在浏览他们历史的后半部分时，我们才注意到他们的名字。许多人早已在沮丧中死去，身无分文，被人遗忘。

因此，人类的每一次进化都会催生出一个"怪人"。但我们的生存取决于寻找和创造更多空间，让有热情、有专业知识、有时间、有资源、有耐心的"怪人"在科学发现的过程中贡献力量。时代需要更多的居里夫人、亚历山大·弗莱明和格蕾丝·赫柏。

所有这些非凡独创性的例子都需要某个人类的思想火花，以及某个天才的发光时刻。我认为，他们也要求我们其他人去适应、去调整，去发挥我们看似微不足道的作用。我们当前的教育系统是否允许这些天赋异禀的人说出自己的见解？有多少天才在课堂上被边缘化，有多少天才的创意被扼杀在摇篮之中？

实际上，这就是要确保学校和工作单位不会扼杀那些不循规蹈矩之人的创造性。也就是说，确保我们不会将统一、平庸作为评价和晋升的标准，能够允许古怪、离奇的想法。有时，我们需要允许自己去想那些不可思议的事情，并培养那些做事特立独行的人。

其次，许多创新都和发展、灾难，甚至破坏有关。作为更广泛的人类自我完善模式的一部分，发展为独创性提供了动力。每一次改变生活和改善经济的技术革新都会从之前的技术变革中吸取时间、金钱和精力。随着人们变得更加富裕，他们有更多的劳动力和更多的时间用于教育。政府更有可能保护知识产权或资助项目研究。正如我们所见，美国在第二次工业革命中领先一步，为第三次工业革命取得更大的成功奠定了基础。汽车行业的财富为硅谷奠定了基础，这条发展之路从底特律一直通向了旧金山。

当危机或冲突迫使人类不得不去尝试新事物时，灾难会激发出创造力：必要性是发明之母。我们人类的祖先中，第一个从靠四肢走路到站起来直立行走的是乍得沙赫人，他们可能正是在逃离危险的过程中才学会站立。独创性往往来自生存动机，比如，在战争或资源短缺时如何幸存。想象一下那位坎帕拉毕业生的创新动机，在一个每年多达 2.7 万名儿童死于肺炎的国家中，他设计了一件可以检测这种疾病的夹克。

有几项因第一次世界大战应运而生的发明正继续改变着我们的生活。罐头食品成为生命补给线；茶包最初叫作"茶炸弹"，目的是为士兵提供必备的饮品；夏令时最初是德国和奥地利为节省燃料而制定；防水风衣就更不用说了。约瑟夫·普拉提在成为战俘期间发明了他著名的锻炼方法。战争甚至催生了糖果创新。M&M巧克力豆的出现就是为了给士兵快速补充能量。这些巧克力糖球表面涂有硬硬的糖霜，可以防止珍贵的巧克力在他们手中融化。

我们会因为要适应2020年和2021年的疫情封锁，而出现新的创新浪潮吗？新冠肺炎疫情带来的巨大困难加速更新了我们与世界的互动方式。困难迫使我们寻找新的沟通和协作方式，即使无法面对面交流，我们也能从人际交往中吸取力量和友情。

当个人或公司看到有机会取代在早期似乎无懈可击的技术时，颠覆性也激发了独创性。不妨想一想信用卡或方便面是如何迅速占领市场的。1976年，柯达公司（Kodak）占美国胶卷销售额的90%和照相机销售额的85%。1975年，柯达公司的工程师史蒂芬·塞尚发明了第一台数码相机。当时，这台相机有烤面包机那么大。但36年后，柯达公司申请破产，成为技术颠覆的受害者。这次颠覆最初来自内部，取代它的是将数码摄像头放入智能手机的创新。

因此，发展、灾难和颠覆推动了创造力的出现。我们需要找到更多方法来重现释放这种力量的紧迫感。实际上，我们需要确保整个社会能够将第四次工业革命的成果，投入到推动第五次工业革命所需的技能和知识上。这就是说，要扩大可用于研究和创新的资金投入。

当然，有时候创新可能是这些因素综合产生的作用的结果。由于大量的研究、战争的需要、政府的投资、英美科学家之间的合作，以及可以迅速降低生产成本的商业激励，青霉素才变得非常重要，才令亚历山大·弗莱明的名字出现在历史书和诺贝尔奖上。然而，最初是牛津大学教授霍华德·弗洛里和恩斯特·钱恩将青霉素变成了救命的药。

关于好奇心的历史，还有第三个更为实际的教训：这些创新不仅扰乱了现有行业，还扰乱了社会。电视、电话和互联网，不仅改变了我们接收信息的方式，还改变了我们理解世界、与世界交流的方式。掌握新技术的国家（上述例子中是美国）主导了下一个世纪，而那些没能做到这一点的国家则落在了后面。很大程度上来说，在21世纪，我们的生存前景取决于我们是不是这样一个社会的一分子：这个社会主宰着最新的技术成果，或者被最新的技术进步所掌控。因此，我们需要更加努力地观察、理解和预测技术如何改变人们的交往和生活的方式。我们将在第八章回到这个生存技能主题。

除了这些关于如何重塑社会的实际经验之外，作为个体，我们还可以做很多事情来培养好奇心这一重要的生存技能。我们可能发现不了下一种拯救生命的疫苗，但是我们可以提高个体和集体的生存机会。我们可以利用好奇心，或是发现市场中的潜在空白，或是找出回收塑料瓶的新方法。

与其他生存技能一样，我们可以观察、学习、训练，甚至教授他人好奇心。一提到好奇心重的人，我们不禁要问，是什么让他们在思考方式和行为方式上与众不同？列奥纳多·达·芬奇一定是历史上好奇心最重的人了。这种好奇心使他获得了伟大的艺术成就，并且在解剖学、物理学、生物学和工程学方面有新的发现。然而，除了基础阅读、写作、飞行和算术之外，他从未接受过正规的教育。他的天才能力在于对周围世界不断提出质疑，并集中注意力去寻找答案。

但这并不是什么漫无目的的好奇心。达·芬奇有一个计划。在《达芬奇幽灵》（*Da Vinci's Ghost: Genius, Obsession, and How Leonardo Created the World in His Own Image*）这本书中，托比·莱斯特翻译了这位艺术家在15世纪90年代写在笔记本上的一页内容。笔记本上记录了他一天的待办事项，还包括他的愿望：测量和绘制米兰的图景；找一本关于米兰教堂的像样的书；让算术大师教他如何使三角形变为正方形；问问佛罗伦萨的商人在佛兰德斯的冰面上是如何行走的；找一位工匠大师询问，如何在白天或晚上将迫击炮定位在堡垒上；测试另一个大师的弩；找一位专家解释如何修理船闸、运河和磨坊；问另一个人有关日光测量的问题。

对比之下，我的待办事项清单则显得很狭隘。但这向我们表明，好奇心是一种选择，我们每天都可以提问。也就是说，我们不必将自己局限在某一个领域，最激动人心的发现往往是不同学科的交叉点。我们需要的只是寻找专家，以及向专家学习的耐心。你不需要在米兰四处游荡才能做到这一点，想象一下达·芬奇是如何利用"油管"做到这些事吧。

这里有九种方法可以让你像达·芬奇那样，将好奇心作为一种生存技能。

1. 观察一位好奇心重的人

发明万维网的英国软件工程师蒂姆·伯纳斯·李是当今极具影响力的人。《时代周刊》（*Time*）杂志关于 20 世纪世界 100 位最重要人物的名单上清楚地写道："他为 21 世纪创造了一种大众媒体。万维网是伯纳斯·李一个人创造出来的，是他设计了万维网，并将它推向全世界。他比其他任何人都更努力地坚持万维网的开放性、非专有性和免费原则。"达到 5 000 万用户，广播用了 38 年，电视用了 13 年，而互联网才用了 4 年。从那时起，互联网改变了我们工作、生活、贸易、消费信息和娱乐、联络、交友和学习的方式，还有数十亿人将要加入互联网。然而，当他出现在辉煌的 2012 年伦敦奥运会开幕式上时，谦逊且很少公开露面的蒂姆爵士还需要用字幕来说明自己是谁。

当我请蒂姆介绍他的创造力如何让他取得非凡的突破性成果时，他表现得很自谦。"我想，我只是在正确的时间出现在正确的地方。"然而当我请他详细说明时，很明显，就像梅兰妮·珀金斯一样，他认为关键是耐心、合作和把握灵光乍现的时刻。他说自己能做到这一点，要感谢当年造访欧洲核子研究组织（他的研究中心的所在地）的科学家，他们需要在那里存储和交流他们的研究结果。这一实际要求推动了研究成果的实现。"万维网中涉及的大部分技术已经设计好了，早就存在的。我只需要结合现有的想法，找到正确的方法建立彼此的联系。"

蒂姆当年因为"迫不得已的缘故"，结果却创建了 info.cern.ch 网站，这是世界上第一个网站和网络服务器。访问者可以了解更多该项目的信息，知道如何在网上搜索，如何创建网页信息。表面上看，那不过是一个非常平凡的时刻。我十分好奇，在早期访问该页面的人中，有多少人会想到，它建立的即时连接将成为推动现代世界文化发展的首要发明。

我们所有人都希望培养或者鼓励年轻人的好奇心，那么，蒂姆的好奇心是从哪里来的呢？除了如饥似渴地阅读，他还把他的好奇心归功于父母的榜样，他的父母是研究第一批商用计算机的数学家。蒂姆通过玩火车模型了解到各种电子设备。上大学的时候，他用从修理店买来的旧电视机制作了一台电脑。

此外，要在正确的时间出现在正确的地方，拥有正确的梦想，并付出全身心的努力。"我希望我的成就可以为所有梦想家提供借鉴，"他说，"只要你足够努力，梦想就会成真。"巴拉克·奥巴马在给我长子的建议书中也写了类似的话（见第四章）。"树立远大的梦想，然后为之奋斗。"

2. 解决问题实践

每个人的思考能力各不相同。就像学习任何新技能一样，让自己面对问题和挑战，是鼓励我们有创造性地思考、解决问题的最好方式。正如英国作家尼尔·盖曼所说："想象力就像肌肉，如果不锻炼，它就会萎缩。"好奇心并非天才独有，人人都有。

我说的练习，并不是锻炼记忆力。阿尔伯特·爱因斯坦发现，在他那个时代，获取信息的途径越来越多，他建议我们永远不要浪费大脑空间来记忆我们可以在书中找到的信息。如今，我们也不需要记住能在智能手机上搜索到的信息。但我们需要知道如何找到、理解和使用信息。

对于在生活的其他方面，比如学习乐器、开始新工作、提高身体素质等，在我们看来，在这些方面投入时间和精力是理所当然的。那么，为什么我们不在开发大脑和解决问题的方式上也这样做呢？ 如果人类的历史讲述的都是我们如何修补周围世界的故事，也许是时候拿出螺丝刀来修复那个摇摇晃晃的架子了。

3. 将交叉点有效连接

好奇心的关键是形成交叉点，也就是将各种观点和各种学科建立联系。牛津大学等高校的成功表明：各种思想能够融合、并以特别的方式向前发展，不仅因为某个化学家和世界上最伟大的化学家们能在同一个实验室做实验，还因为这些人可以和世界上最伟大的历史学家和人类学家共进午餐。新观点的种子往往是从一个全新的角度产生的。

我们已经看到，蒂姆·伯纳斯·李的天才时刻是将已有的东西巧妙地融合。传记作家沃尔特·艾萨克森写道："史蒂夫·乔布斯将人文与科学、创造力与技术，以及艺术与工程联系了起来。世界上有更优秀的技术专家，比如沃兹尼亚克和盖茨，当然还有更优秀的设计师和艺术家。但在我们这个时代，没有什么人能以一种震撼的、创新的方式，将诗歌和影像处理器更好地重新联系起来。"

正如 2005 年乔布斯在斯坦福大学的毕业典礼演讲中所说的那样："你无法将未来的点点滴滴联系在一起，你只能将过去的点点滴滴联系在一起。所以你必须相信，这些点点滴滴会在将来以某种方式连接起来。你必须相信一些东西，比如，你的直觉、命运、生活、因果报应，等等。"

如果"异花授粉"是众多突破性理念得以产生的根源，那么我们必须做得更好。以一篇关于不同领域的文章为例，如果这篇文章让你觉得很有趣，你可以用自己的话把它分解成一系列核心的观点，然后尝试将每一个这样的观点应用到一个新的、不同的领域。例如，一篇关于法律部门如何被技术颠覆的文章，列举了一些有趣的例子，说明这种颠覆性和创造性的反应。这些在你的领域里意味着什么呢？你能写出新版本的文章吗？

另一种连接交叉点的好方法是采取相当于随机游动的方式建立连接。查找任意一个有关角色、地点或想法的事实，看看它会把你带到哪里，然后不断寻找与你要解决的问题之间的联系。例如，在 2020 年和 2021 年的新冠肺炎疫情封锁期间，如果你试图找到这期间的创新成果，请研究以前的流行病时期或危机时期的创新内容。交叉点在哪里？我们能从中学到什么？

4. 乐在其中

凯夫拉纤维的强度是钢的 6 倍，从自行车轮胎、网球拍到煎锅、防弹背心，目前应用在数百种产品中。它是由波兰裔美国化学家斯蒂芬妮·克沃勒克在一个不经意的幸运时刻发明的，当时她正在修补东西，并且乐在其中。由于预计会出现汽油短缺，她在杜邦（DuPont）化学公司的团队正在寻找更轻的材料来替换轮胎中的钢材，以减少对燃料的需求。她得出的结论是："当你对新想法持开放态度并尝试新事物时，什么奇迹都可能会发生。"

读书，读关于不同想法的书，读关于不同的人的书。他们做了什么事让他们变得如此伟大？从中学习！尝试做你不知道怎么做的事情，从中学习！大家都知道，比尔·盖茨一年要读50本书。获得了这些知识之后，我们就可以将这些知识联系起来。做这些事不需要怀揣改变世界的远大志向。

培养这项技能的另一个好方法是把网上购书的订单放在一边，去实体书店或图书馆看书。疫情期间让这么做变得更加困难，但这种做法却是无可替代的。听从经济学家约翰·梅纳德·凯恩斯的建议吧："书店不像铁路售票窗口，只要走近就知道自己想要去哪儿。一个人应该茫然地进入书店，就像是在梦中，让那里的书籍自由地吸引你的目光，影响你的视线。在书店里四处走走，在好奇心的驱使下沉浸其中，应该是下午最好的娱乐方式。"

作家约什·考夫曼的使命是帮助人们通过更有效地阅读信息、提炼信息，来"升级大脑中的软件"。正是这些技能帮助他诊断出自己的神秘怪病。每一天，他都会花四分之三的时间阅读。"我读的书越多，就越发现人们通常不会关注大量已有的知识，尤其是几十年前的旧知识，"他说，"所谓生产效率，并不是要检查你的待办清单上的所有事项是否都已完成，这是一场无法取胜的竞赛。其实，它只关乎你的重要事项、价值观和优先事项，然后引导你将时间和精力尽可能地聚焦在这些事情上。"

5. 花更多的时间玩耍

阿尔伯特·爱因斯坦与儿子的关系非常不稳定，但（与玛雅·安吉罗一样）这封他写给儿子的信，捕捉到了这种重要且可复制的学习态度。

很高兴昨天收到你的来信。你喜欢弹钢琴，我感到很欣慰。我认为弹钢琴和做木工是你这个年纪能做的最好的事情，甚至比上学更有意义。因为这些东西非常适合像你这样的年轻人。弹钢琴时，即便老师没有布置任务，也请多弹些你喜欢的曲目，这种方法能够让你学到更多。因为当你做某件让你非常享受的事时，你不会注意到时光的流逝。我有时就是这样，忙于工作，忘了吃午饭。

创造力是我们或我们的孩子在业余时间形成的，比如课外艺术班。创造力应该是我们做一切事情的关键。给自己时间玩耍和探索，对于培养好奇心至关重要。当我拜访伦敦教育公司"Tech Will Save Us"的联合创始人伯大尼·科比和丹尼尔·赫斯曼时，他们向我展示孩子们如何自己开发学习工具包。"还有什么比看着孩子解决挑战更有意义的事呢？"

乐高公司（LEGO）很久以前就发现了这个问题。公司副总裁瑞恩·高恩告诉我，2020 年的新冠肺炎疫情让无拘无束地玩耍变得更加重要。"一个家庭经常在一起玩耍，通常会更幸福，与孩子的关系也更亲近，同时也更会注意到什么才是生活中最重要的事情。"

因此，如果没有别的事情，可以带着玩具出去玩耍。无论是在家还是在学校，保护好玩儿的天性可以增强家庭幸福感，培养孩子的生活技能，让孩子更好地彼此学习。玩耍可以培养沟通能力、抽象思维能力、自我调节能力，让孩子的适应力、灵活性和创造性的思维变得更好。乐高公司为儿童推荐了五种必玩的游戏。我们在纽约大学的研究表明，所有这些游戏也同样适合成人。

1）体育活动，例如，跳跃、攀爬、跳舞、跳绳、骑自行车、打球；精细动作练习，例如缝纫、涂色、切割、操纵机动玩具和搭建玩具；"格斗"游戏等。

2）过家家游戏，例如，假想游戏、角色扮演等，可以培养逻辑推理能力、社会交往能力和创造力。如果孩子假装自己是一个虚构人物（比如超级英雄），他们可能更加沉浸其中，专注于完成一项任务。

3）玩实物。这是孩子幼儿时期就开始的活动，包括基本的动作控制，观察、击打、丢掷、旋转物体等。孩子在蹒跚学步的时候，开始排列和构建物体，然后将物体分类，再构建更大、更复杂的物体。

4）象征性游戏。最初孩子们在玩游戏时进行简单交流，之后发展到使用简单的符号和标志交流，如语言、标记、数字和音乐。

5）有规则的游戏，包括运动和棋盘游戏。

有时候，我们可以抑制冲动，不去打扮、唱卡拉 OK、玩孩子的乐高玩具、玩拼图游戏，不去玩大富翁或者冒险游戏。然而，正是这些无忧无虑的活动可以帮助我们培养必要的生存技能。

6. 创造疯狂的空间

落到牛顿头上的苹果，阿基米德在浴室的灵光乍现，梅兰妮·珀金斯在妈妈的沙发上迸发的设计灵感……历史上许多最有独创性的启发都来自一个简单的想法，无论这看起来多么奇怪、多么不可能。然而，他们都需要思考的空间，以便有意识地厘清思绪。

为意外发现与内心平静创造空间，这听起来多好啊！然而，我们很少这样做。在新冠肺炎疫情期间，我们大多数人都认为，绝望生活中的唯一乐趣就是我们总算能自由地休息和思考了。但对于我来说，恐怕休息和思考的时间反而更少。社交媒体、处理新闻、工作、生活占据了我们的大部分时间。到头来，我们只是消磨了时光，什么正事都没有做。根据我的经验，什么事情都不做，反而越来越难办到了。

"致疯狂的人"是罗伯·西尔塔宁为苹果公司的非同凡响广告活动（Think Different）创作的广告词。"世界上有很多格格不入的人，对事物有着与众不同的看法。你可以引用他们的话，不同意他们的观点，赞美或诋毁他们，你唯一不能做的就是漠视他们，因为他们改变了世界，推动人类向前迈进。正是那些疯狂到以为自己可以改变世界的人，才是真正能够改变世界的人。"既然人类的每一次进化都会催生出一个怪人，或许我们也可以让自己产生一些疯狂的想法。

疯狂的想法有时是需要切入点的。实现这些革命性进步的人之所以能够成功，是因为他们相信疯狂的想法有可能成为现实，即使他们当时并不知道如何实现。埃隆·马斯克一开始认为，特斯拉（Tesla）和美国太空探索技术公司（SpaceX）都会失败。

在《相变》（*Loonshots: How to Nurture the Crazy Ideas that Win Wars, Cure Diseases and Transform Industries*）一书中，萨菲·巴赫尔指出了科学突破的两个特征：机缘巧合与天资。像贝尔实验室这样成功的研究实验室（目前获得9个诺贝尔奖和4个图灵奖）的目标是将艺术家和士兵的工作结合起来。艺术家会不断发现疯狂的独创性，而士兵则不断投钱资助研究。许多独创性需要不安分的天才人物，因为他们可以结合自身的聪明才智、耐心和适当的急躁来提升自己的想法。据报道，比尔·盖茨曾说过："我总是会让一个懒惰的人来完成一项艰巨的工作，因为懒惰的人会找到一种简单的方法来做这件事。"

我们要给这些疯狂的想法充分的时间和耐心等待它们实现。有的时候，我们要给我们身边那些思想比较怪异的人更多的空间，给那些孤独的天才更多的鼓励。

7. 寻找合作者和竞争对手

这一章的内容已经表明，创新需要新想法、研究和独创性的交叉融合。一项发明或突破往往会引起其他的发明和突破。将蒸汽动力、电力或计算机的发明只归功于发明者是不公平的，因为很多人为这些发明做出了贡献。如果不是先出现可以润滑车轴的铜凿子，轮子就不会被发明出来。如果没有托马斯·纽科门在1712年发明的蒸汽机原型，就没有热罗尼莫·德·阿扬兹·博蒙特的蒸汽泵实验和塔奇·阿尔丁的蒸汽轮机实验，詹姆斯·瓦特更不可能在18世纪晚期发明蒸汽机，我们的好奇心榜样列奥纳多·达·芬奇就不可能有机会研究蒸汽炮。如果没有爱因斯坦在光放大方面的工作，科学家们就不可能在50年后，即1960年开发出第一台激光器。如果没有18世纪博学的外交官本杰明·富兰克林、电池的发明者亚历山德罗·伏特等诸多前人的研究成果，迈克尔·法拉第就不可能发明出电动机。

整个科学领域也是如此，例如纳米科学和纳米技术，都是对极小事物的研究。"纳米"的意思是十亿分之一米：1英寸有25 400 000纳米。该技术如今广泛应用于食品科学、水净化和空间技术，这是整个团队不懈努力取得的成果。事实上，正是整个团队的努力和共同反复地试验，才谱写出人类智慧的历史。

几乎所有的现代发现都是人们单独完成的，但是人们已经越来越多地意识到，该领域其他人做过和正在做的事情。过去，集市广场、贸易路线、巴黎沙龙和硅谷等集散枢纽为创新的蓬勃发展提供了关键的人才和思想保障。但是，21世纪的高速互联极大地加速了这种共同创造的能力：如今的集散枢纽就是互联网。

我们已经看到，在人类的创造力取得关键性突破时，合作和竞争发挥了同样重要的作用。

史蒂夫·乔布斯亲自设计了他的办公大楼，确保合作者能够经常碰面:"如果一座大楼没有营造碰面的机会,那么你就会失去很多意外的机会去激发创新能力和杰出才能。因此,我们让人们走出办公室,在中庭与他们在其他地方可能看不到的人展开交流。"好奇心重的人周围都是喜欢挑战和给他们灵感的人。

这样做,能让我们发现最有活力和最兴奋的工作伙伴,让我们更喜欢和他们合作。或者,这样做至少能找出那些让我们感到筋疲力尽和死气沉沉的人,要少和他们合作。

通常情况下,竞争也会起到推动作用。1936年11月的第一次每日电视广播中,有两套相互竞争的系统:马可尼-艾米合资公司(Marconi-EMI)的405线电视系统和贝尔德(Baird)的240线中间影片电视系统。马可尼公司最终获胜。再以电力系统为例,19世纪后期,在竞争热情的推动下,托马斯·爱迪生、尼古拉·特斯拉和乔治·威斯汀豪斯等人将电力供应商业化,并使之成为我们生活中的一部分。它的关键部件之一,金属氧化物半导体场效应晶体管(MOSFET)已经悄然成为历史上制造最广泛的器件,只不过我们大多数人不知道而已。

8. 不停地提问

我以前的学生迪拜·阿布胡尔当选为2016年的年度人物。在纽约大学阿布扎比分校那场激动人心的毕业典礼上,她在欢迎词中说,学生们学到的最重要的东西不是说出正确的答案,而是提出正确的问题,这能让他们在线条之外的地方涂色,这是一种可以激发和鼓励我们所有人的心态。

瓦莱丽·阿莫斯是就职于英国内阁的首位黑人女性，她负责联合国的人道主义活动，后来又担任东方和非洲研究学院的负责人，该学院如今隶属牛津大学。当我问她好奇心从何而来时，她毫不犹豫地告诉我："在餐桌上。我们5岁时从圭亚那来到这里。我的父母总是鼓励我们在用餐时进行辩论和争论。你必须提出新的想法，并准备好接受质疑。这教会我用批判性思维进行思考，教会我如何捍卫我的想法，以及捍卫哪些想法。"正是这种确定论点并坚持立场的能力，使她在内阁、董事会和高等教育中取得成功。科学家雅各布·布朗劳斯基说："重要的是，学生们不必对学习过于敬畏，不敢质疑。他们来这里不是为了崇拜已知的东西，而是为了提出质疑。"

顾问埃伦·库玛塔说："如果你认为公司高管无所不知，可以自己解决所有的问题，这种想法早就过时了。你必须严格验证你的假设，不要只看表面的东西，不要先入为主地看待问题。"

我们如何学会更多地凭借自己的能力做事？好奇心研究所（Institute of Curiosity）的联合创始人凯西·泰伯纳说，好奇心重的人会提出开放性问题。"他们不会问只用回答是或否的问题。这为提问者和回答者都创造了开放性。"我发现，没有什么比在餐馆里看着一家人都在低头玩手机更令人沮丧的了，因为他们错过了最珍贵、最有限的提问时光，不知道好奇心可以把他们引到何方。在我们家，"无聊"这个词是绝对禁止出现的。我和小儿子最喜欢的一个游戏叫作"聚光灯下"，我们轮流问对方问题，把对方推到聚光灯下，任何问题都可以。如果你是一种颜色，你会是什么颜色？如果你是总统，你会做些什么？

以下是我问年轻人的八个问题：

1）你今天学到了什么？
2）这周有什么事让你最兴奋？
3）你身上有什么有趣的故事？
4）你正在读什么书？
5）今年在你身上发生的最棒的事是什么？
6）你最想见谁？ 为什么？
7）你想要解决什么问题？
8）如果你要问我一些问题，你会问什么？

你会被问题的答案逗乐，受到启发和挑战。你会学到很多东西。最重要的是，你塑造了一个好奇的大脑，提高了我们对冷漠群体的免疫力，你的做法帮助我们获得共同生存的机会。"每个孩子都是艺术家，"毕加索说道，"问题是我们如何在长大以后依然是艺术家。"

如果你没有年轻人可以交谈，那么请与陌生人交谈，去找有趣的人交谈。也许开始的目标是每周与一个人交谈，又或者只是把手机暂时搁置一边，挪出时间与人交谈。过去的20年，在某个地方，尤其在城市，我们失去了自发式互动的能力。然而，这些形成社区并促进思想传播的方式，是我们集体生存技能的重要组成部分。

9. 承认"我不知道"

在现代话语中，似乎越来越少听到这几个字。想想看，要是听到一个政客承认自己无法提供所有的答案，我们会觉得多么奇怪。想想看，要是听到有人说他们没法对某个问题做出结论，或者他还需要更多时间来考虑是不是参加某个活动，或者在社交媒体上发帖，我们会觉得多稀罕。进化心理学表明，男性比女性更有可能通过欺骗来提升自己的地位和影响力。然而，能够说"我不知道"，实际上是富有好奇心的表现。《惊讶心理学》（*Surprise: Embrace the Unpredictable and Engineer the Unexpected*）的合著人莉安娜·伦宁格说："好奇心重的人并不怕承认自己不知道。"要学着少说话、多认真听，带着同理心去倾听。

我们也可以将这种充满质疑的好奇心带入更广泛的生活中。正如我们最喜欢的斯多葛派之王爱比克泰德告诉我们的那样："我们有两只耳朵和一张嘴，因此我们可以多听少说。"也许是一个偶然的发现让他产生了这样的想法。谷歌创始人拉里·佩奇将"完美的搜索引擎"描述为"能够准确理解我的意思，并准确反馈给我想要的内容的搜索引擎。可是，如果我不知道自己想要什么怎么办？"

如果我们培养这种好奇心，我们就会增加更多的机会来取得我们难以想象、却不可或缺的突破。正如我所写的那样，人类正在发明人造角膜和虹膜让盲人重见光明；正在发明假肢让跛脚的人不仅有了腿，而且还能行走自如；正在打破医学研究的界限来延长我们的生命；正在将互联网带到全球的每一个角落，让人类保持连通，这在十年前是不可想象的。

　　这些本身就是奇迹，但是，我们现在已经不再觉得不可思议了。我们能够让不可能变成可能，让非凡变成平凡。我们回过头来看珀斯的梅兰妮·珀金斯和她征服世界的可画平台，和本章中提到的许多创新者一样，她非常了解自己的领域。然后，她躺在沙发上，为这个疯狂的想法创造了空间和时间，加入这些各种交叉连接点。我们也可以做到这一切。

　　因此，我们已经夺回了对时间的控制权，以及对生活的控制权。我们找到了保持好奇心、让自己乐在其中的新方法，找出了提出问题和解决问题的新方法。那么，我们该如何利用这段时间和这种好奇心呢？

第三章
战胜失败的恐惧

> 我要你再弹一个八度。
>
> ——纽约大学名誉主席 约翰·塞克斯顿（John Sexton）

诗人、散文家莫莉·麦卡利·布朗是先天性脑瘫患者，她活动不便，常年饱受疼痛的折磨。尽管如此，或者正因如此，她四处旅行，并不遗余力地描写了"肉身所处之地"与人类的交互，描写这些对于人类的意义。当我问到这个目标对她有什么意义时，她说："这意味着不要以他人的希望作为自我定义的标准。我无法过上我想要的生活，无法前往我想去的地方，有时我会对此感到绝望，我毫不掩饰这种绝望。但只有这样，才能更深入地了解自我，才能找到真正的自我。"

寻找真实的自我是人类历史的重要部分。它通常会决定人们是否产生了他们希望形成的影响。我们已经看到，寻找目标如何帮助我们夺回更多的控制权，如何让我们的好奇心变得更强。我们可以想象一下生活中那些有目标的人，他们的秘密是什么？我们如何领悟到，并且传递给他人呢？

目标并不是一种完全的信念感，一种无懈可击的信心，许多目标感强的人也有一定程度的自我怀疑，这都是很正常的。不同的是，他们常常寻问自己的真实感受，然后重新定义生活的方向。

要想做到这一点，也许第一步是去理解他人定义自我的方式。当我请联合国难民署的负责人菲利普·格兰迪来定义目标时，他让我想象，如果我是难民的话，我会有怎样的经历。每天都生活在恐惧、屈辱、被拒绝和绝望之中。"这就是他们确立目标的来源。他们太清楚，一旦随波逐流，后果会怎么样。不过，他们的勇气往往源自正视难民这一标签，而不是让这个标签来定义自己。"

他向我描述了卢柏波·艾尔·库莱施的事。她是一个伊拉克难民，是一名奋战在新泽西州抗击新冠肺炎疫情第一线的医务人员。她在伊拉克曾是一位病理学家，后来成为被攻击的对象，因为她的兄弟在美国军队服役。在美国，她靠卖汉堡来维持生计。2020年，新冠肺炎疫情暴发，社会需要大量的病理学家，这给了她展示技能的又一个机会。

不是所有难民的故事结局都像这样充满希望。然而，她的故事并非个例。菲利普认为，我们可以从难民身上学到很多从人性上看共同的东西，但是面对难民这个身份标签的勇气确实是最关键的："我们往往通过国籍、种族、性别、社会地位或者经济实力把人分成三六九等。那些漂洋过海的小船上载的并不是一个民族或者一个社会群体，而是一个个怀有不同理想和志向、背景互不相同的个人。不要让别人告诉你，你究竟是谁。"

我们的目标是由其他人定义的吗？我们是否愿意让社会、家庭、事业或经济地位告诉别人我们是谁？

在地缘政治研究中，软实力是一个越来越重要的方面，能够捕捉一个国家是否具有吸引力，是否能将这种吸引力转化为价值。然而，大多数国家层面的品牌推广活动都未能正确地思考世界其他地区的想法。像英国、法国这种充满活力、多元化和现代化的国家，往往无法将其与它们在帝国时期的历史和礼节相提并论。还有，如果一个国家希望成为应对气候危机的先驱，那它可能会难以协调本国的财富来源于化石燃料这一事实。和现在一样，在培训大使时，我让学员们写三个词，这三个词是他们心中最能代表他们国家身份的词，然后再一起来看看研究结果显示，在现实中通常是哪三个词。二者的差异大得惊人。

当我们将自己作为个体来定义时，为了评估这种定义的过程是否有效，我们也可以这样做。写出关于你的生活、个性的三个方面，这三个方面都关系到你如何看待这个世界。如果是我，我可能会写："我是一个很好的导师；我在旅行的冒险中不断成长；我通过我的领导力和以身作则激励他人。"然后，写下你认为对于这三个方面，别人实际上的看法。或者，如果你足够勇敢，可以直接问问他们。你可能会发现，他们对你真正的看法是：你谈论自己太多，你一年只有一周的时间在度假，你是个在办公室里发号施令的人。

意识到这两列清单中的差异后，你可以去重新定义自己是谁，是一个怎样的人。如果发现自己某一段时间很受打击，我们不妨坐下来弄清楚，什么对我们而言最重要，以此培养更高级的生存技能。正如我的朋友约翰·卡森所说，我们关注谁就会变成谁。把这句话写下来，与你信任的人分享。你的人生，由你自己负责。

我认为，要想找到目标，接下来要做的是整理你的个人宣言。你的目标是什么？在你向往的生活中，你对自己和你关心的人做出了哪些承诺？

我尽力写出五个未来的个人目标，这可比听上去难多了。我改了又改，最终形成了如下五个目标：

- 一场充满冒险、热情、支持和力量的婚姻。
- 两个好奇、善良、勇敢的男孩。成为他们的好长辈。
- 拥有一块特别的土地。
- 死后留下一份体面的悼词，曾是一个有韧性、仁慈、充满活力的世界公民。
- 每天学习和教授别人一些东西。

这份目标清单并不完美，但它还经常提醒我哪里做得不好。这才是重点。当我面临重大的人生决定时，有一些东西是我一定要坚持的，如同北极星一般指引我前进的方向。我们可能会认为，我们个人宣言中的内容对自己和周围的人来说都是显而易见的。对一些幸运儿而言确实如此，也许你就是其中之一。但于我而言，只有当我想把它写下来时，在纸上看到这些内容时，我才意识到它对我来说是多么困难，更不用说还要照这些目标生活下去。

另一种引导这一过程的方法是，尝试想象到 2050 年时，你的生活会是什么样。在下面的每一项都写下一句话：

- 家庭
- 健康
- 工作
- 目标
- 财富
- 学习

请尽量用下列句式写出上述内容：

- 我希望……
- 我现在能采取的可行措施是……
- 我的一个重要盟友是……
- 当我……时，我知道我正朝着我的希望前进。
- 我能掌控的主要问题或障碍是……
- 我无法掌控的主要问题或障碍是……我希望进一步理解的是……

这些问题的答案可能会让你重新建立自信，知道自己正走在正确的轨道上，也可能会引导你做出根本性的改变。最有可能的是，它们可能会推动你做出微小而微妙的改变。然而，一旦开始考虑，这些答案将成为背后支持你的力量，当你感觉有点脆弱时，它们就是你的"脚手架"，会默默地帮助你在 21 世纪的惊涛骇浪中航行。

你最有可能在你的职业生涯中这样做。我的基金会旨在帮助人们在公共生活中做好事，我们花了很多天，经过深思熟虑后，确定了这样的目标。我们意识到，我们希望在封闭的政治时代支持创新型外交，在不平等的时期创造更多的机会，在自动化时代开展富有创造力的教育。我们想成为开拓者、创造者和公民，为机会、创造力和和平共存而不懈努力。

发现这一点之后，我开始写这本书。

一旦目标清晰，你就不容易中途泄气。做项目远比担任要职更容易，其他人更有可能支持和追随你。人们不仅想知道你做了什么，还想知道你为什么这样做。

不过更有可能的是，当没有计划时，弹性就更多些。一旦有了计划，就得谦恭地执行计划。简单地顺其自然要比奔着目标而去轻松得多。"大多数人默默地过着绝望的生活，"美国遁世作家亨利·大卫·梭罗写道，"他们带着未曾唱出的歌曲走向坟墓。"

那么你的歌曲是什么呢？你也未曾唱过吗？

对目标的定义还有个更高级的版本，不过要求也很高，对情绪的消耗也更大。这就是试着给自己写悼词。

《纽约时报》（*New York Times*）的专栏作家大卫·布鲁克斯用了大量的笔墨分析过个人简历中的美德和悼词中的美德。他关于这个主题的原创文章对我产生了巨大的影响。"简历中的美德是你带到市场的技能，"他写道，"而悼词中的美德是在你的葬礼上谈论的美德，你是善良的、勇敢的、诚实的或是忠诚的。你有爱的能力吗？我们都知道，悼词中的美德比简历中的美德更重要，但是我们的文化体系、教育体系却花费了更多的时间来教授你事业成功所需的技能和策略，而不是培养那些散发出你的内在光芒所需的品质。我们中的许多人更清楚如何成就外部事业，而不是如何塑造内在性格。"

另一种思考方式是反思你讣告的第一行和悼词的第一行。前者是不认识你的人认为你做过的事，后者是熟悉你的人眼中你的样子。两者都是人生目标的一部分，两者离得越近，你就越能过上真正符合那个目标的生活。

思考可以帮助你实现事业和生活目标，同样，认真思考，你由衷希望以何种方式被他人记住，也会对你的生活产生深远的影响。它可以帮助你打开心智、敞开心扉。

定义和重新定义目标的过程是否合理，其中的关键因素和培养好奇心的要点差不多。从谷歌 DeepMind 创始人穆斯塔法·苏莱曼的回复中可以看出，他要求年轻人学习最重要的技能、与技术互动。"我最核心的建议是，"苏莱曼说，"要想清楚，什么叫作提出好问题。因为，在你长大以后，这其实就是你要用机器做的事。因此，作为谷歌专家，你是否比同行更擅长搜索，你是否能在数百个干扰答案中找到正确的答案？这差不多是比知道答案更好的技能。"

归根结底就是，要能提出正确的问题。

作为纽约大学关于未来学习研究项目的一部分，我们开发并测试了一套问题，用来在组织内部开展辩论和比赛。以下是我与众多政府、民间组织以及公司接触时常用的 20 个问题，这些问题可以让他们为实现自己的目标而挑战自我。

1. 使命

1）你能为他人做哪些别人做不到的事？是什么使你做这一切？

2）你的员工知道他们为什么要在这里工作吗？

3）他们在电梯里聊些什么话题？

4）你们机构墙面上的照片试图说明你的组织是什么样的？

5）你现在是在背水一战吗？

6）你们对成功或者失败的结果怎么定义？

2. 人

7）你在玩《我的世界》（*Minecraft*）或《俄罗斯方块》这类游戏吗？在游戏中，你喜欢寻求合作还是上行下达？

8）在过去的十年中，你承担的最大风险是什么？

9）你如何真正代表你所服务的人？你和你的员工有多负责任？

10）你如实地告诉你的员工服务内容了吗？

11）你有什么与众不同的特点？你真正认可和奖励什么技能？

12）你最风光的时候，你的团队看起来感觉如何？

3. 方法

13）如果有一部关于你的"幕后"纪录片，会揭示什么？

14）你正在变得越来越强大，还是越来越弱小？

15）如果你的周围是一群聪明的、有明确价值观的、精通技术的千禧一代，他们还有哪些进步空间？

16）你是不是有一套管理网络和知识的有效系统？

17）你是城堡还是连接器：你是喜欢把力量囤积起来，还是喜欢用它来召集和开拓新的力量？

18）你从对手那里学到了什么？

19）你的速度足够快吗？

20）你的速度足够慢吗？

在前言部分，我们讲到了未来三十年后的十大趋势。如果我们将第一章预测未来的经验应用于这些大趋势中，我认为我们的集体意识存在三种潜在的转变，既能够使我们确定目标，也最有可能在我们无法理解这些趋势的时候，让我们的理想破灭。这三种转变是：不信任的增加、不平等意识的增强和对技术的恐惧。无论是个人还是群体，如果正确地把握趋势，我们生存下去的机会就更大。如果没有正确地把握趋势，我们就会继续迷失方向、慌乱挣扎、不知所措。每个转变都可以帮助我们确定目标，并影响我们是否可以继续生存下去。

大众的信任度呈现直线下降的趋势。美国公共关系咨询公司——爱德曼公司（Edelman）每年都会衡量大众信任度的变化，2020年，该公司发现，政府、企业、民间组织或媒体都没有获得一半以上人口的信任。之前的调查发现，经济增长增加了信任，但现在这种情况不复存在。2020年，超过一半的受访者表示，资本主义弊大于利。更富有、受教育程度更高的新闻消费者与大众之间的信任差距正在迅速扩大。与其他任何机构相比，人们认为政府是最不公平的。57%的人表示政府只为少数人的利益服务，而83%的员工担心失去工作，并将其归因于零工经济、潜在的衰退、缺乏技能、更廉价的外国竞争对手、工资更低的移民、自动化或将工作外包到其他国家。只有不到三分之一的人认为企业会支付合理的工资，并为那些工作受到自动化威胁的人提供再就业培训。

信任的丧失，具有很强的破坏性。伊拉克战争降低了公众对外交政策机构的信任。当巴沙尔·阿萨德总统在叙利亚实施暴行时，政府无法说服公众参与军事行动以阻止这一行为，部分原因就来源于此。国会议员的开支丑闻、金融危机和欧盟管理不善，人们对议会（Westminster）[1]、伦敦金融城（Square Mile）[2]和欧盟[3]越来越不信任，导致参政人数减少、对商业的怀疑日益增加以及"脱欧"。唐纳德·特朗普遭到了当权派和主流媒体的抵制。但最令人担忧的是，公众对政客、媒体和银行的信任度直线下降，对教师、医生和警察的信任度也在下降。智能手机让人产生了一种主观能动性，降低了我们对传统权威的信心。

对于一个在2022年20岁的人而言，这意味着什么？一种正

---

1. 英国议会自存在以来，通常在伦敦的一座古老的建筑——威斯敏斯特宫（议会大厦）举行会议，所以直接用"威斯敏斯特"（Westminster）代称。
2. 伦敦金融城位于伦敦著名的圣保罗大教堂东侧，面积2.6平方千米，也被称为"一平方英里"（Square Mile），由于该地聚集了大量银行、证券交易所、黄金市场等金融机构，所以又称为伦敦金融城。
3. 原文这里是"布鲁塞尔"，欧盟总部设在这里。英国的脱欧谈判一直在布鲁塞尔进行。

常的怀疑态度可能会被一种脆弱的主观感觉所取代，产生一种无法依赖任何人的感觉。这种对政府、企业或媒体中的每个人都怀有恶意的假设，将使管理、开创企业和捍卫强大而独立的媒体变得更加困难。

第二大趋势是不平等意识的增强。灵长类动物学家弗兰斯·德瓦尔有一个著名的实验，在试验中，两只卷尾猴完成相同任务时，会获得黄瓜作为奖励。接着，其中一只猴子又得到了一颗葡萄作为奖励。吃亏的猴子见此，就试图扯开笼子。这就是我们所有社会中的极端分子赖以生存的环境。如果本书之前提到的经济趋势继续下去，我们的担忧就是对的。我们如何创造更多的就业机会？我们如何培养有用的技能？我们如何让合适的人匹配合适的角色？在这些变化中，我们该如何创造更多的赢家，同时又更好地保护那些落后的人？缩小贫富差距是人道主义问题，同时也是安全问题，人们需要对自己的未来和社会有信心，才能接受差距。

我们现在正在经历的第三大趋势对生存影响更大。以目前的速度，我们在22世纪将面临与前43年一样迅猛的技术变革。正如我说的那样，它将贯穿我们所知道的关于社会、经济、工作场所和政治的一切。不妨看看电力产生的影响，电力改变了我们的生活和工作方式；不妨再想象一下，激素产生的影响。

这也会造成新的紧张局势和新的冲突。如果说数字信息是21世纪最宝贵的资源，那么对数字信息的争夺，将会同对火种、斧头、钢铁的争夺一样激烈。这样的争夺发生在自由主义者和控制狂之间，即那些认为我们身为人类应该拥有完全自由的人和那些认为需要更多限制的人之间；这样的争夺发生在分享者和剥削者之间，即那些看到技术可以促进共同建设的人和那些只看到技术的破坏性的人之间；这样的争夺发生在那些追求透明度的人，包括个人、公司、政府和那些想要保护隐私以及保护、囤积信息的人之间；这样的争夺发生在新旧权力系统之间。难怪我们会对前景如此深感不安。

无论是个人、组织、社区还是国家，我们都需要扪心自问，我们在这三种趋势中的立场究竟是什么。

我们会获得信任还是失去信任？我们投入精力的方式会增加还是减少我们的信任？

我们是在增加还是在减少不平等？我们能否确保自己的选择有助于建立一个更公平的世界？

我们是在利用技术还是被技术利用？以这种速度进行技术变革成为世界的常态，我们是否对这样的世界做出了正确的调整？

如果我们能够诚实地回答这些问题，并按照答案指引的方向做出必要的改变，我们的生存能力将立即提升。

作为个人，问自己这些问题时，会让我们面临艰难的选择。我的工作领域是否正在获得或失去信任？我处理人际关系的方式是否会获得信任？我的工作或者其他方面的生活会导致不平等和不公正吗？我的后代会质疑我的选择吗？技术能否让我过上更好的生活？还是说，它左右了我对重要事物的评判？

在信任变得更难获得且更容易失去的时候，我们该如何建立至关重要的、强大的信任？个人的高光时刻源自无数细小的瞬间：来自我们与遇到的人、一起生活或工作的人之间的瞬时互动。我们通过可信度、可靠性和亲密度来建立信任，即通过我们知道的事、我们沟通的方式，以及我们建立融洽关系的方式来建立信任。但与祖辈不同的是，我们在未来建立信任的大部分方式也将是数字化的。而且，无论好坏，无论是做事业还是文化学习，数字化都会一直伴随着我们。无论是重塑自我，还是想摆脱10年前在社交媒体上犯的错，都将变得越来越难。

无论是线上还是线下，信任的培养都需要比现在给予更多的关注。正如一位睿智的外交官在我担任大使时给我的建议：不要太在意你在场时别人对你说的话，更要在意的是你不在场时他们谈论你的话。专门研究个人影响力的心理学家将此称为首要效应和近因效应，即对一个人的第一印象和持久记忆。第一印象通常会在15秒内形成，其中一半以上的影响是通过我们的肢体语言传达的。

当然，很少有人真正希望自己在线上的信任度要靠照片墙上有没有足够多的粉丝、推特上有没有身份认证来评判。如果我们只有被人认可才能感到快乐，那我们很快就会变得沮丧不安。我对这样一种现象的存在持谨慎态度。人与人之间的每一次互动都要被评分，就像优步司机和乘客之间的关系，这些评分汇总下来，似乎就成了对人生的打分。这简直就像是《楚门的世界》（*The Truman Show*）和《老大哥》（*Big Brother*）结合在了一起。

不过，我的确认为，有一些实用的方法可以帮我们管理一生的个人品牌和信誉。

首先，做一些真正能增加价值的事情。这将帮你在不同领域和不同文化中宣传自己，这些价值将有助于定义人们眼中的你。你经常在别人的社交媒体传记中看到他们这样做。你如何用短短的 280 个字描述自己？其他人是如何描述你的？这些可以帮你形成与他人的线上和线下互动。它们还可以帮助你摆脱政治家和日记作者克里斯·穆林口中常常提到的"毫无意义的活动"。

其次，要多注意自己的名誉。我们没必要沉迷于社交媒体中的每一条评论或负面文章，但我们都可以倾听和关注那些谈论我们的信息，无论我们喜欢与否。我们没必要为每一次脾气暴躁的交流或失败的沟通而烦恼，但我们可以多关注每天现实生活中的交流互动。

再次，抛开其他不谈，关于信任的累积，有一个最明显、但经常被忽视的地方，那就是如果我们想建立信任，尽量不要做不值得他人信任的事情。

最后，要容忍自己的错误。错误让我们成为真实的自己。我自己搞砸过无数次，我学会了原谅自己。你应该用自己的方式谈论你的错误，而不是让别人用他们的方式揭露你的错误。听说很多人因为反感层层审查，而选择不进入公共服务部门工作，这点引人深思。我曾近距离观察，最优秀的领导者有自己的方式接受和分享他们的弱点，这些弱点可以解除人们的防备之心并鼓舞人心。

找寻目标的其中一个要点就是让自己摆脱对失败的恐惧。但是，怎么做到呢？

正如我们在第二章中看到的那样，历史上那些伟大的先驱们一路走来也犯了很多错误，但几乎所有人都认为，那只是成功路上必须经历的一部分而已。重要的是，他们都有勇气从这些错误中吸取教训。这种对失败和风险的态度是企业家精神的一个特殊的特征。看看这些例子，微软如何创造 Xbox，联邦快递（FedEx）创始人如何在拉斯维加斯的赌桌上筹款，埃隆·马斯克如何将他在 PayPal 的 1.65 亿美元资本投入 SpaceX 的研究，杰夫·贝索斯如何放弃华尔街的高薪工作，在车库创办亚马逊。这些非常成功的公司首席执行官，一次又一次地将他们的成功归因于他们的失败。正是失败帮助亨利·福特最终造出了著名的 T 型车。1923 年，沃尔特·迪士尼的第一个工作室破产后，想到了米老鼠。据苹果公司的前首席设计官乔纳森·艾夫回忆，史蒂夫·乔布斯经常对他说，"嘿，乔尼！这真个愚蠢的想法。"大部分时候，这些点子就被"枪毙"了，"尽管如此，时不时地还是会有好想法冒出来，好得让我们俩都无话可说。"脸书的创始人马克·扎克伯格非常认同这个观点："最大的风险不是去冒险……在一个瞬息万变的世界中，注定会失败的是根本不敢冒险。"

再举个例子，阿里安娜·赫恩顿不顾家人的反对和警告，与人共同创办了《赫恩顿邮报》（*Huffington Post*）。正如她所说的那样，"失败并不是成功的绊脚石，而是成功的垫脚石"。

J. K. 罗琳在写《哈利·波特》（*Harry Potter*）第一部时还在接受救济。那时她的手稿多次被拒，感到非常抑郁。她给我的儿子提了三条建议：不要吸烟；不要看不起人；不要害怕失败。正如 T. S. 艾略特说的那样："只有那些愿意冒险远行的人才有可能知道自己究竟能走多远。"

社会企业家托尼·伯里对我说，他参加英国普通中等教育证书模拟考试时次次失利，后来又因病住院。"我的一切成就都来自那次经历教会我的东西，"他说，"人力资本是一种能力。人的能力是通过接受挑战获得的，只要是挑战，当然有时会失败。人获得能力的基础是失败，而不是成功。当你踏上新的旅程时，你必须找到一个新的关系网，勇敢地扎进风暴中去。如果成功了，你会学到很多新东西，如果失败了，你也会产生新的认识。作为企业家，你沉浸在风暴中，获得了挑战世界的能力。风暴让你变得坚韧，让你变得有毅力。"

托尼现在是一所学校的校长，正在积极教授他人接受失败。我问他，我们如何才能在考试失败、生病住院的情况下将失败融入自己的生活？

"可以想象，真正的挑战是让父母接受孩子将会失败这件事，"他说，"约瑟夫·坎贝尔写了一个伟大的哲学作品，叫作《英雄之旅》（*The Hero's Journey: Joseph Campbell on His Life and Work*），写的是一个人该如何让自己有所改变，如何跨过深渊，进入这个可能会失败的新世界。家长应该首先衡量学校对孩子的精神关怀，其次才是成绩。他们要关心的是，学校如何让孩子发现自己热爱的事，发现他们从未留意的天赋。"

黎巴嫩冒险家马克西姆·查亚攀登了世界七大山峰，骑着自行车穿越了无人区，并步行抵达了南北两极，这是他取得的非凡成就。然而，当我坚持要他说出哪一次探险让他学到的东西最多时，他完全没有提到这些伟大的历险。他说："让我收获最多的实际上是我早年的一次攀登经历，那是喜马拉雅山脉中的一座山峰。当时，天色渐暗，天气转凉。我们做好了所有的准备，那是那个登山季节的最后一次机会，再往后，冬季将至，路况恶劣，无法通行。我和4个西班牙人一起上去，只有3个人顺利下了山。天气对我们不利，我们必须做出决定，是登山的任务更重要，还是登山人的生命更重要。为了同伴着想，我不得不鼓起勇气返回。我们必须克服对失败的恐惧。"

当我们阅读温斯顿·丘吉尔等人物的传记时，故事很少讲述他们人生失意时期的事。然而，正是那些失败的时刻定义了他们。"失败俱乐部"不仅在加州的创业圈活跃，在民间组织和自助领域也很普遍。2008 年，加拿大工程师无国界组织发布了一份"失败报告"，此后，各个国际发展部门都纷纷效仿。

然而，许多教育系统对失败的惩罚过于严厉，扼杀了学生的好奇心和创造力。更好的选择是帮孩子通过反复试验来找到解决问题的方法。在产品设计师彼得·斯基尔曼进行的一项实验中，他们发给几个参加实验的小组几根意大利面、一段胶带和一个棉花糖，告诉他们有 18 分钟的时间来建造最高的、能够自主站立的结构，顶部要能支撑棉花糖。那些学龄前儿童做得最成功，那些来自商学院的学生做得最失败。斯基尔曼得出的结论是，小孩子并不害怕失败，他们只是建造了一座塔，看着它倒塌，然后尽可能多地重复这个过程，直到拥有一个稳定的结构。警告学生可能会失败，实际上是在阻止他们体验最有效的学习方式。作家安吉拉·达克沃斯为勇气和教育指明了方向：有勇气的人更有可能克服压力，并利用失败作为实现目标的手段。

一家菲律宾的民间组织正在试图填补这一空白。图拉学习法的学习特点是开展一系列的"任务"，让学习者尝试应对现实世界中财务管理、艺术和文化等方面的挑战。课程的长度完全因人而异。当学生按照自己的节奏完成任务时，他们会特别关注风险、勇气、动力、毅力和潜力等因素。

当我问神经科学家塔拉·斯沃特应该如何改变教育时，她同样强调，一味地教孩子去成功很危险。她说："我认为，又一个基本问题需要改变。当前的教育模式告诉我们，失败是一件非常糟糕的事情，我们应该为此感到羞耻。通常，人们是在离开学校后，开始从亲身实验中学习，从失败中学习，并且感觉到那样做的效果更好。我们不必等到学生毕业后才去探索生活中的其他内容，我们可以在教育的同时教授他们这些东西。体验出差错的感觉，如果从中学到东西，你真的会变得更好，总是可以变得更好。学习应该是终身的，无论是正式学习还是非正式学习。"

当然，很多人即使冒了各种风险，也永远不会有 J. K. 罗琳或沃尔特·迪士尼这样的机会。但这种敢于冒险的勇气并不意味着鲁莽。美国企业家和发明家马克·库班认为，他与风险的关系非常紧张。"我讨厌风险，害怕风险。"所以他不顾一切地工作，通过充分的准备来避免和降低风险。"我坚持不懈地学习。"

你可以自己编制一个风险登记册，来管理对失败的恐惧。确定个人或家庭面临的十大风险，计算出你对风险管理的控制权。评估每个风险的发生概率，确定可能触发风险的因素，以及发生可能性的大小，然后根据概率和威胁对风险进行排名，确定可以采取的措施，这么做的目的是能接受、避免、减轻、转移或分担风险。

将风险登记册应用于你正在考虑的行动，例如，搬家、工作或人际关系。你真正想要的结果是什么？写下十年来你的收获和潜在的陷阱。你面临的障碍是什么？克服每一个障碍需要什么？你需要哪些信息才能对风险进行更科学的评估？你能从其他经历过类似风险的人身上学到什么？你能把挑战分解成更小的挑战吗？

在阿联酋生活期间，我为宇航员哈扎·曼苏里和苏丹·阿尔·内亚迪进行了领导力培训。他们是进入太空的第一批阿拉伯人。我原以为，他们眼中的勇气体现在他们为完成太空任务而接受的高强度身心训练、隔离和危险、浮力练习或极端重力。但是，他们谈到的却是加入国际空间站时要学习新语言的问题。哈扎告诉我："我们要承受 8g 的重力，是我们体重的 8 倍。但是，学习俄语却是最大的挑战，对我们的改变也是最多的，这比宇航员训练更远离我们的舒适区。不过，它最终让我们以不同的方式看待一切。"

怎么会这样呢？"我变得更加好奇，"哈扎说，"我意识到科学和知识对于发展进步的作用是不可替代的，我学会了共存和适应任何新环境的技能。如果我希望每个人都从我的经验中学到一项技能，那就是不要害怕失败。一个没有经历过失败的人不会知道如何成功。很多时候，我们会觉得自己偏离了目标，或者身体技能评估不合格。因此，我不怕失败。这是我们完成使命的驱动力。"

在我担任驻黎巴嫩大使期间，每当我在贝鲁特处于低谷、经不住政治挑战的重压，或者为如何保证我的团队安全而苦恼时，格雷姆·兰姆将军都会出现。通常，他会传达给我一个简单、调皮却非常有用的信息："大使先生，只要没被逮捕，就要继续下去。"

对于一个已经解甲归田的将军来说，"只要没被逮捕，就要继续下去"意味着什么呢？"生活中充满了成功和失败，"他说，"我推荐一种坚忍的生活方式：接受我无法改变的东西。所有过着充实生活并真正突破界限的人都可能会犯下大错。我多次在野外风餐露宿，因此对能睡在铺了床单的床上由衷感恩。你越去扩大这些界限，越能真正地感受到界限。人人都想出人头地，但是我对自己很满意。"

这位英国空军特别部队前负责人是一位功勋最卓著的军人。关于他的故事，光是那些能讲述的故事，就足能写成一本书，而那些不能讲述的故事更是不计其数。当我问到主动性对他意味着什么时，他的回答你恐怕也能想到。"在我的工作中，主动性是我在追捕一个人时需要做的事情。一旦事情出错，能跳起来杀敌的永远是能保持冷静的那一方。当子弹飞起时，摆在面前的选项是战斗、原地不动或者逃跑。如果你等待命令，或是等着别人告诉你该怎么做，那你真的不应该执行这项任务。"

但是当我问格雷姆他从哪学到的勇气时，他的回答让我感到惊讶："是我的阅读障碍。这是天生的。我是个糟糕的学生，我第一次法语考试只得了3分，为此拼命想法子提高。结果第二年得了1.5分！在20世纪60年代，我因为阅读障碍，被归类为笨学生。这让我经常独自反思生活。我学会了不要迷路，学会了户外生存。在参谋学院，他们发现了我的一些特长，给了我在一个德国武装部队服役的机会。当时我想，算了，我肯定搞不定，这不是我能做的事情，我根本写不了东西。那时候的我已经足够大、足够无礼，知道自己之所以和别人想的不一样，是因为我有阅读障碍。在很多方面，定义我的正是我看待问题的不同方式。"格雷姆拒绝了梦寐以求的升职，走上了一条不同寻常的道路。最后，他获得了很多的工作和经历，超出我们大多数人的想象。

对于人工智能专家塔比莎·戈德斯图布来说，这种重新开始、学习新东西、在失败的基础上再接再厉、重新调整人生目标的意愿，将是未来经济中最实用的技能之一。当我问她我们需要学习什么时，她说适应性应该是最重要的。"这不是实际的技能，而是学习新技能的能力。过去的工作规范有一个技能要点清单，而现在我们需要会学习并能够适应变化的人。"她成功的秘诀是什么？像格雷姆将军一样，是阅读障碍。"它让我走到了今天的位置。因为我记不住书上的知识，而且基础数学真的很差，所以我最终不得不在每次需要面临一个新的挑战时都要重新学习。这是一个有益的疮疤，让我适应不舒服的情况，使学习新技能成为一件令人愉快而不是令人生畏的事情。任何事都不容易，所以我也不指望会感到舒服。我总是期待下一秒会发生什么。"

黎巴嫩登山家、探险家马克西姆·查亚曾划艇穿越印度洋，打破纪录之后，他感到筋疲力尽。我问他为什么继续逼着自己划向他认为不可能的极端领域。他顿了顿，最后淡淡地说："造船的目的不是为了停在港口。"

再想想你要写的悼词，你会希望这一切都有意义。这是什么意思呢？你会利用你最宝贵的时间做什么呢？你愿意为了什么而奋斗和牺牲？当你在做事的时候，是什么让你忘记一切？是什么造就了不同？

只有你能回答这个问题。

一旦你这样做了，把它写下来，不要让它默默无闻。

第四章
有效沟通

到最后，我们记住的不是敌人的话，而是朋友的沉默。

——马丁·路德·金（Martin Luther King, Jr.）

在唐宁街 10 号工作的这些年里，我将来自世界各国领导人和其他人的建议收集成了一本书。2020 年，在我的儿子查理 14 岁生日时，我将这本书送给了他。

这个项目突飞猛进，后来，我再去请这些政要和名人撰写建议时，他们在提笔前投入的时间越来越多。比尔·克林顿先写草稿，然后将正文仔细誊抄进书里，字迹娟秀。乔治·W. 布什干脆把这本书带走了，还回来时，里面多了他的建议和一张措辞优美的便签，说他特别喜欢阅读别人写的东西。米哈伊尔·戈尔巴乔夫在写建议时，情感炙烈。巴拉克·奥巴马干脆评论说，查理将来要么会非常富有，要么会非常聪明，这取决于他是卖了这本书还是读了这本书。

这些人给出的建议有的是理想主义的,有的是实用主义的,而且在许多情况下体现出建议人如何看待自己在历史关键时刻的领导风格。这些领袖人物告诉查理要有远大的梦想,要学会给予,要去结识不同类型的人。布什建议不要为了公众的认可而牺牲自己的灵魂。戈尔巴乔夫尖锐地写道,当查理读到他的建议时,他可能已经不在世了。

还有很多运动员、作家和名人提出建议。卡拉·布吕尼建议他每天和父亲一起玩:"即使是成年人,也需要玩耍。"足球运动员大卫·贝克汉姆和贝利、奥运选手史蒂夫·雷德格雷夫和克里斯·霍伊专注于顽强坚持和辛勤工作,因为这些因素为他们带来了卓越的成就。德斯蒙德·图图大主教和比尔·克林顿告诉查理要学会给予他人。

最重要的是,这些建议都是积极乐观的。在建议书中留言的领导人对查理和他那一代人的世界感到非常兴奋。但对我来说,最重要的建议是我祖父在去世前不久写给查理的,他鼓励查理要开口说出自己想要说的话。

对于某些人来说,表达自己观点的能力将是 21 世纪的超能力。比如,作家、诗人和前伊拉克难民艾哈迈德·巴德尔告诉我:"我们需要提升能力,将个人的故事转化为变革性的工具,这些工具可以充分激活和放大边缘化社区中的人们的声音。这将是一种全新的讲故事的方法,从社区中来,为社区服务,不断参与,重构机构的意义。问题是,我们以自己的方式讲述我们的故事,这有什么意义呢?"

对于艾哈迈德来说，"无论好坏，21世纪将继续由故事的讲述者来定义。我们必须知道分裂的故事和团结的故事，并且批判性地审视我们所见所闻的意义，必须知道那些因利益竞争而消失的故事。最终，我们必须为其他故事创造空间，使其和我们自己的故事共同存在"。

我们被嘈杂的声音所包围，我们如何才能让我们的声音脱颖而出，并在确保目标方向的同时，与他人产生共鸣？我曾与现任领导人和未来领导人一起努力，帮他们回答这个问题。通常，对话的起点就不对：我该如何引起他人注意？在社交媒体上，我如何拥有与同事或竞争对手一样多的粉丝？这些都是可衡量、可量化的目标，要实现它的冲动可能会重于一切。但这几乎相当于，想要在巨无霸大胃王比赛中获胜。

谈话更好的起点是问问自己：我为什么要交流？如果这个问题的答案与我们在第三章中提到的目标感一致，你会更快地看到结果。如果它与你的悼词价值观相符，你将接触到你曾认为遥不可及的人，并与你从未发现的特殊盟友建立联系，这些人将为你冲破屏蔽，畅行无阻。

首先，弄清楚为什么要写作或交流才这么重要。是为了娱乐吗？为了让读者或听众变聪明，或更好地了解情况？还是为了实现更宏大的理想或转变？

其次，无论你是在撰写文章、发布推文还是发表演讲，都要让你的内容真实可信。人们需要听到你的声音，才能真正感受、理解这个人。所以我们才更倾向于关注个人社交媒体账户，而不是他们的官方账户。我们渴望真实性。

接下来，要让内容足够吸引人，牢牢地抓住人们的注意力，让他们禁不住身体前倾，认真倾听。我对领导和学生的建议是，尽量简化而不是复杂化。尽量不要使用复杂的词汇、模棱两可的话、行话或冗长的陈词滥调。讲述简单、具体、可信、感人、鼓舞人心的故事。不要说"我们创造了100个工作岗位"，而要说"请允许我讲一讲，张三和他现在正在做的工作"。不要说"我们担心叙利亚政府的行为"，而要说"我对叙利亚政权继续杀害国民感到愤怒，并为我们无法采取更多措施阻止他们感到羞耻"。

大多数情况下，不完善的信息如果有人听得进去，其实比完善的信息无人问津要好得多。这有助于让观念去推动表达，令其日臻完善，而不是反过来。当我们保持简短、直接、坚毅果敢和友善时，这么做会很有用。或者正如约翰·F.肯尼迪的演讲撰稿人泰德·索伦森所说：内容要多变、简洁、清晰和仁爱。它还有助于真正了解你想要联系的人。你想让他们有什么收获？无论通过何种媒介，交流的方式都要像正在和他们谈话一样。

与我在前面提到的所有生存技能一样，创造精彩内容的重要步骤是观察、学习、练习和教授。当你看到好的作品、演讲或交流时，试着把它拆开，看看它为什么会产生这么神奇的效果。学习这些课程并像练习乐器一样练习，这种方法甚至可以应用于社交媒体。我问照片墙用户杰里米·詹西，是什么让他成功地创作出令人兴奋和鼓舞人心的内容。

"首先最重要的是，要解释得清晰明了，"他说，"你的故事是什么？如果你不能以自信的方式解释你的故事，凭什么其他人会关注你、投票给你、聘用你、投资你？所以，这就是一项技能，无论你是谁，都必须完全掌握。其次是倾听。我认为你要能形成一个有凝聚力的思想，表达出来，然后倾听其他人的不同观点，改变你的思维过程，或者干脆促成对话。最后是找到自己的事业。年轻人要有事业心，回应与事业相关的事宜。他们真正关心的是对世界重要的事。他们日复一日地生活，相信自己可以改变世界。"

因此，想想号召力的问题。事情完成后你想发生什么？戈登·布朗最喜欢一个故事（尽管在历史上受到怀疑）：据说西塞罗[1]是一位伟大的演讲者，因为他让听众敬畏他的言辞和智慧。但是德摩斯梯尼[2]是一个更伟大的演说家，因为他让人们思考，让人们前进。

我们这些经常听到这个故事的人并不知道这个故事是不是真的，但无疑这个故事达到了他想要的效果。最好的内容是行动，而不是报道；是决心，而不是陈词滥调；是如何改变世界，而不仅仅是描述世界的模样。

我以前讨厌演讲。甚至在我30多岁担任大使时，我依然很怕演讲，但我现在却以演讲为生。幸运的是，害怕演讲的人并不只有我一个。我近距离观看了托尼·布莱尔在尼日利亚的演讲。那是在他的第三个首相任期，他无疑是他这一代最有天赋的沟通者。演讲不会定义他的职业生涯，也不会成为新闻。然而，在后台候场时，他的手却在颤抖。就连托尼·布莱尔在演讲前也会感

---

1. 马尔库斯·图利乌斯·西塞罗（Cicero，前106—前43年），古罗马著名政治家、哲学家、演说家和法学家。
2. 德摩斯梯尼（Demosthenes，前384—前322年），古雅典雄辩家、民主派政治家。

到紧张。我记得我告诉自己，不要担心开口讲话前感到紧张这种事。但是，我仍然发现，即使是最简单的公开演讲也需要勇气。

马克·吐温的建议是演讲指南中最重要的建议："勇气是对恐惧的抵抗。我们应该驾驭恐惧，而不是希望没有恐惧。"

我现在教授一门演讲课。多年来，我从优秀的演讲者那里为我的学生收集了十条实用建议。

1. 设身处地为听众着想。他们想要什么样的答案？对许多人来说，这个问题通常是："那又怎样？"

2. 了解演讲的目的。你为什么要这么做？永远不要忘记，你为什么要这么说，你要怎么说，与你要说的内容同样重要。

3. 你论点的本质是什么？中心思想是什么，你的要点或者推文的论点是什么？人们会在一周内记住什么？如果你自己都无法确定那是什么，那么其他人更不会听懂。

4. 了解自己的身体状态。观察、使用你的神经系统，想想如何走入房间、站立和移动，想想演讲的节奏、停顿和音量。基本上，你的演讲总会进行得很快。

5. 了解并相信你的讲话内容。永远要做好充足的准备。只有十分努力，才能看起来毫不费力。

6. 顺利地开始。演讲的第一句话就定下了基调。你的演讲风格是幽默吗？是信心、称赞、关心、安心，还是感谢？不要笨拙地敲击麦克风、问人家麦克风是否打开，从而浪费这个机会。

7. 叙事，讲故事。

8. 简短。请记住，三条信息通常是在我们脑海中能保留的全部信息。

9. 感受爱。让人们有参与感（例如，使用他们的名字），吸引他们的注意力，对演讲室的状况做出回应。大多数人在做大多数演讲时，听众都希望演讲能够顺利进行。他们都是你的支持者。

10. 完美地结束。演讲还有一句话就结束时，你希望得到什么？掌声？笑声？攥紧拳头的友情？不要找借口，不要道歉，这样会浪费这个机会。想办法把它和开场联系起来，给人们一种叙事弧线的感觉，一种闭环的感觉。

与以往一样，要通过观察来学习这项技能。葛底斯堡演说（Gettysburg Address）发表于美国南北战争期间。亚伯拉罕·林肯在葛底斯堡国家公墓的落成仪式上发表的此次演说，也是有史以来最著名的演说。为什么这么说？对于我来说，它之所以成功，是因为它很简短，演讲过程不到两分钟，演讲包含三个部分：回顾美国的建立，考虑当今的挑战，为未来设定愿景。演讲开头就十分引人注目："87年前，我们的先辈在这个大陆上创建了一个新的国家，它孕育于自由之中，奉行人人生来平等的信条。"

演讲的结尾令人难忘："我们活着的人，应该献身于留在我们面前的伟大任务，从这些光荣的死者身上吸取更多的献身精神，以完成他们精诚所至的事业。我们在此下定最大的决心，不让死者白白牺牲；让这个国家在上帝的保佑下获得自由的新生；让这个民有、民治、民享的政府永世长存。"

我通常用这个案例来教授我的学生，如何随时随地发表演讲。这让我度过了无数可怕的时刻，通常情况下，我是没有充分准备的。你可以随时随地发表演讲，将演讲分为三个部分：过去、现在和未来。

我们曾在这里。

现在我们在这里。

这就是我们要去的地方。

试试看。

我的家人曾以造箭为生。想象一下他们的生活，他们传授的技能，以及在战争时期他们的技艺接受的考验。现在我们又要一起过圣诞节了，我们又一起经历了一年的冒险历程。在索菲的设计课上，指导学生掌握造箭师眼中的非凡技能。约翰曾当过维和兵，他正致力于遏制武器在现代冲突中的扩散，这恰恰是我们以前犯的错。想象一下我们将在未来共同建设什么，想象一下30年后的家庭聚会，那时我们会有新的孩子和孙子，他们善良、好奇、勇敢。他们会做什么？他们会给世界留下什么？

或者，你可以尝试更普通的主题。

想想不起眼的香蕉。想象一下第一个看到、品尝到香蕉的欧洲人是什么感觉。现在，在全世界的每个国家的人都可以吃到香蕉。我们可以看看香蕉食谱，看看香蕉的营养。与第一个欧洲人不同，我们现在已经了解到香蕉中钾的重要性。我们也明白，要确保种植和销售香蕉的人受到公平对待，享受应有的权利，保持应有的尊严。现在，让我们想一想，香蕉会有怎样的前景。香蕉会成为沟通不同文化的桥梁，激发新的烹饪方法。

讲到这里，你大概明白了。没错，要点就是：过去、现在和将来。你可以在下一个可怕的演讲中尝试一下，我保证你会对结果感到惊讶。

无数次，我在本书中采访过的那些人找到了另一种重要的方式来发表自己的观点：找到一位导师。凯茜·阿什顿女男爵是欧盟首位外交事务和安全政策高级代表，也是21世纪最高效的谈判代表之一。她的技能起初源于做工会谈判代表的经历，但她打破了自己的职业天花板。她的父亲建议，如果她没能考上大学，就去当一名速记打字员。她告诉我的学生："如果我都能成为女男爵，那你就可以成为任何人。抓住机会。我们称之为导师，但他们实际上只是成年的朋友，他们会告诉你'你应该可以'。这些人会帮助你，让听众接受你。通常来说，有那么一刻，你会担心自己办不到，而我们也常常会这么想。"

罗杰·费德勒是有史以来最有天赋、最优雅的网球运动员之一，他有一个网球教练。卢西亚诺·帕瓦罗蒂有一位歌唱教练。拳王穆罕默德·阿里有一位拳击教练，他从未停止学习。我的墙上挂着他的话："早在我站在这些聚光灯下狂欢之前，我其实已经在路上、在体育馆里赢得胜利了。"

所有商界、体育界或政界最成功的人都有导师或教练。他们认为自己并不完美。与找治疗师看病一样，只是认识到"需要帮助"的这个行为，就会产生神奇的效果。教练或导师可以帮助你像学徒一样思考。他们可以让你停下来，反思如何开口说话。他们会为你搭建发展框架。老实说，我们中的许多人仍然认为我们的进步是在不停地变换工作或偶尔上的培训课程中做到的。实际上却不是这样。

针对这一问题，我问教练和导师克劳丁·梅纳什·琼斯有什么好的建议。她说倾听是指导和被指导中最重要的部分。"我们要改掉提建议的方式，"她说，"作为导师，你要思考你接下来要说什么，如何帮助别人，提供什么样的解决方案、故事或指导。用洞察力和智慧解决别人的问题，这是压力最大的地方……所以你总是不停地想着自己，而不是你应该倾听的人。你可能无法捕捉到语言、表达和语气的细微差别，因此，你可能无法理解你的直觉是不是在提醒你去进一步探索有用的事情。这里的经典例子是体育教练，通常教练不会大喊'看球！'，而会说'球怎么了？它在朝哪个方向旋转？'"

这意味着，你一定要找一个你觉得真正在听你说话、提出的问题能真正引发你思考的人，而不是只会告诉你如果他们是你，他们会怎么做。作为个体，我们不需要被其他人"填满"信息或答案，我们拥有发展或实现目标所需的所有资源和答案。显然，这并不是说我们不能学习新技能或吸取新知识，而是说在提醒我们，不要低估我们已经具备的能力、我们已经知道的东西，以及我们拥有的成长能力。

我们不应该认为只能是老年人指导年轻人，或者老板指导下属。思科（Cisco）等公司制订了一些计划，让更精通技术的年轻人指导比他们年长和资深的人。不要误以为只有比你年长的人才能帮你掌握或磨炼新技能。在我担任大使期间，我想提高对细节的关注，指导我的教练是大使馆的初级会计师。

同样，这不需要太复杂。我推荐三个步骤来寻找导师或教练。

首先，想想你想要培养的技能及原因。只有当你感受到那种目的感产生的作用时，这个过程才有效。

其次，观察那些做得好的人。他们不必是传统意义上的成功典范。

最后，通常也是最难的，请他们帮忙。这需要非常大的勇气，大多数人也确实这样认为。如果你深思熟虑，知道你想学什么、为什么要学，他们更有可能同意帮你。许多人选择教练或导师，不是因为认为自己可以从他们身上学到一些东西，而是因为他们更清楚，结交哪些人对他们的事业有帮助。在某些情况下确实可能会这样，但大多数他们选定的导师在 1 000 米之外就会洞悉他们的目的。

一旦意识到这一点，你会发现最好的辅导和指导需要考虑三个重要方面。第一，达成一致的期望。第二，你会为这个项目投入多少时间？根据这一点为你正在学习的技能设定明确的目标。第三，创造一个完全信任和诚实的环境。

作为该过程的一部分，开口说话也要求我们成为更好的谈判者。谈判是一门艺术，而不是一门科学，但是可以通过练习提升谈判能力。实际上，大多数人即便非常努力，也不会获得诺贝尔奖，但我们大多数人都需要经常谈判。当我们应对未来的挑战时，我们会发现自己的谈判内容是当地供水的使用、开放学校是否会增加流行病的传播、谁可以使用哪个浴室。那些能够最熟练地做到这一点的人将提高他们的生存率。那么我们该如何实操呢？

优秀的谈判者学会了解自己的利益，这是显而易见的。但令人惊讶的是，人类在国际会议或合同谈判中经常没有清楚地认识到他们想要的结果。有时他们的谈判立场不切实际，或者根本没有立场。他们通常无法把自己的要求或期望做个排序。欧盟副主席凯茜·阿什顿曾在巴尔干半岛和伊朗谈判重要交易。她告诉我，最好的谈判者会想象出一个能够捕捉到他们的最高和最低期望的盒子，再去分析对话者的那个盒子，找出两个盒子重叠的部分，这才是谈判的最佳点。有效的谈判者会设定真正的红线和表面的红线。有时候，让步也是谈判的策略。因此，在任何正式谈判之前，都要讨价还价。成功的谈判者会做出让步。第一次世界大战之后签订的《凡尔赛和约》中，各国没有让步，因此导致了第二次世界大战的爆发。优秀的谈判者有时甚至会让他们的对手获胜。前外交官约翰·尤尔认为："最好的外交胜利是人人都以为自己是赢家。外交是建造梯子，让别人爬下来的艺术。"或者，正如美国作家苏·蒙克·基德所说："如果你想要从别人那里获得某样东西，一定要给那个人把它交给你的机会。"

确定共同愿景也能促成事情。如果你秉持这种愿景，当恐怖袭击发生或伴侣无法打开洗碗机时，你在应对这些脆弱时刻时会更加从容。如果英国政府在和谈开始之前就要求解除爱尔兰共和军的武装，那么我们今天可能仍然在与他们交战。如果我们在叙利亚问题开始谈判之前没有要求阿萨德总统下台，这个国家今天可能就不会支离破碎。当我们提醒自己在减少气候变化方面有着共同利益时，关于削减温室气体排放量的谈判就更容易了。

当今，我们面临着严重的身份认知问题，对这个问题的谈判同样要求我们不能人云亦云。否则，我们为什么还要谈判呢？很多时候，尤其是在社交媒体上，批评者将与对手的接触视为对这些对手的某种肯定。当时机成熟时，我们应该采纳海军上将纳尔逊的建议："不要介意使花招，直接行动吧。"慈善家威廉·西格哈特参与了许多艰苦的和平倡议。正如他告诉我的那样："为了结束冲突，敌我双方最终必须交战。但令人惊讶的是，有多少曾经被妖魔化的人，在以后的日子里完全看不到他们身上恶魔的痕迹。"当我们看到社交媒体上关于身份问题的争论越来越激烈，对抗越来越严重时，我们应该牢记这一点。

妥协已成为一个肮脏的字眼，让人觉得没骨气。领导人最怕被媒体描述成一个像内维尔·张伯伦那样的人，他是两次世界大战之间的英国首相和绥靖政策的设计者。如今，我们不太热衷用军事手段解决问题。但在当时，在不采取军事行动的情况下，妥协往往是取得进展的唯一途径，不一定代表软弱。肯尼迪总统曾说过："宽容并不意味着丧失信仰，而是对别人给予的压迫以无声的谴责。"

要开口表达观点需要时间。这是一个过程，而不是一个事件。领导英国大部分伊朗核谈判的前外交官西蒙·加斯爵士表示，有效的谈判者会在不需要耗神时节省精力，原地不动或是让其他人填补空间，直到情况发生变化。伊朗谈判的大部分内容都是这样的。例如，伊朗人制订的截止日期通常比看起来更灵活。经验丰富的和平使者和前美国参议员乔治·米切尔将如此漫长的谈判称为"七百天的失败和一天的成功"。

要开口说话并不容易。作为纽约大学研究的一部分，我们请了一些退休的政治领袖和商业领袖告诉我们,他们是如何做到的。他们列出了十条希望在 21 岁时得到的建议。我们让他们不要再说那些被说烂的陈词滥调,而是要非常坦诚。经过多次的争论和辩论,这是他们得出的结论。

1. 要专心地、不加选择地观察他人。记住,从他人的错误中学到的东西和从榜样中学到的东西一样多。
2. 找到一种由衷感到自信的方式。与表现出自信不同,如果你不是真的自信,那么别人很快就会发现。
3. 他人的反馈是一种馈赠。由衷欢迎并心怀感激地接受他人的反馈,即使它当时让你有点不舒服。
4. 确定你的独特卖点,确保你能够脱颖而出。在竞争激烈的环境中,能做到与众不同,会大有帮助。找出别人做不到、只有你能做到的事。
5. 你改变不了自己的本性。不要尝试这样做,否则别人会认为你太虚伪。但要准备好改变你的风格以适应不同的情况。坚守本性,可以在无关痛痒的事情上妥协,但不能在做自己上妥协。
6. 巧搭顺风车。找一个有影响力的好老板或高层人物,让自己成为他们不可或缺的人。
7. 骗子综合征是正常的,任何没有这种感觉的人恐怕不是很愚蠢就是很傲慢。
8. 做你喜欢的事情,并享受做事的过程。这样不仅使工作更容易,而且会让你热爱自己的工作。一定要记得这一点。
9. 找出房间里其他人认为最不重要的人。

10. 找到你想说的、支持的、真正相信的东西。不要害怕表达这些东西，不要害怕要为之而战。你可能不会赢，但你很可能会比那些打败你的人坚持得更久，那样的话，结果就会不同。你不想到了50多岁才意识到你所做的一切都不过是交易，你会希望一切更有意义。

在《我们为什么跪下，我们如何崛起》（*Why We Kneel, How We Rise*）一书中，来自西印度群岛的快球投手迈克尔·霍尔丁讲述了他在20世纪70年代和80年代在英格兰当板球运动员时遭受的"野蛮"虐待。他应对这个问题的方法是更好的教育，帮助人们了解种族主义的产生和持续存在的原因。在2021年，他对BBC表示，"除非我们了解并理解这一点，否则我们将无法把它解决掉、摆脱掉。我们需要对人们进行再教育，让他们了解人类的真实历史"。

乔治·弗洛伊德在明尼阿波利斯市被警察拘留并谋杀后，霍尔丁拍摄于天空体育场的那段视频是公众人物表达自己观点的一个绝佳范例。事后被问及此事时，他讲述了几十年来争论是如何形成的："当那一刻来临的时候，我没有想到我需要说什么。我只是感到一种强烈的信念，我需要说些什么，那些话就溜出来了。"

当你开口说话时，你就会想要表达某种意图。

当我们的沟通方式和我们的价值观、目标一致时，就不再只是建立知名度和合法性的问题，而是变成了能动性的问题。要想成为有能动性的行动派，就需要盟友。

第五章
社会协作

> 所谓部落，是彼此关联、有共同的领导、有共同想法的一群人。数百万年来，人类不是属于这个部落，就是属于那个部落。一个群体成为一个部落只需要两点：共同的兴趣和沟通方式。
>
> ——塞思·戈丁（Seth Godin）

无论我们喜不喜欢，我们天生就属于某一个部落。从传统意义上讲，这些部落是有共同基因的，即我们与部落的其他成员有一种关于生存的集体本能。在20世纪的大部分时间里，部落更可能在一个学校、一所大学、一个专业、一个阶级或一个特定地点中形成。

新的部落流动性更强、更有活力，而且更难以预测。但是新的部落会和古老的部落一样影响着我们的生存。本章着眼于如何发现和形成这些新部落，如何说出自己的观点，如何建立合法性和在部落内的影响力，以及如何将其转化为真正、持久的变化。

在过去的十年里，我们开始越来越多地思考自己的部落身份。伊拉克战争、苏格兰独立、英国脱欧或唐纳德·特朗普等问题似乎需要一种更加二元化的方法来解读。你支持哪一方？你是支持我们还是反对我们？但是，新的群体正在以其他更微妙的方式发展。正如我们的祖先试图在混乱的公共广场建立团体一样，随着人们对社交媒体和政治辩论的公共广场失去信心和信任，人们对这种在其他地方聚集的愿望将会加速。

要想评估你目前属于哪个群体，一种快速的方法就是查看你的 WhatsApp 群组情况。我最常用的群是直系亲属群、亲友群、板球队群、一个参加年度驳船假期时组建的校友群和音乐主题的大学校友群（我们在其中花了很多时间创建 Spotify 播放列表）。甚至在新冠肺炎疫情前，我与这些群的社交互动，比除了我与妻子、孩子以外的任何其他群体的社交互动都要多。

除了这些直接参与的家庭群和娱乐群之外，我还有更多有关教育、外交、中东、技术问题的专业群。你会越来越多地发现，这些部落会根据邮件列表或播客召开各种会议。当我们进行新的社交互动时，我们不断地在地平线上寻找这些联系点、忠诚点和结盟点：某个绝望的西汉姆联队球迷；某个《火线》（The Wire）第三季的忠实拥趸；某个对 Tailenders 播客的所有流行语如数家珍的同事；某个接送孩子的疲惫家长。

这些身份的现实状况当然比它们看上去的要复杂得多，也比那些可能会邀请我们加入的政治部落要复杂得多。体育的例子为我们提供了一条线索，让我们了解在民族认同的基础上定义世界观会掉入哪些陷阱中。正如杰出的爱尔兰前驻英国大使博比·麦克唐纳提醒我们的那样："在比较我们如何培养对运动队或国家的忠诚度时，我知道，无论是关于裁判决定还是预测结果，来自体育身份的情感忠诚都会影响我的判断。"

这些正在发展的新群体中，最令人兴奋的一个领域是抖音（TikTok）群体，这可能会让我们许多人觉得难以理解。大多数30岁以上的人认为这个视频共享应用程序的各种表情包和主题标签很奇怪、很幼稚。但文化人类学家欣喜地发现，人们现在已经通过它找到了自己的社群，并开始组织社群活动。这些动态甚至可能正在改变我们组织社会的方式。伦敦大学金史密斯学院的抖音海外项目联合创始人艾莲娜·利贝尔，讲述了她是如何在2020年3月第一次新冠肺炎疫情期间对这款应用产生兴趣的。她说："朋友们开始给我发送人们跳舞、烹饪食物、种植室内植物和讲笑话的视频，这让我感到很着迷，一分钟的视频竟然可以捕捉到如此多的创造力。在乔治·弗洛伊德被谋杀和随后的'黑命贵'（Black Lives Matter）[1]抗议活动之后，我对抗议和抵抗在网上，尤其是在抖音上组织起来的过程感到十分惊讶，对抖音如何一步步成为一个可以分享经验、传播教育和可以组织抗议的空间感到惊讶。同样，波兰的女权抗议活动和白俄罗斯的民主抗议活动也通

---

1. 也译作"黑人的命也是命"或"黑人人权运动"，美国黑人人权运动持续了半个多世纪，2010—2020年的多起白人警察暴力执法事件，将"黑命贵"推上了热搜榜。

过这个平台组织了起来。"

因此，了解这些组建社群新方式（无论它是不是抗议和抵抗运动团体）的一个好的出发点是，观察你当前的群体，并评估这些是不是你想投入精力参与其中的部落。如果不是，想一想如何围绕你目标中最关键的问题来召集、建立和动员起一个社群。如果你关心的话题是杰斯罗·塔尔的音乐与政治改革之间的跨界关系，你该如何召集大家加入讨论？你想招募谁加入这个社群？他们加入的动机是什么？

要开口说话并且找到一个被忽视的群体，对少数族裔而言要困难得多。可能其他人会将你错误归类，或者别人不太可能听得到你的不同观点。因此，任何课程或教育都没有完美到为年轻人的标新立异创造空间。"黑命贵"运动和"我也是"（Me Too）反性侵运动引发的国内和国际辩论起到了一定作用，但我们还有很长的路要走。大多数时候，我们知道我们需要更加包容，但是我们又害怕出错，因此心中犹豫不决。我们将回到如何共存，以及如何成为后代榜样那几章讨论的重要辩论问题，即基本的生存技能问题。

作家西蒙·斯涅克向我解释，如果我们成功找到那个部落后会发生什么："这是一个反复出现的模式，我们和一群天才聚到了一起，他们会说'天哪，我找到了我的部落，我的伙伴'。这个时刻对我而言绝对兴奋极了，我们像散落的拼图终于拼在一起，共同创造出一幅我们之前想都不敢想的画面。"我们的想法有人倾听，我们不再感到受孤立和排挤，这让我们充满活力。

但是，西蒙也提到接下来经常发生的危险。在最初的兴奋消退后不久，就会围绕金钱、权力、时间、影响力、平台进行谈判和取舍。"然后，最初的联系再次破裂……我很想散伙儿回家。"因此，我们必须培养技能，不仅要寻找和建立社群，还要建立信任和共同行动的意识，努力维护这个社群。

引荐是建立社群的主要方式。传统上，个人引荐是帮助某人加入社群的最佳方式之一，互联网并没有改变这一点。但是，从简短的握手到共进晚餐，在线下的引荐质量可能会有所不同，同理，在线上的引荐质量也会千差万别。比较一下，一封给你的邮件中只有一句话："我想引荐你和戴夫认识"，而另一封邮件同时发给你和戴夫，两封邮件都清楚写明发件人引荐你们认识的原因，并且表示愿意协助你们双方开启一段重要的关系，最终结果完全不同。这些引荐非常珍贵、非常有价值，值得花时间去投入，无论是向别人推荐，还是请别人引荐。

当我移居到阿布扎比后，我凭借三次类似的优质引荐以及一份现有的工作情谊，很快打开了自己的职业局面。不管遇到什么情况，我都愿意为那些帮我引荐的人放下一切。虽然我们应该承认这种引荐的价值，但这种交流最好不要以交易为目的。不过，这的确可以形成强大的纽带。以这种方式建立人脉，并与志同道合的人交往，是一门艺术，也是一门科学。与其他生存技能一样，你可以观察那些能有效做到这一点的人，并且效仿他们的做法。在这当中，我们往往会注意到更多的技巧：看起来似乎毫不费力的自信，或者对他人发自内心的兴趣。

以下是我观察到的三种改进人与人之间交往的科学方法：

1. 在引荐之后继续保持联系，看看后面的进展；
2. 花点时间认真想一想为什么这种联系对他们俩都很重要；
3. 当你因为这个引荐取得突破或成功时，记得回去感谢促成你成功的人。建立一个部落需要耐心、信任和谦卑。

现在，我们找到了行动的方向，逐渐构建令其合法、形成联盟，并培养技巧，让别人听懂我们的表达、愿意听我们表达。一旦你坚信自己加入了正确的群体，接下来的行动就是动员该群体一起做事。

找到群体内的积极分子并不是说要发表激动人心的演讲，或人为设置障碍。沟通教练今野翔致力于帮助人们和组织提高积极性。"直到最近，你经常会听到人们说'好吧，我显然不是积极分子，不过……'。现在超市里有一半的品牌都自豪地声称自己在市场上很活跃、很畅销，"他告诉我，"他们都错了，因为这不是你可以获得的正式头衔，你不可能自称'活跃'。如果你签署了请愿书，出于道德原因不买某种东西，或者支持某人在网上的抗议，那么你可能已经参与了行动。"

今野翔的建议是通过提出一系列问题来考量自己的行动力，诸如："为什么我们的世界现在这样？我们的世界如何才能变得更好？我们能做些什么来使世界变得更好？"最后一个问题至关重要，这是将"行动"转化成"行动力"的地方。关于行动力的第一步就是，找到和你关心同一个问题的人或团体，并询问自己如何加入他们。如果该团体尚不存在，请自己开始创建。

科丝蒂·麦克尼尔是我在唐宁街10号的前同事，现在负责儿童救助会的活动。她认为，这场新冠肺炎疫情使我们中的很多人成了行动派，从马库斯·拉什福德到轮流派送食物或给年长邻居体检的组织者。她说："这里发生的一切，有一部分原因是公众对新型冠状病毒的深刻理解。这种体验可能是普遍的，但并不是一样的。我们知道，每个国家都有很多人没有稳定的工作，每个国家的父母都在努力赚钱养家，每个国家的孩子都被困在数字鸿沟带来的不利影响中。我们需要将新的邻里关系转变为新常态，同时帮助人们认识到，参与地方性事务与国家，乃至全球对积极公民的需求密不可分。"

民意调查显示，我们确实有可能走出这场危机，因为现在的我们比刚陷入危机时更加团结和友善。这种影响对于与我们这些有直接社会联系的人来说更为明显。科丝蒂说："我们对别人了解得越多，我们就越信任他们，而现在我们居住的街道或住宅区到处都是我们新认识的人。"如今，有 1 000 万公民选择每周至少花 3 个小时互相照顾。

新冠肺炎疫情提醒我们，我们当中到处都有积极的行动派，包括我们待在家里时，冲在抗击新冠肺炎疫情第一线的护士、清洁工和教师，还有研究疫苗让我们能够放心出门的科学家。这场新冠肺炎疫情创造了全球化与发展教授伊恩·戈尔丁所说的"人类体验中前所未有的共鸣……世界第一次在同一时间产生相同的感受"。

但是，这场危机也表明，我们可以为那些受疫情影响最严重的个人、社区和国家做更多的事，送去更多的关怀。我们必须多做一些事来清除我们在某些方面的仇外心理和自私行为，以及诸如"黑命贵"等运动暴露出来的问题。我们可以保持冷静，继续安静、耐心地教育下一代，教育出更多像亚历山大·弗莱明那样的人，在未来为人类研发疫苗。我们可以选择不放弃我们需要面对的一长串其他挑战。人类的发展一直依赖于一小群人释放的能量，但这些人在他们生活的时代中往往被嘲笑为激进分子。

这是可以学到的，还是说有人能教会的？我们这一生能磨炼这种积极行动的技能吗？

最伟大的领导者可以为一项事业做三件事：用愿景激励他人，邀请他人携手同行，然后制订计划实现愿景。我们大多数人并不能始终如一地做到这三件事。依我近距离观察，首相托尼·布莱尔、戈登·布朗和戴维·卡梅伦这三个人，每人都做了这三件事中的两件。由于我仍然是一名谨慎的前公务员，因此我只能请你们自己去领悟，他们每个人少做了哪一件事。

要动员我们的社群，同样需要我们明确愿景，邀请他人与我们结伴同行，并且制订计划。这听起来可能很吓人，但是我们中许多已经行动起来的人通常并没有意识到这一点。在新冠肺炎疫情期间可能有助于建立更强大的社群，并激励我们成为更有效的活动家。

在现实生活中，这些行动看起来像什么呢？我们可能想到的例子大概是1988年在智利推翻奥古斯托·皮诺切特的残暴政权、1989年在捷克斯洛伐克推翻独裁政权，或者2011年在利比亚推翻穆阿迈尔·卡扎菲的独裁政权这样的社会运动。但它不必像面对独裁者那样充满戏剧化、充满暴力。它可以是这样的行动：加州房地产经纪人辛迪·莱特纳13岁的女儿因为一场酒后驾车事故丧生。之后，她发起了一项将酒后驾驶定为非法的运动。它还可能像艾迪·马博在1992年为澳大利亚土著居民获得土地权利而组织的运动，或者像利比里亚妇女的和平抗议，她们的抗议结束了长达13年的残酷战争。

我们中的一些人是人道主义者，如果发现校园霸凌，我们会去帮助伤者。还有一些人则是积极的行动派，他们会直接与霸凌者对抗。这两种人我们都需要，越多越好。单独行动非常困难，与他人一起行动可以降低风险。

乔治·姆潘加有个更有名的称呼是"诗人乔治"。2019年，他的播客融合了音乐、故事和诗歌等艺术形式，曾获得了皮博迪奖（Peabody Award），并获得年度播客称号。乔治出生于乌干达，如今是一名颇有影响力的活动家，他之前曾在剑桥大学学习社会学。他告诉我，他做这件事是因为他认识到年轻人其实非常希望改变，却不知道该如何改变。他说："我们需要帮助他们运用直觉，帮助他们表达自己的声音，实现对话，产生影响。"

对乔治而言，他把行动力的一部分方向放在了改变教育上。这对他来说很重要，因为他看到了教育系统如何巧妙地强化和延续特权。"我们的诊断是错误的，因为我们没有考虑到文化历史和人们的社会经济背景。你不能光靠砸钱来解决我们的问题。你必须找到一种倾听的方式。"

马拉拉·优素福·扎伊非常喜欢上学，但是，塔利班控制了她居住的位于斯瓦特山谷的小镇，并声称女孩不许再接受教育。从那时起，一切都变了。她说："我代表女孩和我们的学习权公开发言，这让我成了众矢之的。2012年10月，在我放学回家的路上，一名蒙面枪手登上我的校车问'马拉拉是谁'，他射中了我的左脑。"她被送到英国进行了长达数月的手术治疗。马拉拉康复后，毕生致力于让所有女孩都可以享受 12 年义务教育。2014 年，她成为有史以来最年轻的诺贝尔奖获得者。

我问马拉拉，行动力对她而言意味着什么。她说，她每天都在那些女童教育活动家身上看到行动力的作用。"只不过，那天出现在那辆校车上的人碰巧是我而已。其实还有数以百万计的人在悄悄地为我们的教育事业而战，并且面临着同样的风险。但我们共同的勇气让我们知道，这么做是值得的。即使我们当中有人倒下，也会有更多的人前仆后继。当你如此坚定地相信一个事业时，你就会更有勇气。"

贾米拉·伯利的故事又是另一个例子，说明年轻的行动派如何将改变愿景变为日常工作的一部分，而不只是周末参加抗议活动、分享标签或加入组织。贾米拉将自己称作下一代社群社会影响活动家。她的兄弟安德烈遭到谋杀，为此，她在费城的高中组织了一场反暴力运动，最终将校园暴力的发生率降低了 30%。为表彰她的努力，州长给她拨款 5 万美元，用于在该市 10 所最危险的高中实施该计划。贾米拉是 15 个兄弟姐妹中第一个上大学的。她告诉我："到了某个时候，你会面临一个选择。是继续往上爬，还是把机会传播出去，并利用自己已经拥有的位置来化解不公正和不平等的根源。"

我们需要对文化战采取类似的方法，否则这些战争可能会造成社会两极分化，让我们找不到自己的社群，无法行动。在后面的章节中，我们要探讨的问题是：如果我们要成为后代更好的榜样，我们必须承担体制上的不公正和不平等。然而，正如费边社最近的一篇论文所探讨的那样，就当前趋势而言，我们似乎更可能看到进步主义运动和政党苦苦追求所谓的"文化战争"战略，结果却被这一战略弄得分心、分裂、瓦解和溃败。

该篇论文的作者科丝蒂·麦克尼尔和罗格尔·哈丁将此类问题定义为"与身份、价值观和文化有关的问题，这些问题很容易被那些想在情感层面上吸引和激怒他人的人当成攻击的武器，而不是在一个政治层面上达成一致的政策方案"。最近这类引起激烈争论的问题很多，例如牛津学生公共休息室是否应该有女王的照片，或者是否应该在毕业舞会演唱英国海军军歌——《统治吧！不列颠尼亚》（*Rule Britannia*）。那些怀有真正不满或感觉不公平的人通常会鼓励文化战争，目的是获得更多的知名度和关注度，或者只是为了看到别人痛苦，自己偷着乐。

为什么这些文化战争对我们未来的共同生活和生存的努力那么重要？麦克尼尔和哈丁认为，文化战争可能会分散解决实际问题的注意力，让我们互相敌对，使我们士气低落，会导致公共广场变得乌烟瘴气，对边缘化群体来说尤甚。对此，许多人的反应可能是选择忽略这些文化战的争论，希望它们会自己败下阵来。还有些人可能会采用更具对抗性的方法。但似乎两种方法都不起作用。那么，我们又该如何应对呢？麦克尼尔告诉我，答案在于四个要点。

第一，构建一个更自信、更具包容性的未来愿景，让更多的人看到自己的未来。第二，选举和奖励那些努力克制、重视多元化、捍卫制度和规范，并愿意监管技术的领导人，让我们的民主焕发生机。第三，要做好准备，揭穿那些为了分散注意力，或者为了搞分裂而兜售文化战争的人。第四，要打造具有组织、有文化包容性的运动，使每个人，尤其是被边缘化的人都能获利。

这在实践中是什么样的呢？我们可以从人们对运动的反应，以及诸如足球运动员马库斯·拉什福德和汤姆·穆尔上尉等个体的行为中看到这一点。在新冠肺炎疫情大流行期间，摩尔成了英国卫生服务支持者的护身符。拉什福德召集了来自不同社区、地区和社会经济团体的联盟，来解决贫困学生的饥饿问题。他为英国政府制定了议程，2021年的某一天，他被迫在社交媒体上发帖说，在比赛结束之前，他无法解决某项政策问题。行动力始于自我意识的觉醒，拉什福德认识到了这一点："我整天都会受到各种批评，无论是我的肤色、我成长的地方，还是我在球场外的生活，这些批评我都可以接受……但我永远不会为我是谁，以及我来自哪里而道歉。我是马库斯·拉什福德，一位来自南曼彻斯特威辛顿和威森肖镇的23岁黑人男子。如果我一无所有，至少我还有这些。"

拉什福德并不是第一个成为行动力榜样的运动员。在1936年的柏林奥运会上，美国运动员杰西·欧文斯在阿道夫·希特勒面前赢得了4枚金牌，并挑战了东道主基因至上的神话。被英国广播公司（缩写为BBC）誉为20世纪最伟大运动员的穆罕默德·阿里是一位出众的拳击手，但他也为平等和正义开辟了道路。美国体育记者威廉·罗登说："阿里的行为让我对伟大运动员的定义有了新的认识。你为人民解放做了什么？你做什么来帮助你的国家履行开国盟约？"2016年，美国足球运动员科林·卡佩尼克在全美橄榄球大联盟（NFL）比赛前单膝下跪支持"黑命贵"运动，表明了这一理念的意义。美国足球运动员梅根·拉皮诺对性少数群体（LGBTQ）[1]平等的积极行动让我们想起了运动员成功反抗偏见的方式。

行动主义不仅仅来自艺术界、体育界、民间社会和民间组织。英格兰银行前行长马克·卡尼看起来不太像，实际上却是非常强大的活动家。他在金融界高层的经历让他确信，现行的经济模式中的制度退化和道德缺陷最终导致了全球金融不稳定、新冠肺炎疫情大流行和气候危机。因此，他离开了金融界，成为联合国气候特使，并敦促建立一个优先考虑不同价值观的模式，包括团结、公平、责任心、坚韧、可持续性、活力、谦逊和同情心。他认为，任何良性社会都急需处理好三个方面的公平，即代际公平、收入分配公平和机会公平。从本质上讲，他的行动主义旨在让经济和社会充满人文关怀，首先要鼓励公司将这些目标设为商业模式的核心。

但正如卡尼所说的那样，如果要求变革自上而下，那这种变革不会成功。我问《新力量》（*New Power*）杂志的联合作者杰里米·海曼斯和亨利·蒂姆斯，我们如何才能将正确的群体和信息聚拢到一起，进行有意义的改变。他们向我展示，最好的想法都是横向传播的。过去，权力更加封闭，难以接近，所以变革会自

---

1. 性少数群体（LGBTQ）分别指代：L（Lesbian）—女同性恋；G（Gay）—男同性恋；B（Bisexual）—双性恋；T（Transgender）—跨性别者；Q（Queer）—酷儿的英文字母缩略词。

上而下、更加谨慎地施行。不妨想想传统的金融货币。传统的权力价值观更加正式，更加便于管理。权力就是靠竞争、保密和排他才能蓬勃发展。

对于杰里米和亨利来说，新的权力形式更有可能是开放的、参与性的、由个人驱动的。因此，变革发生的形式可能会发生变化，你也不再需要简单地说服高层人员，关系网比等级制度传播权力更快，人们越来越重视他们的体验感。为了让更多的人参与进来，我们会受这个因素的影响。这在开放和透明的条件下效果最好。不妨想想爱彼迎或冰桶挑战，这些都是鼓励参与和行动主义的范例。当你放弃权力时，新形式的权力会增加。女性在这方面做得更好，可以成为更好的联盟建设者，少一点男子气概，多一点默克尔式的女性情怀。巴拉克·奥巴马更加包容，更能给别人力量。他说的"是的，我们可以"将成为新权力运动的座右铭，而不是独裁者的"只有我才能做到这一点"。

新权力格局的英雄和反派并不总是泾渭分明的。例如，脸书和优步两个平台是由非常棒的个人网络建立起来的。然而，当它们面临压力时，往往会默认旧的权力价值观，变得更加隐秘，更加上行下效，更加具有控制性，更加令人生畏。与此同时，美国全国步枪协会设法利用新的力量来保持其对美国政治和运动场的破坏性影响。它建立了一种集体意识，门槛低，让其支持者觉得他们的组织比较强大，让进入的个体觉得自己是这个强大部落的一员。

2020年5月，乔治·弗洛伊德在明尼阿波利斯一名美国警察的膝下被谋杀，全球的反应表明激进主义的演变方式，引发了对警察部门的监督早该发生的切实变化。在某种程度上，这种影响是集体震惊和愤怒的结果。但这也是因为近十年来，"黑命贵"运动建立了一个联盟，并制订了明确的原则和目标。结果，"黑命贵"运动势不可当，这是数字行动主义的新阶段。成功的运动并没有将社交媒体的点击率视为活动的重点，而是坚持将社交媒体仅视为信息载体的理念。运动本身仍然需要计划、展开和组织。

那么，我们如何围绕这些对自己重要的问题，开展自己的活动？我们需要一个强有力的中心信息，诚实地评估个人的优势和劣势，并了解哪些工具将帮助我们接触到潜在的盟友、与对手交战。我们需要适应混乱，如果计划有变，我们要随机应变。就像 Live 8 世界巨星扶贫义演，捐赠了大笔扶贫资金一样，最成功的运动可以创造出扣人心弦的场景，这更有可能引起某些人的注意，我们需要借此向他们的领导施压，有些故事必须讲给他们听。

当我们创建这些未来的社会、政府、运动和企业时，我们可以从这些范例中学到很多东西。我们要努力建设一个更幸福、更美好的社会，这个过程非常缓慢，而且常常令人沮丧。其中的关键是，将公民个人视为这项事业的重要组成部分，而不仅仅是政府的受益者或局外人。我们应该多相信群众的智慧。

对于有目的的行动派而言，妥善利用社交媒体可以创造巨大的资产。我们需要花费更多的时间来占领和维护线上的公共广场。从 2011 年的"阿拉伯之春"运动和"占领"运动到法国的"黄马甲"起义，再到"黑命贵"运动，这些运动的参与者们彼此吸取力量、交流街头示威的经验。这样的事在过去的激进主义运动中也可能发生，例如在越南战争期间就发生过。但是现在，它们发生的速度和规模都在激增。今天的运动不必为了动员而建立相同的架构。这给了他们极大的灵活性，让他们的行动力快得好像叛乱分子，或者令人惊讶的对手。利比亚和埃及的起义推翻了独裁政权。正如我们看到的起义后的情景，真正的挑战在于如何填补政权被推翻后留下的真空。

如果我们将这些想法付诸实践，将我们的社群转化为积极行动的场所，我们就有更好的机会应对本书所提到的挑战。作为一个物种，我们还没有完全解决这些难题。但是，我们也需要花更多的时间学习如何共同生活。

第六章
建设共同愿景

> 千百年来,人类一直在努力寻找破坏性较小的共存方式。
>
> ——玛格丽特·惠特利(Margaret Wheatley)

我曾担任英国首相的北爱尔兰问题顾问长达4年的时间,我和戈登·布朗曾一起经历了共和派和统一派之间的谈判。那几个星期的谈判非常艰苦,令人精疲力竭,且经常感到十分恼火。有时,当他们看到只有共同努力才有机会战胜英国政府时,他们才会团结起来。我和戴维·卡梅伦一起工作时,他对萨维尔调查中关于"血色星期日事件"[1]的报告做出了特别的、人性化的回应。

---

1. 血色星期日事件(爱尔兰语:Domhnach na Fola),1972年1月30日在英国北爱尔兰伦敦德里市的博格赛德地区,英国伞兵向正在游行的市民开枪,造成14人死亡、13人受伤。

正是这样的时刻，以及我担任驻黎巴嫩大使期间，最能让我体会到减少暴力和冲突的科学和艺术，以及共同生活的方式。

在北爱尔兰，最终真正促成和平的不是政客、教士或暴力人士，而是普通男女。在黎巴嫩的一次和解活动中，我被引荐给两个正在做宣传的人。在卢旺达、巴尔干半岛和南非等因冲突而深陷泥潭的地区，形成了人与人之间的巨大鸿沟。他们两人致力于推动人与人之间建立直接联系。活动室里充满了创伤、悲伤和痛苦。我以为他们是一对夫妇，我问他们为什么来到那里。

"我的父亲在一次恐怖袭击中丧生。"这位女士说。

我非常同情她，但是深感无力，不知道说什么才好，于是问那位男士："那么你呢，先生？"

"我正是袭击中的投弹手。"

每当我看到社交媒体上的争论变得两极分化，或者愤怒蔓延到街头时，我就会想起这一刻。唐纳德·特朗普的大部分政治议题，从各种花言巧语到移民家庭的分离，都与一个失去父亲的悲伤女儿想办法与杀害她父亲的男人合作所表现出的勇气形成了鲜明的对比。也许最有说服力的时刻就出现在特朗普第一次总统竞选活动期间，他直接攻击了一对悲痛的父母。他们的孩子是一位美国士兵，在为国家而战时丧生。

虽然的确很可怕，但也许最大的危险不是核弹、环境灾难、超级细菌、机器人时代或疯狂的恐怖分子，最大的危险可能是我们失去了共同生活的愿望。在面对一个到处移民、流动和不可预测的时期时，我们从政治、哲学和宗教中能吸取哪些关键的实践经验，推动帮助我们共存呢？在本章，我们将从下面这些内容中发掘更多可以学习的东西：我们会回顾我们共同的历史；发掘那些体现我们共同生活的能力发生飞跃的时刻；展望未来要面对的战斗中，从如何设计我们的社区，到如何让老年人和青年人携手并进。总之，这一章将着眼于一系列切实可行的方法，目的是培养我们共同生活需要的勇气。

我们必须改变教授和学习历史的方式。我在纽约大学的研究团队花了两年的时间询问年轻人和他们的父辈在自己的教育中缺少了什么，每个受访者都认为，他们缺少了全球历史观、道德和公民意识的教育。一位美国家长感叹："目前他们只研究美国问题、战争和美国总统，我们还得自己花时间教孩子有关其他国家的知识，其他国家的运作方式、政治状况和危机。这些孩子对地图上除了美国之外的国家一无所知。"

年轻人告诉我们，他们越来越需要了解自己的国家在全球历史背景下扮演的角色。他们想研究对不同群体的宽容和开放态度，想了解如何处理分歧。纽约大学的学生阿托卡·乔说："在一个日益两极分化的世界中，各种过滤气泡将我们与意见不一致的人隔开。如果我们想在社会中形成共识和凝聚力而不是造成分裂，去倾听、去向持有不同意见的人学习就变得更加重要。"

他说的完全正确。正如第一个获得大学学位的聋盲人海伦·凯勒说的那样："教育的最高成果是宽容。"

然而，大多数教育系统往往将某个国家的历史置于人类历史之上。正如牛津大学历史学家和畅销书作家彼得·弗兰科潘告诉我的那样，"政府不希望我们知道可能还有其他，甚至更好的做事方式"。在国家历史的研究中，传统课程的学生把大部分学习重心都花在研究各种冲突上（通常是研究作为战胜国一方介入的冲突上）。这样做的代价往往是，学生无法了解政治和社会制度的发展轨迹。通常情况下，政治制度和社会制度的发展伴随着鲜血、辛劳、汗水和泪水，只有这样才能使人类共同生活、共同工作。

这些关于我们应该如何管理自己、人们应该如何对待彼此，以及我们应该重视什么的古老辩论一直是我们历史的重要组成部分。而且，为了能够生存下去，这也必须成为我们未来的重要组成部分。这些古老的辩论常常以一个简单的陈述句开始：历史不仅仅是那些我们打赢的战争。

一些政府开始时断时续地填补这一空白。2016年，法国引入公民道德教育，旨在让学生理解民主社会的法治、个人和集体的自由以及平等。我们必须警惕，不要形成一套完全基于西方启蒙思想的价值观。不过，为了实现共存，我们确实需要了解政治和社会系统，而不是那种优先教授各种冲突的教育系统。

政策制定者们一直在努力应对这一挑战，但政客们往往只在卸任后，在迎合民粹主义或民族主义政治的诱惑消退之后，才会去迎接这一挑战。1996年，雅克·德洛尔（Jacques Delors）领导的联合国教科文组织（UNESCO）教育委员会认为，我们应该将教育分为四个方面：学会生存、学会求知、学会做事和学会共处。事实证明，最后一个方面在当时是最具争议的，因为该报告中提到的教育工作者和领导人委员会认为，年轻人应该学会理解其他种族、宗教和社会群体的观点，并解决紧张局势和冲突。

不知何故，现在这个问题似乎变得没有那么有争议性了。但事实证明，推行它和以往一样艰难。

部分他国政府也在努力填补这一空白。"一生的故事"是一个旨在帮助年轻人相互了解的项目，主题是"捕捉昨天的时刻，在未来分享、讲授和学习"。项目网站让孩子们接触到来自不同国家的故事，包括反对他们自己国家的故事。Big Bad Boo 动画公司将娱乐作为非暴力、同理心、多样性和公民意识的教授工具，其《一千零一夜》系列故事已在 80 个国家以 25 种语言播出。Big Bad Boo 还与联合国儿童基金会在约旦合作，利用动画活动书为难民提供社会心理支持。此外，还有不少优质的在线资源可供人们学习如何缓和争论或解决争端。这些资源可以提供帮助，但在教授历史的基本方法彻底改变之前，很难将学习者的注意力和时间吸引到这些资源上。那么，该如何做到这一点呢？哪里能找到这方面的好例子呢？

法迪·达欧看起来不像一个革命者。他穿着硬领衬衫，倾听时安静而谦虚，脸上微微带着疑惑。你觉得他是在有意识地给他人说话的空间。然而，他站在中东关键争议问题的最前沿，而且越来越多地站在世界争议问题的最前沿。他的黎巴嫩非政府组织"Adyan"提倡多元化、包容的公民身份和社区自强自立。它开创了一门课程，教授严重分裂的黎巴嫩宗教社区之间如何共存。仅仅是制作课程的过程，就进行了数年艰苦讨论，在长期敌对作战的教派之间建立了信任。表面上看似简单的事情，在细节上却极具挑战。考虑到自黎巴嫩内战以来各方争论的程度，他们不得不同意不去教授近代历史。不过，最终他们让大家达成一致意见，都同意教授关于共同生活的理论。这不仅仅是一次非凡的外交行为，还有助于我们理解为什么其他社区与我们的社区不同，以及如何不同。

"我们需要去了解一些其他的'英雄'，"法迪在黎巴嫩山区的一间教室里告诉我，"我们创建了一个平台，在阿拉伯语中是英雄的意思。与伊斯兰恐怖分子和其他美化暴力的人相比，这些短篇小说讲述了那些逆流而上、值得被称为英雄的人。我们尽力教授知识和态度，帮助他们在世界上最多样化的社会中共存。"

如果这可以在黎巴嫩发挥作用，那它就可以在任何地方发挥作用。

正如纽约大学那些参加黑客马拉松活动的学生不断强调的那样，改变的起点是反思我们共同的历史。人类寻找共同生活的历史，可能包括以下几方面的重要基础内容。

语言是人类共存历史中最伟大的行为之一。适者生存并不总是意味着强者生存。大约 5 万—15 万年前，我们的祖先从咕哝声和肢体语言开始，逐渐找到了交流和协作的方法，这让史前人类能够一起狩猎，并形成了组织更加有序的社会群体。这为部落社会的形成奠定了基础。大约在 1 万年前，人类的生活仍然是相互影响的、不稳定的和充满暴力的。然而，农业的发展使人类开始在他们所生活的社区中逐渐形成了一种共同利益的认知。最初的社交网络完全依赖家庭纽带和共同的敌人。

掠夺和交易成为这一新格局中越来越重要的特征。随着帝国的兴衰，跨越各洲的通道不光运送人员和货物，还成了交流思想、寻求共存的思想渠道。航行和探索活动的增加，意味着冲突、疾病和剥削的增多，也意味着科学、数学、医学和文化的转移。每一件事都离不开各个群体之间的合作，离不开知识的记录和传播。那些死在文字上的学者可能感受不到，但几个世纪以来，笔诛的确胜于剑伐。

城邦是共同生活的重要早期实验。社会允许新思想蓬勃发展，因此开始发展、形成组织。古希腊人发明了早期的民主形式，亚历山大大帝借由他的军队将民主思想从北非传播到印度，这种方法仍然受到一些现代西方民主人士的喜爱。古罗马人创造、传播了各种体制和一套在整个帝国中组织这些体制的语言。暴力也许能建立帝国，管理和维持帝国则需要各种协作系统。

因此，法律和行政部门遵循这些早期的有组织的活动，并逐渐形成了各种社区群体。大约从 5 000 年前开始，在中东、埃及、印度和中国，人们开始制定明文的规定和法律。有些地区食物丰富，人们无须为饥饿担忧，就有了更多时间开展讨论、从事艺术活动，他们开始思考用更和平的方式来解决争端。蒙古人（13 世纪末）和奥斯曼人（14—17 世纪）变成了精通社区管理的大师，形成了现代国家的许多特征。

早期的帝国也看到了体育对休闲和政治稳定的好处。第一届奥运会会集了来自古希腊世界每个城邦的男性。比赛期间要求休战。体育法典的编纂，加上交通和通信的飞跃，让体育运动产生了一种归属感。在社交媒体上，我们会通过个人传记的方式记录自己的身份。如今，我们在这些传记上更有可能表达我们对足球运动的忠诚，而不是对国家的效忠。最近，体育让许多人产生了一种世界互连的感觉。超过 10 亿人观看了 2018 年世界杯决赛，许多人发现自己在观看奥运会时更爱国，偏狭的民族主义情愫也会更少。

民族国家是另一个人类共存的大实验。从3 000年前开始，基于语言和文化共同点建立的社区往往更加牢固。我们如今所知的许多国家在几千年前就已经出现了，这些国家都有着一整套共同生活的体制。19世纪，几个现代欧洲民族国家诞生。在当今195个国家中，有许多国家是从冲突中诞生的，彼此间的竞争常常威胁到彼此的共存。不过，这些国家的共同身份是一种新的特征。

19世纪和20世纪，技术飞速发展导致冲突规模化和暴力输出（通过殖民）。不过，这一时期也见证了共同生活的下一个飞跃：有关权利、言论自由、新闻、宗教和全球化的法典编纂出台。很显然，很多事情仍在进行中，但1789年的法国大革命促成了美国《人权法案》（*Bill of Rights*）的制定，并最终（鉴于20世纪的多次恐怖冲突）促成了1948年的《联合国人权宣言》（*UN Declaration of Human Rights*）的制定。

这是迄今为止人类最伟大的文本，是有史以来最强大、最具革命性，也最不受重视的文件。问题不在于我们不了解我们对同胞的责任，而在于我们没有履行义务的意愿。该宣言确立了言论、宗教信仰、免于恐惧和免于匮乏的"四大自由"。今天，它们与最初制定时一样强大、一样脆弱。如果你还没有读过《联合国人权宣言》，我建议你放下这本书，先好好读一读它。

20世纪中叶，全球化规则编纂完成。我们逐渐感到，如果将一些权力让给全球机构而非国家机构，我们可能会变得更加强大。随着第二次世界大战即将结束，44个国家首次建立了以世界银行为核心的国际银行体系，即布雷顿森林体系。国际货币基金组织（IMF）创建了一套国际货币兑换系统。这些机构并不完善，但它们是我们应对现存全球经济现实情况做出的最大努力。

与此同时，各种形成国际价值观的努力仍在继续。2000年，191个国家齐聚一堂，承诺消除极端贫困。这一承诺成为联合国的8项千年发展目标，旨在确保地球上每个人的健康、教育、住房和安全权利。从将极端贫困率减半，到阻止艾滋病传播，以及普及初等教育，千年发展目标构成了几乎所有世界国家及其所有主要发展机构都认同的蓝图。千年发展目标和之后的可持续发展目标虽然偏离了轨道，却激发了前所未有的共同努力，使贫困成为历史，并在最近达成了《巴黎气候协定》（Paris Climate Agreement）。

这些都是共存史上的伟大里程碑。在21世纪20年代初，我们可以看到，大规模冲突和大众传播如何加速了我们对作为一个物种的共同身份的理解。但与此同时，我们开发了可以消灭自己的武器和可以取代自己的技术。我们可以从这段历史中学到什么来帮助我们度过下一个历史阶段呢？

最重要的是，我们还记得，人类社会曾经进行过一场"炉边谈话"[1]。比决定性的战斗或有影响力的人更重要的是无数个没有记

---

1. 历史上著名的"炉边谈话"是美国第32任总统富兰克林·罗斯福（Franklin Roosevelt）利用大众传播手段进行的政治性公关活动。20世纪30年代，美国经济处于大萧条时期。为了求得美国人民对政府的支持，缓解萧条，美国第32任总统富兰克林·罗斯福利用炉边谈话节目，通过收音机向美国人民进行宣传。

录下来的私下对话，无数个没有记录下来的克制时刻，无数个没有记录下来，却代代相传的简单智慧。

人权活动家史蒂夫·克劳肖一生都在记录他所谓的小规模反抗行为。他写道："这些无名英雄的勇气和想象力令人惊叹，他们促成了伟大的变化。"他在贝鲁特拜访我时，总是鼓励我在中东及其他地区寻找这些无名英雄。如今，即便在那些非常严峻的新闻报道中，我还是保留了这种关注无名英雄的习惯。像美国电视主持人和教育家弗雷德·罗杰斯（Fred Rogers）一样，我们同样可以寻找帮手。因为，每一个像"9·11"这样的事件，都会有消防员冲向危险，保护他人的安全。因为，每一次全球疾病大流行都会有护士甘愿加班，有志愿者甘愿为弱势群体运送食物。

我们如何磨炼生存技能，并能帮助他人呢？

德国物理学家雅各布·布朗劳斯基在20世纪40年代研究核弹。他研究的是最复杂的数学和科学的破坏力问题，后来却对如何共同生存这一简单，但至关重要的任务形成了深刻的理解。他完成了《人类的进化》（*The Ascent of Man*）纪录片，这是一部关于人类发展的电视报道，产生了极大的影响力。他站在奥斯维辛集中营的一个没过膝盖的泥泞的池塘里，反思大屠杀犯下的罪行。他的家人很多都在这场大屠杀中丧生。我们绝不能低估我们产生邪恶和暴力的潜力。人类是不断向前发展的，或者，正如布朗劳斯基所说："知识是在不确定性边缘进行的无休止的冒险。"他谈到了确定性的危险，也谈到了必须要意识到，并不是所有的问题都有答案。

在这部系列纪录片的最后一个镜头中，他告诫我们，我们需要"去与他人接触"。我们的生存取决于建立这种联系,取决于我们只是泛泛之交还是能够产生真正的交集。去学习该如何共存,不仅仅是教育者、活动家和政治家争论的焦点,也是我们所有人的生存技能。

除了作为个人和公民的责任之外,我们还需要将这种关于共存实用的方法应用到我们的社区中去。我们可以通过关注现代社会的五个特征来实现这一点。这些特征经常是分裂和两极分化的根源:原有居民和新居民之间的关系,老年人和年轻人之间的关系,宗教场所,生活环境的设计,社交媒体。这些都将成为21世纪伟大的和平进程中的一部分。

移民也是人类历史的重要部分。未来几十年将发生大规模移民。除了中东、北非、欧洲和亚洲内部多年来的分歧导致的人口外流,我们还将面临新的、无法预料的冲突。气候危机和冲突将与数字化一起,推动数百万人移民。未来20年,将出现比过去50年更多的移民,远远超过伊拉克、阿富汗和叙利亚冲突之后的移民数量。正如欧洲在叙利亚人逃离阿萨德暴行的浪潮中发现的那样,大量移民改变了人们的身份意识和文化意识。

这通常是积极的,尤其是多年后回顾更是如此。但有时,它会让本土社区感到无能为力,感到威胁。我们都需要必要的技巧去避免摩擦,改善沟通,减少误解、歧视和冲突。正如研究员马克思·罗泽所表明的那样,自1989年以来,死于种族或文化冲突的人比死于国家间战争的人要多得多。

我们将需要以新的方式在老社区和新社区之间进行调解。许多政治分歧是由于人为因素造成的,这产生了误解和不信任。一种可能有助于保护权利、界定责任的模式是将公民身份和居住身份区分开。例如，对前者赋予投票权和获得长期福利的权利，对后者赋予自由生活和工作的权利，但没有与前者相同的义务和福利。

伴随着人口老龄化，更好地共存也意味着几代人要更好地共同生活。老年人认识到年轻人面临的挑战后，可能会出手相助。英国决议基金会发现，英国千禧一代的收入与大他们15岁的人在他们这个年纪时的收入一样；到30岁时，他们拥有自己住房的可能性只有婴儿潮一代的一半；与1970年前后出生的雇员相比，20世纪80年代初出生的私营部门雇员在35岁左右享有大笔"固定福利"和养老金的人数减少了一半；而且，英国人口老龄化程度意味着，到2040年，医疗、护理和社会保障方面的公共支出将增加630亿英镑。决议基金会建议采取更大胆的应对措施，包括从财产税中获得社会护理资金，通过国民保险对超过法定退休年龄的人的收入征收国民医疗服务体系税，为年轻工人切实提供支持和资金，废除遗产税。假设没有政府敢于采取此类措施，那么可以预测，代际之间的摩擦将会增加。这会导致围绕新理念、理解和领导力的代际纷争变得越发激烈。

可悲的是，各大宗教的大部分历史说的似乎都是他们如何为分歧而战的故事，而不是他们的共同价值观。世界上的五大宗教（基督教、犹太教、伊斯兰教、佛教和印度教）都具有群体意识和仪式感。在三种一神论宗教之间，近1 000年来，大多数人都相信上帝（上帝/耶和华）、安拉创造了世界，并通过先知和我们对话。宗教是我们共同生活的规则和价值观，例如基督教传统中的《十诫》（Ten Commandments）。他们的圣书，例如《摩西五经》（Torah）、《圣经》（Bible）、《古兰经》，都提到了许多相同的人物和地点，只不过叙事的方式不同而已。每一种宗教都将生活理念发展为善恶之间的选择，都强调要爱我们的邻居。每个宗教都可以成为共存的超凡力量，但也可以被滥用、被操纵来进行压迫和分裂。

我们能希望，这种情况会随着全球大社区的发展而改变吗？宗教是会化解两极分化和分裂，还是会导致两极分化和分裂？

2011年，随着反政府抗议活动席卷埃及，解放广场的基督徒抗议者手拉手在一群穆斯林周围筑起了一道人墙，以便他们可以安全地祈祷。几天后，在开罗中央广场的弥撒中，一群穆斯林联手保护祈祷的基督徒免受暴力侵害。那年早些时候，基督徒成为该国伊斯兰极端组织的目标，包括元旦在亚历山大市多所教堂的炸弹袭击事件。在解放广场的祷告结束后，穆斯林和基督徒高呼"一只手"，同时高举《古兰经》和十字架来庆祝他们的统一。

这样的事不必局限于宗教团体处于暴力对抗的时期。在生活中，当分裂我们的是政治而不是宗教时，我们也可以借鉴这样的经验。有时，这可能是因为，虽然在战术上存在差异，但我们都需要寻找和捍卫共同的价值观。也许我们现在可以想象那些支持和反对唐纳德·特朗普总统当选的美国人是什么样子。或者，我们也可以想象那些支持和反对英国脱欧的英国人是什么样子。

努力认清我们对人类尊严和机会平等的共同需要之后，我们可以将这种理解用于我们居住地的设计方式上。大多数现代城市既有体现统一的特征，也有体现分歧的特征。公共广场、图书馆或公园内是人人平等的，因此会营造出共享空间的感觉。然而，无论是出于偶然还是有意为之，过去两个世纪发展起来的城镇更有可能让我们注意到，本地人与生活在本地的异乡人之间的差异。从华沙的犹太区到纽约的爱尔兰区或意大利区，这些19世纪的种族或民族聚居区经常成为产生摩擦的根源和暴力的目标。从伦敦的安居项目到巴黎的城郊区建设，20世纪的经济住宅区（也可以称平民区）也无处不在提醒人们差异和不平等。

我们需要设计的未来城市，不仅要优先考虑可持续发展，还要优先考虑可持续政治。他们的核心不仅仅是共享空间，还应该是一种共同的目标感。一个城市要具有吸引力，就需要在"CITY"这四个方面做得更好：Culture——文化、Innovation——创新、Tolerance——包容和Youth——有朝气。最成功的城市通过吸引年轻人来让自己保持年轻。通过这几种方式，城市将为公民创造一个兴旺、繁荣、充实的生活空间，并让领导者和每个人都共同承担责任。这样的城市会召集人才。如果我们无法在包容和对外开放的基础上开展城镇建设，这种地方就会变得令人讨厌，逐渐衰落。英国哲学家伯特兰·罗素说得对："要么共存，要么消亡。"

最后，还有社交媒体。我们需要一个论坛，让人们可以自由、公开、不那么偏激地讨论我们面临的共同挑战。社交媒体可以提供这样的空间。不过，它目前还做不到这一点，在许多情况下反而在推动分裂。脸书和谷歌拥有10多亿用户，其人口规模可与中国和印度的人口数量相媲美。推特（6.45亿）、新浪微博（5.03亿）、照片墙（2亿）和人人网（2.1亿）正在建立类似的"帝国"，或者合并形成更大的"帝国"。这些平台改变了我们创造、生活、工作和相爱的方式。它们能产生巨大的力量，让领导人承担责任，使政府更公平、更有效，增加我们的集体创造力，并且向我们表明，我们的共同点比我们的分裂因素要多得多。

但是，它们也可能非常有害，使我们更分裂、更愤怒、更暴力或更冷漠。推特上的私刑暴徒可以迅速聚集，并在数小时内摧毁他人的生命和声誉。社交媒体可能成为有史以来推动人们共同生活的最强大的力量。或者，它也恰恰是导致目前诸多共存问题的原因。无论会成为哪一种，都取决于我们，也就是社交媒体的用户。这一点我们可能还没有意识到。

正如人类共存的历史显示的那样，关于我们利用社交媒体的方式，关于它是会变成一列宣扬刻薄和个人私利的失控列车，还是会变成一种积极互动的工具，最终将归结为我们在生活中做出的数百万个决定。正如罗伯特·肯尼迪在 1966 年对南非学生所说的那句名言："每次当一个人为一份理想挺身而出，为他人更好的生活而行动，为反对不公正而抗争，他都会传递出一丝希望的涟漪。而无数个不同的能量中心发出的涟漪相互交错，这些小涟漪会汇聚成一股洪流，足以摧毁压迫和抵抗的权力之墙。"现代人可能会补充说，每次人们发推文时，他们都可以选择发出一点希望和团结的涟漪，或者是恐惧和分裂的涟漪。

如果我们要让社交媒体成为辩论的公共场所，或者如果它已经在我们的生活中扮演了这个角色，那么我们就要考虑自己在论坛中的行为方式。我最大的希望是，21 世纪初社交媒体的毒副作用会被视为和印刷机发明带来的争议浪潮的毒副作用类似。在这两种情况下，了解这种新的力量都需要时间。在这两种情况下，最愤怒、最极端的声音最初都喊得最响亮。但是，印刷机的例子让我们希望，到了一定的时候，我们能及时找到让大多数人参与进来的方法，推翻那些持有不具代表性的恶毒观点的煽动者，并重新获得辩论、理性、尊重和进步的空间。

该怎么做到呢？首先，我们要承认形成更健康、更民主的社交媒体模式的唯一方法是与其当前的化身互动，但要改善整个社交媒体的行为。关键是要考虑到，如何将线上的微小涟漪汇聚成洪流。在审视不平等、贫困、气候危机和两极分化等情况时，这是一个分享和转发的问题，是我们如何利用专业知识和公正态度的问题，是我们如何倾听和回应不同意见的问题。我们可以忍住博眼球的冲动，避免引用或推送骇人听闻的新闻，因为这样做可能会放大骇人听闻的程度。我们可以寻找和分享温和的、大众都愿意接受的、具有挑战性的内容。

为什么不试试呢？我和我的学生一起做了三件事，让我们在这方面做得更好。只要平时和你意见不合的人说了一次你认同的话，你就可以转推给他。一定要注意那些在讨论时提到专业知识和细微差别的人，特别是当他们的观点表达并不充分的时候。你可以说自己不同意某个观点，但不要暗示发推文或力挺该观点的人无权这样做，或者说人家这么做是因为无知或恶意。

有三件事一定不要做：不要冲动地根据标题党或主题标签去发布文章或组织活动；不要受那些网红的影响而让自己变得肤浅；不要以为上个星期某人说的话你很不认同，下周他说的话你就仍然不可能认同。

这些小涟漪会扩散开，让人们更容易朝着更好的共存方式迈进，无论是在线上还是在线下。它们将帮助我们更快地使用这些新的交流方式，而且是建设性的，而不是破坏性的。为共存而付出这些努力需要很大的勇气。正如玛雅·安吉罗所说："没有勇气，我们就无法持续地修炼任何其他美德。我们就不可能善良、真实、仁慈、慷慨或诚实。"

但是，这种勇敢不是鲁莽，也不是银背大猩猩那种顿足捶胸的勇气。这是一种我们需要更加珍视的勇气，这是宽容的勇气，挑战不公正的勇气。用马丁·路德·金的话来说，就是"心灵战胜恐惧的力量"。想想罗莎·帕克斯拒绝让出她在公共汽车"有色人种区"座位的行为，想想佛教僧人释广德自焚以抗议南越政府对佛教徒的压迫。

谁体现出了这种勇气？这有什么实际意义吗？我们怎样才能更像他们？勇敢可以有许多不同的形式，不需要我们所有人都自焚。但如果没有共存的勇气，21世纪将更加危险。

"船开始进水，引擎熄火。这只是一个小艇。我跳入水中，妹妹也和我一起跳了下去，我们不得不拼尽全力游泳。那天，海面波涛汹涌。但我是一名长距离游泳运动员，我知道我能活下来。"

这是叙利亚难民莎拉·马蒂尼的话。2015年，她逃离了阿萨德的炸弹桶和被毁的家园。她和她的妹妹（2016年又参加了里约奥运会游泳比赛）花了近4个小时拖拉一条小船和其他难民一起冒险渡海，前往希腊莱斯博斯岛。她形容同船的人非常勇敢，"他们不像我们那样擅长游泳，但他们彼此配合，十分努力"。她和她的妹妹如今成为救援志愿者，救助陆续抵达的难民。2018年，莎拉因这项工作被拘捕了100多天。"通常，我们会奖励救生员、消防员和救死扶伤的医生，"她说，"我认为我们需要回到孩子们在学校学到的基本东西——关爱他人，照顾邻居。"

有时，这种勇气只是要求我们更加谦虚。小说家兼诗人芭芭拉·金索尔弗写道："我已经看到，当你想显示自己是房间里最聪明的人时，就会什么东西都学不到了。"温斯顿·丘吉尔也这样认为："站起来说话需要勇气，坐下来倾听同样需要勇气。"

与所有的生存技能一样，我们可以自己进行训练。这同样适用于培养共存的勇气和学习一门语言。下面列出了一些可能会有帮助的练习。

1. 观察

你的榜样是谁？正如我在本章中要做的那样，关于勇气和共存这个问题，写下你自己的概况：我相信"某某"是勇敢的人，下面是我列出的原因，下面是我从中学到的东西。

2. 穿上对手的衣服

20世纪做得最好的人是纳尔逊·曼德拉。他的非凡成就显然需要极大的耐心、韧性和创造力。不过，还有一个更重要的特征值得我们学习。

1995年英式橄榄球世界杯是种族隔离结束以及曼德拉当选南非总统之后，在南非举办的第一个重要的体育赛事。在决赛中，南非队要对阵强大的新西兰全黑队，曼德拉选择穿上"跳羚队"[1]的球衣，而"跳羚队"对许多南非黑人而言是种族压制的象征。他的举动向黑人表明，要支持国家队；也向白人表明，无论过去如何，他都是他们的总统。"当纳尔逊·曼德拉穿着那件球衣走进更衣室时，"边锋切斯特·威廉姆斯说，"大局已定。我们必须赢得那场比赛。它改变了团队的态度和精神，以及整个国家的心态。"

那天，南非队确实赢得了橄榄球比赛。队长弗朗索瓦·皮纳尔从一脸开心（无疑也如释重负）的总统手中接过奖杯时说："今天，站在我们身后的不是6.3万名球迷，而是4 300万名南非人。"

如果人们更愿意偶尔穿上对手的衬衫，那么在现代政治和社交媒体的辩论中可以取得很大成就。也许只需要单膝下跪，或者只是倾听。但我们也要准备好，有些时候其他人可能会选择不唱我们的国歌、不向我们的国旗敬礼或无法接受我们选择的铸像。那时，我们的本能反应通常假设只有一种思考方式：这是个非黑即白的问题，我们的对手可以说是邪恶透顶。然而，在这个过程中，我们自己也成了问题的一部分。

你可以通过回顾历史，或翻阅新闻网站上的故事来测试和实践这一点。先选择你会本能地同情谁，然后再试着从对方的角度

---

1. "跳羚队"（Springboks）是南非国家橄榄球队的昵称，它一直是白人少数群体的象征，但深受喜爱。因为种族隔离受到国际抵制，"跳羚队"连续两次未能参加世界杯。曼德拉坚持他的和解愿望，决定在全国范围内重新接受这个几乎完全由白人组成的团队，以此作为民族和解的另一个象征。

来看这件事，试着在辩论中为他们写开场白。

3. 找出更多的共同点而不是分歧

列出你与对手、反对者或刚刚站到你面前的某人的五个共同点。想象他们的背景、现状或心情，让自己脱离复杂的局面。你能采取什么行动来表明，对他们观点的理解？当你需要表明立场时，有什么安静而有力的方式来做到这一点？你可能是个脱欧派，主张对留欧派绝不留情。你可能是个民主党派，认为将所有共和党人都贴上可悲的标签没有意义。我们可以有意地去训练这种实用的同理心，直到我们不再注意到我们其实正在这样做。

4. 鼓起 20 秒的疯狂勇气

我们知道，我们常常需要说或做一些事，但我们却退缩了。用 20 秒的时间尝试一下，不一定是跳伞运动。也可以用这个时间告诉某人你爱他们、发表演讲或采取干预措施、维护自己的权利。你今天能做的最勇敢的事是什么？是什么阻止你没有那么做？

5. 展现弱点

在工作、家庭或社区中找机会，简单地提出问题并承认弱点。这比听起来要容易得多，而且比你想象的要更加有力。

6. 写下你自己的马拉拉[1]式演讲

你准备为什么而奋斗至死？你如何展示你希望看到的变化？

7. 教别人有勇气

你怎样帮别人变得更勇敢呢？罗伯特·路易斯·史蒂文森建议说："把你的恐惧留给自己，但要与他人分享你的勇气。"你知道何时退后来帮助孩子们自己站起来，聆听他们的想法，辅导他们的做法，和他们一起练习，成为他们的榜样，并建立一个民主的家庭环境。

最后，我要讲一个有关北爱尔兰的故事。在一次紧张的通宵谈判中，我们遇到下面的困难：一名统一派领导人拒绝与新芬党领导人会面，因为他对家人施暴。统一派领导人进了房间，但他却背对着另一个政客坐着。那时，我不得不与他们共处一室。因为出于安全原因，不允许任何人带电话进来。正在这时，传来了新芬党政客的母亲去世的震惊消息。我们当然提出立即休会。他静静地坐了好一会儿，一个硬汉在与自己的情绪搏斗，最后他说："不，我应该在这里。"但屋子里的气氛变了，在双方仍然激烈而根本对立的时候，双方都表现出非常明显的失落、挣扎和挫折的感觉。统一派领导人把椅子转过来，面对面地进行谈判。

---

1. 即前文提到的那位诺贝尔和平奖获得者。

我们的生存有时需要我们把椅子转过来，认识到共同的人性。这需要我们的善良。

第七章
保持善良

> 善良的话语可以很简短、很简单,但却可以产生永不磨灭的回声。
>
> ——特蕾莎修女(Mother Teresa)

肯尼亚运动员阿贝尔·穆泰距离终点线只有几米远,但他搞混了指示牌,停了下来,以为自己完成了比赛。西班牙运动员伊万·费尔南德斯就在他身后,立刻意识到发生了什么。费尔南德斯开始对穆泰大喊让他继续奔跑,但穆泰不懂西班牙语,所以不知道费尔南德斯在说什么。于是西班牙人也停了下来,将穆泰推向了胜利的终点。

事后,记者问他为什么让肯尼亚运动员获胜,费尔南德斯回答说:"我没有让他赢,是他自己赢的。"记者坚持说:"但你本可以赢的!"费尔南德斯看着他,好像他是个疯子。"可是我那样胜利了，又有什么好处呢？那枚勋章将是什么荣誉？我妈妈会怎么想？价值观代代相传，我们教给孩子什么价值观？我们不能教我们的孩子错误的获胜方式。"

现实情况是，我们周围有很多这样充满善意的例子，我们只要睁大眼睛就能够看到。

本章的内容不是为了善良而善良，或者为了友好而友好。正如加拿大精神病学家玛西娅·西罗塔所说："极度友善的根源是自卑感以及需要得到他人的认可。"相反，本章的内容是承认善意是一种真诚的、来之不易的生存技能。2019 年，当博物学家简·古道尔访问中东时，我有幸作为东道主招待她。我看到阿布扎比的学童对她说的每一个字都十分珍视，她的声音老练而有力，讲话斟词酌句。她谈到，善良就存在于每个人的 DNA 里。"我们可以选择用这份生命的馈赠让世界变得更美好，或者不给这个世界添烦恼。要挖掘人类在同情心、利他主义和爱等方面的潜能，我们还有很长的路要走"。

那么，为什么善良会出现在生存技能的列表中呢？

第一，没有了善良，我们将无法减少我在前言中论述的不平等，世界经济论坛将其描述为人类面临的最大风险。如果无人善良，我们将面临一个反乌托邦时代。在这个时代，我们这些有幸拥有更多资源的人会发现自己置身于一个越来越小的封闭社区，却想着要去阻止一个愤怒、饥饿的世界。较富裕的人可能会安慰自己，认为流行病、犯罪、极端主义、失业和不公正的后果首先会袭击比较贫穷的社区。通常会是这样。但历史表明，这种事没人能永远躲得开。

我们需要发现善良的人，或者在自己身上发现更多的善良。欧柏林学院环境研究和政治学教授大卫·奥尔（David Orr）认为："世界不需要更多传统意义上的成功人士，但它确实需要更多的和平缔造者、治疗师、修建者、讲故事的人和各种各样的爱好者。它需要在各自领域生活得很好的人，它需要有道德、有勇气的人自愿加入到使世界变得宜居和人道的斗争中。这些品质与我们所定义的成功无关。"因此，我们需要重新定义，或者重新发现，过上成功的生活意味着什么。

第二，从更自私的角度讲，善良是一种生存技能，因为它让我们更快乐。

联合国主办的《世界幸福报告》（*World Happiness Report*）谈论的是成就幸福的主要因素：收入、健康、预期寿命、慷慨、社会支持、自由和不腐败。它得出的结论是：比起收入不平等，福利不平等是影响平均幸福水平更重要的因素。在生活质量差异较小的社会中，我们生活得更快乐，我们彼此之间以及我们的机构之间更加信任，并且我们能够关心他人的福祉。在这些社区中，我们更愿意将这种善意扩展到其他国家和子孙后代。社会环境对我们的幸福有很大的贡献，尤其是有一个可以依靠的人，一种做出人生重大决定的自由感，以及成为社区一分子的归属感。社区成员之间信任率较高的人在利益受到挑战时适应性更强，例如疾病、歧视、对危险的恐惧、失业和低收入，这说明在信任度高的北欧国家，幸福程度也比较高。幸福度最高的是芬兰，其次是丹麦。

哈佛大学一项长达 80 年的人类幸福研究证实，决定幸福最重要的因素确实是人际关系。芝加哥大学国家舆论研究中心的调查发现，与那些社交圈子较小的人相比，那些拥有五个或更多密友的人认为自己"非常快乐"的可能性要高出50%。独自散步能让我们的好心情提高2%，但如果我们和其他人一起散步，好心情会提高近10%。搭伴还让通勤和排队等无聊活动变得不那么痛苦。处在幸福、稳定、忠诚关系中的人往往比那些没有处在幸福、稳定、忠诚关系中的人要幸福得多。善良是婚姻满意度和稳定性的最重要预测指标。当然，关于婚姻幸福的问题十分复杂，没有人三言两语就能给出正确答案。要说清楚这些，就需要再写一本书，或者几个书架的书来论述了。

教育先驱安东尼·塞尔登爵士表明，当学校将善良作为课程的核心时，学生就会学会心胸开阔。他的国际积极教育网于2014年推出，旨在培养年轻人的情商和幸福感。每年它都会召集数以万计的教育工作者，这些教育工作者们都在努力寻找培养这些属性的方法。大多数进步是由教师和学习者推动的，而不是由政府推动的。然而，善良和同理心并不是伴随着教育共同发展的内容，而是教育的核心。在20世纪的教育模型中，对逻辑的培养大受重视，于是，孩子们要背乘法表，要会写文章。现在，我们应该以同样严谨和专注的态度来培养善良和同理心。

第三，我们需要更友善，因为这能让我们更健康。善良可以减少焦虑和压力。以慈悲的态度对待他人，会将我们的思维转移到大脑的左半球，这是一个与快乐相关的区域，可以增强免疫功能。它甚至改变了我们心脏的化学平衡：激素催产素会释放掉血管中的一氧化氮，从而扩张血管并降低血压。

第四，我们应该学会善良，因为简·古道尔是对的，善良存在于我们的 DNA 中。达尔文的适者生存理论常常被错误地解释为自私和竞争。但《生而向善：有意义的人生智慧与科学》(*Born to Be Good: The Science of a Meaningful Life*)一书的作者达契尔·克特纳认为，连接人类感情的内在力量是通往美好生活的途径。他将进化解释为"创造了一个具有善良、玩乐、慷慨、崇敬和自我牺牲等显著倾向的物种"，这反过来又增强了我们的生存能力。"这些倾向体现在同情、感激、敬畏、尴尬和欢笑等情绪中。我们的关爱、玩耍、尊重和谦虚的能力都融入了我们的大脑、身体、基因和社会实践之中。"正如达尔文所说，我们是一个非常善于社交和关爱的物种。

第五，善良是一种生存技能，因为它使我们在事业上更加成功。谷歌曾对其最成功的团队进行过研究，发现这些团队的核心共同点是友善。互帮互助的团队最具创新性、生产力最高，也最快乐。这不是随便说说而已，据记者查尔斯·杜希格称，该公司"详查了方方面面的情况，从某些人一起吃饭的频率（最有效率的员工倾向于和不同的伙伴一起用餐，以此来建立更大的网络）到最佳经理共有的特征（良好的沟通和避免微观管理）等"。这项名为"亚里士多德计划"的倡议聚集了谷歌的顶级统计学家、心理学家、社会学家和工程师。结论是什么呢？"没有人愿意在办公室只摆出一张'工作脸'，没有人愿意将自己的个性和内心生活只留在家里。但要在工作中全身心投入，要感到'心理安全'，我们必须知道，有时我们有足够的自由分享让我们害怕的事情，而不必担心受到指责。我们要能一起谈论什么是混乱或悲伤，要能和那些把人逼疯的同事进行艰难的对话。"他们得出结论，这意味着将注意力从效率这件事上转移开。"我们想知道，工作不仅仅是挥汗如雨地劳动。"

如果我们发明一种 GPS 导航系统，能够为我们的人生导航，它将始终如一地引导我们对自己和他人更友善。也许已经是这样了。迷走神经的活跃程度，与善良的感觉和共同的人性有关。它使我们更有可能变得无私、感恩、有爱心。心理学家南希·艾森伯格表明，迷走神经更活跃的儿童更有可能给予，更愿意与人合作。利他主义是一种进化的生存本能。

人类善意的演化过程来之不易。我们中有许多人认为，我们人类有一套相当简单的价值观，是先天和后天的产物，是从家人那里和亲身经验中积累起来的。但实际上，我们继承下来的这套遗产要复杂得多，并且受到历史背景的影响。我们最早的故事和史诗，即美索不达米亚的《吉尔伽美什史诗》（*Epic of Gilgamesh*），希腊荷马的《伊利亚特》（*Iliad*），冰岛的《埃达斯》（*Eddas*），其创作灵感有可能是命运和仇杀，而不是善良和同情心。在早期的哲学家中，每出现一个主张美德的苏格拉底，都会有一个柏拉图或伊壁鸠鲁反驳说，确保城市的平稳运行或专注于快乐更为重要。古代宗教发展了一条黄金法则：己所不欲，勿施于人。这成为犹太和基督教伦理的核心。中世纪时，托马斯·阿奎那（Thomas Aquinas）将圣经伦理与亚里士多德的思想结合起来，认为善良是非常重要的，因为它使社会更有承受力，不仅仅是因为善良本身，也不仅仅是因为它增加了升入天堂的概率、减少了陷入永恒诅咒的可能。

正如 18 世纪和 19 世纪的伊曼纽尔·康德、杰里米·边沁和约翰·穆勒所阐述的那样，人类越来越相信共同利益这一理念。恐怖的第二次世界大战驱使我们去追求个人权利和对他人责任之间的平衡。关于社交媒体平台上的言论自由限制等现代社会的辩论，多发生在两者之间有争议的领域。

因此，随着时间的推移，我们对善良的理解也发生了明显的变化，并且还在不断的变化之中。但我们仍然继承了几千年演化出来的强烈感觉，即善良对我们和社会都有好处。然而，与数学、科学或外语这些学科的学习不同，我们没有创造时间和空间来学习和训练人们如何变得善良。因此，我们可能要靠沃尔特·迪士尼来理解这项重要的技能了。我们可能面临着一种风险：这种潜在的超能力将降级为在宗教场所经常听到的祷告词。

一个人是否善良，其核心是同理心。同理心是一项日益重要的生存技能。我们能不能领悟到同理心，并学会有效地管理和使用同理心呢？同理心能不能随着年龄增长、经历变多而自然获得呢？在新冠肺炎疫情大流行期间，像新西兰总理杰辛达·阿德恩这样的领导人，通过她的政策以及她与人交流的方式展示出同理心如何促进人们更好地制定并接受这些决策。美国总统乔·拜登最吸引人的品质之一就是能感同身受他人的痛苦。

但是，你能教会更多专制或自恋的领导人有同理心吗？当我问神经科学家塔拉·斯沃特这个问题时，她列举了一些顽固罪犯的例子，他们现在已经学会了悔恨和感同身受。"与我共事过的许多成功人士都有些许童年创伤，"她说，"特别是这种创伤发生在孩子的 5—7 岁时，对成年后的生活影响更大。轻度到中度的压力或创伤可以转化为美德。如果你了解情绪起作用的原理，那么你就有了一个不错的开始。"

但这是不是说，这又是父母搞砸的地方？令人担忧的是，年轻人的同理心和自我调整的能力似乎正在下降，而个人主义正在上升。还好，塔拉的回答更令人鼓舞。她说："孩子们需要感到安全，感到被爱。如果你给予他们安全感和关爱，他们就会在安全、关爱的环境中学习所有其他的东西。有一部分是通过父母的示范，另一部分通过在学校的经历，但主要是通过认识自我的能力。我们不需要强迫孩子学习演奏乐器。关键是要教孩子一件事，这也是对孩子的大脑成长最重要的事：能够理解和管理自己的情绪，并与他人的情绪适当地联系起来。"

这不一定是正规教育。我们大多数人都是从生活、家庭和流行文化中学会了同理心。虽说不该将教导学生善良的任务分包给电影，但电影确实有所帮助。比如，《头脑特工队》(Inside Out)，这是一部帮助我们理解情绪的皮克斯电影。故事发生在一个11岁女孩的脑海中。她的喜悦、悲伤、愤怒、恐惧和厌恶等情绪在头脑中相互碰撞，帮她理解这个世界。这部电影是根据对我们的思想形成的科学见解拍摄的。结果，它不仅帮助年轻人，甚至帮助老年人领悟到了幸福的道理，幸福不仅仅是快乐，也不是永远不变的东西，连悲伤也可以成就幸福：那个名叫忧忧（代表悲伤的情绪）的女孩甚至是电影中的女主角。

与人为善也意味着要待自己更友善。在2020年和2021年的新冠肺炎疫情期间，我经常问我的学生，他们是如何应对的。超过一半的人表示他们出现过心理健康问题。除了强制社交距离之外，他们还要承受对自己的健康、家庭或学习等方面更多的焦虑。对许多人而言，这些事碰在一起，简直是雪上加霜。即使没有新冠肺炎疫情，这些学生也不是唯一会产生心理健康问题的群体。现在，四分之一的英国人都遇到过某种心理健康问题。人们越来越感觉到缺少某些东西。我们有一种挥之不去的感觉，生活应该更好一点，我们应该更快乐一点。

研究幸福的科学价值千金，它是高度竞争的领域。然而，我发现关于研究幸福会议上的演讲者往往是最痛苦的人。就像财务咨询一样，这是一个庞大的产业，人们迫切需要有人指导他们如何获得幸福。而且，与财务建议一样，人们迫切希望这里能少一些夸夸其谈和营销。我们需要的指导往往基于一些非常简单的东西：常识。

幸福是一段旅程，而不是一个终点。我们应该努力追求幸福，实际上有不少可以利用的工具和技能。同样，我们也要善待自己，要意识到，影响幸福的许多因素超出了我们的控制或能力。其中一些因素需要社会系统的反应，如面对不公正、压迫和不平等，这些我们在前两章中已经讨论过了。

越来越多的人觉得，我们缺乏善待自己的实用技能，一个重要的原因是，从来没有人教过我们。当我的纽约大学研究小组询问来自30个国家的学生，他们在教育中错过了什么时，超过三分之二的学生强调，他们欠缺健康教育，如急救、健康饮食、如何锻炼，等等。每个小组都提到了心理健康。在一个压力越来越大和"永远在线"的世界里，他们觉得自己缺乏应对一切的技能。他们还担心，他们会脱离正规教育，不知道应该如何管理自己的财务，这样会增加他们的压力，降低他们过上有目标、有弹性、能掌控的生活的能力。

那么，如何真正地学会善良和同理心呢？与其他生存技能一样，它是通过观察、学习、实践和教授来实现的。就像在健身房锻炼或准备考试一样，需要时间的投入和持续的练习。有如下七种方法可以尝试。

1. 寻找善意

观察善意可以从在历史中寻找善意的例子开始，这样的例子无处不在。以苏萨·门德斯为例，他是"二战"期间葡萄牙驻波尔多的领事。他通过从被占领的法国签发旅行签证，挽救了数千名犹太难民和其他逃离纳粹的人的生命。据他儿子说，"他大步走出卧室，推开总理府的门，大声宣布：'从现在开始，我给每个人都发签证，不再因国籍、种族或宗教而区别对待'"。成千上万的人逃了出来，大多数人想要穿越大西洋，其中包括艺术家萨尔瓦多·达利、电影制片人金·维多、罗斯柴尔德银行家族的成员以及比利时未来流亡政府的大多数成员。门德斯因此被葡萄牙外交使团开除，没有养老金。

19世纪50年代，哈丽特·塔布曼至少将300人从奴隶制中拯救出来。她出生时是奴隶，从5岁起就开始工作，20多岁时独自逃到邻近的自由州宾夕法尼亚州，帮忙测试一条新的"地下铁路"，奴隶和废奴主义支持者当时正在利用这条铁路逃跑。尽管可能会受到严厉的惩罚，她还是为营救奴隶在这条路上奔波了19

次之多，详细指导他们如何逃脱。

在肯尼亚的内罗毕郊区基贝拉的贫民窟里，老师欧内斯特向他的学生们讲述了一个故事：一个老人看到一个孩子在海滩上寻找海星，并将找到的海星，送回大海。男孩解释说，被冲上海滩的海星等不到潮水回来之前就会死去。老人担心地说："但是，这样的海星成千上万，你这么做改变不了什么。"男孩又捡起一个海星，把它放回水中，回答道："对这一只而言，就改变了。"

2. 照顾好身体

新冠肺炎疫情的暴发提醒我们，善待自己有多么重要。我们要保持良好的身心健康，毕竟，我们的身体和思想是活的、会呼吸的有机体，有赖于运动、睡眠、氧气和健康的饮食。

关于健康饮食的建议多如牛毛，但是我们还是不知道吃什么才好。科学与教育顾问艾德·沃尔什研发了一些素材，旨在帮助年轻人以及我们所有人辨别哪些建议最可信。你可以练习一下，试着区分"橄榄油可以防止你长皱纹""一天一杯红酒可以延长或减少你的预期寿命"等流行的报纸头条和实际的研究结果之间的差别。这很重要，因为我们需要认清什么是赶时髦，什么是标题党，并关注真正影响我们生存机会的因素。肥胖症每年导致300万人死亡。《英国医学杂志》（*British Medical Journal*）预测，2030年最大的杀手将是心脏病和中风，但我们吃的盐是我们身体所需的两倍。目前几乎一半的死亡是由不良的生活方式造成的。

改用植物性饮食，并不是说要禁欲和痛苦地生活，甚至不是说你必须完全放弃肉食。它只是说，要确保你的大部分热量来自蔬菜、谷物、水果、豆类、种子和坚果，因为这样可以帮助你的身体抵抗感染，降低患癌症和关节炎等疾病的风险，帮你达到健康的体重，降低胆固醇，稳定血糖。

我们也可以放慢进食速度。前阿森纳球员雷·帕洛尔曾表示，球队在20世纪90年代后期的成功某种程度上要归功于主教练阿尔塞纳·温格坚持"咀嚼取胜"的策略。我们越来越多地发现自己在吃饭时会做其他事情，如查看时间表、看网飞播放平台、开车、工作。哈佛营养学家张莉莲博士表示，这种无意识进食可能会让我们变得更肥胖、更不健康。有三种方法能让我们更关注食物：计划、暂停和思考。

1）花时间准备菜单，并考虑购物清单中菜品的营养价值，而不是胡乱在超市的购物通道中冲动购买。

2）带着胃口来到餐桌旁，停下来欣赏食物和烹饪的成果。

3）从小份开始，慢慢吃；更加关注食物的味道、气味和外观，精心挑选食材；咬小口，咀嚼食物20—40次。

这么做能让你感到饮食的乐趣，也会因为购买到更便宜的食材而开心不已。此外，微生物学家约翰·克赖恩教授将他的研究领域与神经科学、遗传学以及动物和人类的大脑成像相结合，证明了我们的肠道健康和心理健康之间的联系。在迪拜举行的幸福大会上，他告诉我，这可能是"心理生物革命的开始。微生物群系对我们生命早期的大脑发育做出了重大贡献。人体中99%是微生物。在20世纪，微生物研究的重中之重是寻找用抗生素杀死微生物的方法。而在21世纪，我们将意识到健康的肠道也可能对幸福至关重要"。

要照顾好身体，我们就必须坚持锻炼。制订新年计划时，我们常常信誓旦旦地计划要加强锻炼，但是又常常做不到。市场已经看到，我们需要帮助：据估计，2021年健身行业的市值超过1 000亿美元。有了可以跟踪我们的一举一动和心跳的可穿戴技术，相当于我们拥有了几乎无限的个人健身数据来源。我的手表可以感应到我心脏病发作并呼叫救护车。我的遗言可能是："嘿，Siri。"

我不想在这里为信息轰炸助力，呼吁大家去锻炼减肥，让自己更健美，练就更多可晒到照片墙上的腹肌。根据国民医疗服务体系的说法，每天进行某种形式的锻炼，每周2—3个小时，抑郁症的风险会降低30%。但你看的运动是不是比你做的运动要多？

善待自己的物理学原理不仅仅是食物和锻炼。乔治·W.布什经常因懒惰而受到批评。但当我问他成为美国总统的关键是什么时，他的答案令人惊讶：睡觉。即使在最紧张的时刻，他也坚持每天至少保持7个小时的休息。也许布什不是事事英明，但这也是许多人采取的工作方法，也是我在唐宁街10号工作和在我的大部分外交生活中采用的方法。这个方法很有用，因为表现出疲惫就是在表明，你现在处境艰难。因睡眠不足而犯下的重大历史错误都能写满一本书了。我希望有人在写这本书之前一定要先好好睡一宿。

所以，我们需要更好的睡眠。超过三分之二的学生休息不足，只有不到 10% 的学生能够做到医生建议的 9 小时睡眠。女学生、黑人学生以及青少年的睡眠统计数据最差。当我们失眠时，更难集中注意力。这会影响我们的工作表现和工作产出，减慢了我们的反应速度。美国国家睡眠基金会（National Sleep Foundation）的一项民意调查发现，近三分之一的司机表示他们在开车时打过瞌睡。睡眠可以激发创造力和新想法。记忆被重新激活，脑细胞之间的联系得到加强，信息从短期记忆转为长期记忆。在我们获取新信息后睡觉，有助于我们以后记住和回忆这些信息。

睡眠在青春期尤为重要，因为青春期是快速成长发育的阶段。因此，大多数年轻人的睡眠都达不到标准，这会导致他们白天嗜睡、抑郁、头痛和学习成绩差。

怎样才能获得更好的睡眠呢？同样，这不是火箭科学。根据国民医疗服务体系的说法，秘诀就是保持规律的睡眠时间，营造宁静的环境（黑暗、安静和凉爽），白天多动。专家说，如果我们躺在床上很久都没有睡着，那就不应该再强迫自己睡觉。我们应该起床，做一些舒缓的事情，一旦觉得困了，就再试一次入睡。尽可能地放松心情，可以写日记或列出第二天的待办事项。睡前试着清空大脑，当然，还要减少咖啡因和酒精的摄入，在临睡前更是如此。

演员戈尔迪·霍恩长期以来一直坚持冥想练习。但在洛杉矶她告诉我，在"9·11"事件之后，她意识到，冥想是一场运动，让加州之外的人也体会到它的作用。她成立了基金会，正在将冥想课程翻译成更多的语言。中东及其他地区的开创性教育工作者已经认识到它的潜力。现在，海湾学校在教授数学和科学的同时，也教授如何冥想。她告诉我，该如何开发实用的工具和练习，帮助年轻人管理情绪，并变得更友善。她说："一提到冥想，家长会把它联想成某种形式的宗教仪式，但大脑休息并没有这层内涵。"说完，她又把话题转回对美国的袭击问题上。那次恐怖袭击之后，她意识到，如果把这种概念搞混，会有很大的风险："'9·11事件'让我意识到为什么孩子被称为'软子弹'，我们对待他们的教育的方式可能导致他们变得比较激进。"霍恩本人于1972年开始冥想，她说这有助于她认清自己，把真实的自己和那个被粉丝崇拜的自己区分开来。"他们并不了解我。人生是一段漫长的旅程，而不是一次性的停留。"

以这些方式善待自己也有助于大脑的健康，这是人口老龄化的一个重要问题。作为神经科学家和畅销书作家，塔拉·斯沃特非常了解大脑。但与大多数神经科学家不同，她可以解释这一点。她对我讲述了她的紧迫感，她认为我们都需要更好地关注自己的大脑健康，在数字时代的感官轰炸中更是如此。她说："我们的孩子们如今生长在这样的一个世界，需要不断地同时处理多项任务。我们已经看到，我们大脑中的记忆和注意力中心已经开始萎缩。我们这个年龄的大多数人都会知道他们从小生活的住宅的电话号码，可能还有他们一起上学的朋友的电话号码。但如今很多人不知道自己配偶或孩子的电话号码，因为只需点击一下按钮就可以找到。所以有些事情我们不记得，因为这个世界根本不需要我们去记。这真的让我找到了教育问题的症结所在：教育完全没有做出改变，完全跟不上这个世界和我们大脑的变化方式。"

当我们回忆往事，或者将某个想法、某个经历关联起来时，我们会在大脑中建立一种联系，这被称为神经可塑性。从本质上讲，我们的大脑一直在变化，在对我们遇到的人或我们感受到的情绪做出反应。人成长到 25 岁时，反应速度达到最高。婴儿在出生后的 18 个月里，经历了巨大的变化。然后，在十几岁的时候，我们会修剪掉不需要的神经细胞和连接。正因如此，青少年才需要那么多睡眠。我们不应该叫醒他们并把他们打发回学校，我们正在扰乱他们的学习。

神经科学的最新研究表明，对大脑健康最重要的事物是存在等级的。最顶端的是归属感、强烈的身份认同感和工作认同感，以及积极而有意义的社会关系。然后是有氧运动、优质睡眠、饮食、补水和远离电子设备的时间。这些可以让大脑休息并快速恢复，将其资源用于优化而不是应对压力产生的毒素。

看到这么多关于睡眠、运动和饮食方面的科学研究，我们可以改变日常生活，花更多的时间在床上睡觉、在训练器材上锻炼，或者吃掉盘子里的菜。我们可以更接近自然，与自然更加和平相处，从而与自己和平相处。所有这些也将有助于我们的大脑健康，提高我们的生存能力，甚至可能让我们生活得更好。

3. 数一数自己有多少幸运的事

我们可以算一算我们经历了多少幸运的事，并开始对自己更友善。加州大学的心理学家罗伯特·埃蒙斯和迈阿密大学的迈克尔·麦卡洛发现，那些特意记录下让他们感动的事情的人最终会比没有记录过这些事的人感到更快乐、更健康、更有活力和更乐观。为了评估全球的幸福水平，民意调查机构盖洛普使用了坎特里尔阶梯表。这要求受访者想出一个阶梯，对他们来说最好的生活是10级，最糟糕的生活是0级。然后，调查机构要求受访者在0到10级的范围内评价自己目前的生活。你也可以这样做，追踪自己一段时间的反应，问问自己是什么导致了变化。

人际关系对我们的幸福同样重要。既然如此，我们还可以列出对我们最重要的人际关系，并明确告诉名单上的人，他们为什么对我们而言那么重要。

4. 行善

一种方法是坚持做记录。当你相信某人时，要直接告诉他们。争取保持每天五次积极的互动。记录这些内容并且保存好（直到它成为一种条件反射）。睡前花几分钟时间回顾一下你这一天发生的事情，想想你遇到和交谈过的人，以及你们是如何对待彼此的。你做得怎么样？还能做得更好吗？你学到了什么？有目的地这样做一定会有所帮助。

这可以帮助我们以一种更有条理的方法行善。在《仁慈：最重要的小事》（Kindness: The Little Thing that Matters Most）一书中，杰米·瑟斯顿列出了52件简单易行的事来传播善良，从成为一名治安警察到对不友善的人友善。伯纳黛特·拉塞尔承诺在一年内每天都对陌生人友善。在《善良小书》（The Little Book of Kindness）中，她记录了她所学到的知识，并提出建议帮助读者行善。

我们也可以通过真诚地祝贺别人的成功来展示自己的善意。这比听起来要难。你可能会回忆起，自己产生嫉妒心理和贬低他人成功因素的时刻。如果真心祝贺让人感觉反差太大，至少在说话之前三思。正如我的祖母过去常对我们说的那样："如果你没有什么好话，那还不如什么也别说"。

5. 把爱传出去

学习将善意变成习惯的另一种方法是训练自己，把爱传出去。中国有句老话："但行好事，莫问前程"，意思是做好事不要在乎有没有人看到。一个名为"把爱传出去"（The Pay it Forward）的活动，鼓励每个人自发地为三个不同的人做三件善事，比如在下雨时给某人一把雨伞或匿名买咖啡，并且除了请对方"把爱传出去"之外，不要求任何回报。这个活动已传遍全球，甚至有一本书和一部电影以它命名。每年4月28日的"把爱传出去"活动是全球善举庆祝活动。不过，你可以每天都这样去做。

6. 教人行善

我们还可以通过培养年轻人的同理心来学习善良。举个例子，哈佛大学教育研究生院提出了五点建议：理解他人，并为他人树立富有同理心的榜样；把关爱他人放在首位，并设定很高的道德期望；为孩子提供培养同理心的机会；扩大孩子的关注圈；帮助孩子培养自控力，有效地管理情绪。与本书中的所有生存技能一样，教学行为有助于巩固技能。真正善解人意的人会帮助周围的人变得更加善解人意。

7. 了解自己的"有色眼镜"

有句俗语,"戴着有色眼镜看世界"。所谓有色眼镜就是一个过滤器,是我们观察世界的透镜。要想让自己变得更加善良,我们需要有更强的自我认知。因此,我们要了解自己的过滤器,了解自己戴着的有色眼镜。这么做的第一步就是,由衷地理解一个显而易见、但经常被忽视的事实:我们的方法并不是唯一的方法,只是一种观点。

以布莱恩·比尔斯顿的这首诗为例[1]:

难民

他们不需要我们的帮助

所以不要告诉我

这些憔悴的脸可能属于你或属于我

如果生活有不同的方式

我们需要看到他们的真实身份

---

1. 布赖恩·比尔斯顿(Brian Bilston)是一位奇特的诗人。他运用数学等知识,写了很多奇特的诗。这首诗自上往下阅读和自下往上阅读,都是完整的,但意思却完全相反。

冒险的人、拾荒的人

懒惰的人、闲逛的人

袖子里绑着炸弹的

是刺客和小偷

在这里，他们不会

受欢迎

我们应该让他们

回到他们来的地方

他们不能

分享我们的食物

分享我们的家园

分享我们的国家

所以让我们

建一堵墙把他们挡在外面

不能说

这些人和我们一样

这些地方只属于那些土生土长的人

不要愚蠢地认为

世界可以换个角度看他们

（现在，请从下往上阅读这首诗）

看问题的角度非常重要。我在第一章中介绍了迪拜的未来学家诺亚·拉福德，他帮助我了解到，如何才能更好地期待（尽管不是预测）未来。我们的讨论中最吸引人的部分位于外交和技术这两个世界交汇的地方。我曾谈到过，许多外交官具备一种能力，可以从某种境况中抽出身来，了解周围人的背景和动机。我们将在"全球化"一章中更详细地介绍这项技能，这正是一种实际的同理心。

诺亚坚持认为，这也是伟大未来学家的关键技能。他说："但是，真正的忍者技能是更进一步，不仅要认识到每个人都戴着某种有色眼镜，还要真正证实和了解自己的有色眼镜。"认识到自己也戴着有色眼镜只是一个开始。我们看待世界时基于的是何种假设？这些假设来自哪里？有什么用吗？

诺亚认为，人们可以通过认清这种有色眼镜的工作机制，来管理自己的认知。"对世界的运作方式先提出假设，然后明确地进行测试、寻找差异，认真观察那些你无法解释的事情、证明你错了的事情，对你来说毫无意义的事情，发现和你持有同样观点的人，认真理解他们的思想历程。这些人是建立新合作和学习新知识的源泉。一旦真正了解自己的有色眼镜工作的机制，你就可以更有信心地调整自己在这个世界的存在方式。科技可以强化这项技能。但 90% 还是要靠人类来实现。"

与其他生存技能一样，这种极端的同理心和自我意识可以通过观察、研究、学习、实践和教授来实现。但是我们也要小心，同理心令人筋疲力尽。有同理心的人往往非常敏感，正如《不为所动》(*The Empath's Survival Guide*)的作者朱迪斯·欧洛芙说的那样，"有同理心的人总想理解他人的内心感情"。有时，有同理心的人会同理心泛滥，他们会吸收他人的情绪和感受，无论好坏。

他们深深地依赖直觉感知和对人的直觉。他们的敏感性使他们很容易被愤怒或焦虑的人以及各种声音把精力耗尽。

这种有极端同理心的人要求更高,他们会有意识地观察自己和他人的有色眼镜,尝试驾驭各种情况。但是,如果想做得更好,我们不仅要提高我们共同生活的能力,还要提高我们共同思考的能力。

我在纽约大学和我的学生一起做的四个练习可能会有所帮助。

1)我的有色眼镜是什么?写下或讨论你对媒体故事或电影的反应。是什么让你特别兴奋、悲伤或愤怒?与你的同伴或在组群内交流你的结论。尽量了解,为什么其他人会有不同的反应。与其试图让他们相信你的回答是正确的,不如试着倾听他们的解释,并想象一种不同的看待世界的方式。我们每个人都有偏见,这是先天和后天因素造成的结果。许多人是无意识的,他们的有色眼镜是什么?你的又是什么?正如政策制定者和思想家卡斯·桑斯坦说的那样,和志同道合的人相处越久,观点就会变得越极端。如果我们花更多时间与观点不同的人相处,我们就会产生同理心,并寻找合作的机会。

2)讨论某种负面情绪。这很难,因为需要花费时间和精力。认真识别并训练自己的语言,以非对抗的方式表达你的反应。不要说"你让我生气",而要说"当你这么说的时候,我感到很生气"。不要说"你让我难过",而要说"当那件事发生时,我感到难过"。尝试将他们的意图与影响区分开。

3)寻求真实的反馈。这也让人很不舒服。大多数人不会给出公正的、诚实的批评，因此我们会在生活或工作中经常犯错，却没有意识到其实做个简单的调整就能解决问题。我发现，解决这个问题的一种方法是设置匿名反馈。例如，通过同事或书面评论进行反馈。明确表示你希望找出需要改进的地方，他们会诚实地来帮助你。有时，当你邀请其他人在评论时，提出三个优点和一个问题时，他们会更容易提供反馈。当然，你会很容易关注他人的质疑，这是人类的天性。

4）为了尽可能地了解患者，尤其是那些他们认为自己的观点和行为令人不安的患者，心理学家采用了一种基于"5P"的方法。第一，他们要考虑可能的"前置"（Pre-disposing）因素。这个人的家庭或社会背景是什么？是不是受到了早期经历的影响？第二，要考虑"当前"（Presenting）因素。这个人最近的境遇中有什么东西使他们以这种方式行事？也许是工作或人际关系的改变，也许是失去了一个朋友。第三，心理学家要考虑"促发"（Precipitating）因素，这可能包括线上活动、毒品及诱发事件。第四，对于疑难病例，他们着眼于"保持"（Preservation）因素。是什么让愤怒持续？维持令人不安的行为的习惯或情绪是什么？第五，"保护"（Protective）因素。是什么让这个人有可能改变？找到这个因素，你就可以开始与他们一起取得进步。这种框架可以让我们更容易理解那些和我们意见不合的人的有色眼镜。遇到顽固的不满情绪，或者恶性的人际关系时，不妨尝试一下这种做法。更具挑战性的是，还可以将它应用于我们自己，同样的问题也可能帮助我们变得更有自我意识。

当我们体验到英雄般的善良和同理心时，达尔文式的人类团结本能就会得到激发。我们会感觉到这种情绪。1988年艾丝特·兰岑在《这就是人生》(*That's Life*)节目中对尼古拉斯·温顿的采访，可以算是有史以来最棒的电视作品。尼古拉斯·温顿是一位英国银行家，曾组织669名儿童从纳粹那里逃往英国，其中大部分是犹太儿童。在节目中，兰岑讲述了他如何安排安全通道并为难民在英国找到住所。该行动后来被称为"难民儿童转移运动"(Kindertransport)。

"在座的观众中有没有人认为，自己能够活到现在，要感谢尼古拉斯·温顿呢？"她询问演播室的观众。短暂的停顿后，温顿身边的一位女士缓缓举起了手。他吃了一惊，这才意识到自己就坐在他所救的一个人旁边，不禁感慨万千地看向对方。当你看到一段维系了几十年的人性羁绊，看到他当年的勇气对他人的影响时，那一刻，时间仿佛都慢了下来。

然后，当尼古拉斯用手帕擦了擦眼睛，站起来环顾四周时，整个房间都沸腾了。人们观看视频时，一种团结之感油然而生。毋庸置疑，善良的确是一种超能力。

通过这种更有意识的努力来了解我们的有色眼镜，来学习、教授善良和同理心，我们就可以培养下一个更高级的生存技能——与机器交朋友。

第八章
与科技共存

> 这么说,你害怕的原来是机器人。为什么害怕机器人?为什么不利用机器人来创新?为什么不在学校设置机器人教师来教授某些让每个人都感到厌烦的科目呢?……我不怕机器人,我害怕的是人、人、人。我能够保持人性。我可以明智而巧妙地使用书籍、电影、机器人以及我自己的思想、手和心来帮助他们保持人性。
>
> ——雷·布雷德伯里(Ray Bradbury)

面对即将来临的集体挑战,我们将带着彻底的善意找到新的工作和生活方式。但这对于我们与科技的关系又意味着什么呢?我们应该害怕科技,保护自己吗?还是说,我们会找到与机器共存的方法,甚至对它们也保持善意?

悲观主义者的警告是要警惕下一阶段的技术变革,要警惕已有技术突破的缺陷和各种意想不到的副作用。这些警告都是对的。为什么呢？这一拨拨彼此交叠的变化可能意味着，我们越来越沉迷于科技，越来越被科技奴役。我们可能会发现，随着文化变得越来越下里巴人，想象力、理想主义和创造力越来越多地被经济核算和消费主义所取代，对业余爱好者的崇拜会越来越盛行。我们彼此联系得太过紧密，这导致我们可能失去了真正相互联系的能力。我们可能会阴差阳错地进入这样一个世界：我们把轻松的消费体验看得比工作、工资、尊严和权利更重要，却忽视了科技突破的受害者。

我们在新冠肺炎疫情期间的在线教育体验表明，如果不加强对科技使用方式的关注，不警惕某些大型科技公司使用人工智能的方式，科技在一定程度上反而会扩大教育的不平等。露西·凯拉维曾是报纸专栏作家，后转做教师，她发表的文章有力地证明了鸿沟的存在。

她写道："可怕的不是疫情造成的普遍影响有多大，而是影响分布的不公平。以我教的学生为例，班级成绩排名的前四分之一学生，在错过了这么多课程之后，成绩似乎并没有变差。他们在两次疫情封锁期间都努力上网课学习，轻松地查缺补漏。他们的终身收入不会受到丝毫影响。至于中等学生，上次让我吃惊的是他们追上来的速度有多快。相反，令我惊讶的是成绩垫底的三分之一学生的困境，他们中的大多数人来自贫困的家庭。那些在家不说英语的人状态最糟糕。"

瓶子里跑出来的精灵不会再重新回到瓶子里。即使我们想阻止，也阻止不了科技海啸带来的巨大变化。因此，眼前的挑战要求我们与机器交朋友,学习机器的语言,找出可以共同解决的问题。我们可以不断地提出正确的问题:科技变革的意义是什么?我们想要从中得到什么? 答案不应该只是关于效率、速度和成本。我们还应该承认,很多人是科技进步的受害者。如果他们要避免自己像被迫签署了《大宪章》的约翰王[1]一样承担责任,那这个世界的新领主必须想办法,与被计算机科学家杰伦·拉尼尔称为"数字农奴"的人分享利益。或者,正如《华盛顿邮报》(*Washington Post*)的凯文·威廉姆森说的那样,"新皇帝应该从衰落帝国的老皇帝那里吸取教训"。

正如我在整本书中论证的那样,我们需要注意差距。如果科技确实会加深现有的不平等并且造成新的不平等,那么我描述的这种共同生活的挑战将是无法克服的。我们的集体生存机会就有赖于我们能不能解决这个问题。

人们为这些风险辩论不休,但没有哪个领域比人工智能更容易被误解。在一种极端情况下,我们会眼睁睁地看到,人工智能会逐渐或者可能突然取代我们。在另一种极端情况下,当未来的我们回顾过去时,会发现我们对人工智能的痴迷,是21世纪20年代特有的时尚。

也许这两种情况都不完全准确。抛开那些噱头不谈,我们可

---

1. 指约翰一世(1166—1216年),号称"无地王"(Lackland)。他可以说是英国历史上最失败也最不得人心的国王之一。他执政期间是英格兰王国实力极度衰弱的一段时期,失去了英格兰王在欧洲大陆(大部分位于法国西部)上的大部分属地,并在贵族的进逼下,签署了著名的《大宪章》,失去了作为国王的一部分权力,造成了诺曼王室封建集权运动的失败。

以更有信心地说，人工智能将替代人类完成曾经既耗时长，又繁重乏味的工作。它确实会改变或消灭一些工作，但它也会创造新的工作。它将帮助我们预测趋势，并为未来做好准备。气候危机将使自然灾害成为我们生活的一部分，人工智能将帮助我们更好地应对自然灾害。它已经使我们能够更快地发现疾病，更快地解决问题。它将减少人为错误和人为弱点造成的风险。

这些都是人工智能的好处。此外，社会对人工智能的风险包括对工业的威胁、机器人杀手等话题频繁展开公开辩论，这么做当然是正确的。我们还必须注意亨利·基辛格的警告："我们必须预见到，人工智能会比人类更快地犯错，犯更大的错。"我们已经看到人工智能确实可以成为歧视的工具、失业的来源和限制人权的手段。例如，乔·布兰维妮展示了面部识别软件的使用经常带有歧视性。她在算法中发现了种族偏见和性别歧视。通过她的算法正义联盟（Algorithmic Justice League），她成功地让微软和谷歌等公司改变了算法。

然而，乔安娜·希尔兹是这么对我说的："人工智能没有善恶之分，我们使用人工智能的方式却有好坏之分。我们有责任确保人们用科技来做好事，我们不能只是等着看大型科技公司会做什么。我之所以知道这些，是因为我在谷歌、美国在线（AOL）和脸书等科技巨头公司担任过要职。"

乔安娜曾在现在许多人认为是"野兽之腹"的地方度过多年，为一些最知名的大型科技公司工作。她决心帮助世界公民了解我们正面临多大的挑战，我们到底在哪里出了问题？她说："科技让世界更加互联，带来了更多的平等和社会进步。然而，我们得到的却是科技巨头们'快速行动，打破常规'的傲慢座右铭，完全不考虑可能造成的损害。那是一段激动人心甚至令人陶醉的时光，但是没有人停下来推测，这么做有什么意想不到的后果，没有人想到有人可能会恶意滥用科技，也没有建立任何框架或蓝图对这些新兴科技和平台进行管理。"挑战的核心问题是，在政府看来，科技发展太快。结果，政府扮演了"打过街老鼠"的角色，试图出面管理一直存在的问题。然而，很多问题，政府甚至刚刚理解，就已经成了过时的问题。

乔安娜现在专注于人工智能的妥善利用工作。她认为，我们经受不起第二轮失败。"人工智能要么会缓解分歧，要么会加剧分歧，但其中的风险呈指数级增长，"她说，"我们需要密切关注通过人类渗透给机器的偏见。科技在很多方面在推动我们前进，但它不是社会的替代品。"这意味着，我们有责任安全地、合乎道德地使用科技。对于从第一次数字革命中脱颖而出的乔安娜等人来说，人类迫切需要从所犯的错误中吸取教训，并将人性置于一切行动的核心。"仅靠人工智能是不够的，因为一旦人工智能平台和系统做出预测或推荐，就需要人类的专业知识和能力进行解释。"妥善使用科技可以增强我们的能力，激发我们创造变革的潜力。"人工智能确实可以提高我们的生产力、促进经济发展，但如果这种进步是以牺牲我们的人性为代价的，那无论多少钱都无法弥补损失。"

乔安娜认识到，人工智能也面临着信任方面的挑战。除非公众理解并相信人工智能，否则人工智能无法取得有意义的进展。只有通过允许公众审查人工智能的开发和部署方式，才能实现这一点。"不能仅仅把人工智能看成救世主一样强加给人们，不做任何解释。它需要与公众讨论，政府和组织需要认真听取公众反馈的问题和担忧的焦点。审查制、问责制和透明度必须成为提高公众数字素养和赢得公众信任的主要支柱。"如果我们做对了，我们就有更好的机会确保我们正在构建的人工智能是大有裨益的，没有任何恶意。"我们用来驱动人工智能和机器学习的数据多样性必须代表整个社会，这样就不会有任何人掉队。建立信任需要时间，不能操之过急。"

因此，搭建框架、减轻风险是我们现在共同的责任。我们需要新的国际标准，需要守护科技的"自由女神"，保护言论自由，并设定网络中立性的参数。通常，我们会指望政府或国际组织来做这件事，但我不相信我们能实现那种奢望。长期以来，在这一领域，许多西方政府已经失去了信息垄断权和影响力。

当然，撇开那些酷炫和必备的高科技小装备不谈，关于如何平衡自由与安全这二者的争论早在数字时代到来之前就已经存在了。就像《大宪章》中规定的贵族问题一样，我们仍然需要了解权威的起点和终点，弄清楚哪些问题属于法治范围，如何平衡个人和社区的权利。未来的诺贝尔奖可能会授予那些在人工智能面前保护我们神经层面的权利（譬如思考的权利、推理自由的权利）的人。一些政府已经在采取创新措施来保护线上神经系统权利。智利一直在积极创新，探索制定法律，避免技术的滥用导致人类自由的减少。

这并不是说规则不存在。例如，现有的数据隐私法规。《欧洲人权公约》（*European Convention on Human Rights*）第8条规定:"人人有权享有使自己的私人和家庭生活、家庭和通信得到尊重的权利。……公共机构不得干预上述权利的行使,但是,依照法律规定的干预以及基于在民主社会中为了国家安全、公共安全或者国家的经济福利的利益考虑,为了防止混乱或者犯罪,为了保护健康或者道德,为了保护他人的权利与自由而有必要进行干预的,不受此限。"联合国《公民权利和政治权利国际公约》(*International Covenant on Civil and Political Rights*)第 17 条规定:"任何人的私生活、家庭、住宅或通信不得加以任意或非法干涉,他人的荣誉和名誉不得加以非法攻击。……人人有权享受法律保护,以免受这种干涉或攻击。"

但我们很少有力量、耐心和意愿来执行这些规定,或是让大型科技公司承担这个责任。2018 年,就出现了这样一个象征着权力转移的引人注目的时刻。英国议会委员会试图传唤脸书创始人马克·扎克伯格出席听证会,他拒绝出席,于是委员会主动去找他。结果,他只派了一个下属出面。

如果政府不能单独完成这个任务,那么就需要召集来自科学界、工业界、民间社会、国际组织、学术界和政界的联盟,共同为新技术的协作治理搭建"脚手架",并确保人工智能和其他快速发展的科技是一种向善的力量。任何管理或规范人工智能的组织都应该是多语言和多文化的,它应该独立于政府之外。这激发了我和全球科技联盟,以及和牛津人工智能与有效治理委员会的合作。这两个机构将行业专家、学者、政策规划者和人权活动家聚集在一起,研究各种可行性方法,力求最大限度地利用科技。

一个由民间社会参与者组成的多元化联盟阐明了《将人权应

用于通信监控的国际原则》。这是一个帮助人们了解监控对人权影响的框架，概述了确保国家和行业透明度和问责制的措施。这些原则包括，只允许国家机关在符合民主规范的情况下监视通信。任何监视措施不得有种族、肤色、性别、语言、宗教、政治或其他见解，民族、社会出身、财产或其他身份等方面的歧视。我们应该知道我们何时被监视、为什么被监视。对通信监控过程应该实施第三方独立监督。

在没有大量政府和国际组织参与的情况下，一些民间社会团体也在努力填补对此类滥用行为缺少监控的空白。《人权观察》（Human Rights Watch）记录了政府和公司如何限制在线言论和获取信息的行为。它还调查了"数字监控工具，从黑客攻击到面部识别，如何被用来针对社会活动家、少数种族和工人"，目的是"揭示人工智能和其他数据驱动技术对工人和贫困人口权利的影响"。

最终，需要由个人主导这场辩论，辩论的内容是我们如何塑造和规范我们使用的数字服务，而不是简单地使用它们。

可以在此基础上进行严肃的对话，对话的内容是社会如何保持最大的自由和透明度来适应互联网。我们不能只是在这些问题上胡思乱想，被动地等着刺激降临，或者靠看那些可爱猫咪的照片分散注意力。

要进行这方面的努力，其中一个做法就是，作为个人，我们需要收回对个人隐私的控制权。卡瑞莎·威丽姿教授最近出版了《隐私就是力量》（Privacy Is Power）一书。她告诉我，她的使命是让人们摆脱数据使用方式的自满情绪。她说："这不该是我们为享受互联网的乐趣要付出的代价，这是对个人权利的侵犯，是不可接受的。有这么一种荒诞的说法：如果你没有犯过任何罪行，你就没有什么可害怕的，也没有什么可隐瞒的。我认为这是非常有误导性的，很危险。因为隐私不是个人偏好，这不是你喜不喜欢一种味道的问题，这是一个政治问题。这里的利益得失如此之高，因此也是民主的决定因素。"

我们现在意识到，我们的生活在很大程度上受到电子设备的影响，我们的使用数据随后被出售给一些公司，这些公司不是想向我们兜售产品，就是把我们当成产品去兜售。通常，我们并没有意识到事情有多严重，或者说并没有在意。正如卡瑞莎说的那样，"当公司收集你的数据时，看似完全无害，你不会感觉到有什么损失，因为你根本看不到"。他们的做法往往悄无声息，甚至还使我们的生活变得更轻松。例如，我发现，我简直很难想象不使用谷歌地图和汽车卫星导航的生活会是什么样。然而，我的生活有多少因此被记录下来了呢？

在卡瑞莎发出警告的时候，有很多人不得不为了旅行、购物和工作而分享数据。因为我们要应对新冠肺炎疫情，所以各种接触者追踪应用程序和医疗记录共享的情况将变得更加普遍。通常情况下，政府在军事袭击或恐怖袭击之后一般都会侵犯公民的自由权。那时，我们往往更愿意放弃重要的长期自由来应对短期挑战。如今，流行病为这种事情增加了一个新的维度。

虽然有《通用数据保护条例》等成功范例，但我们对数据的保护方式的改变最终将来自消费者，而不是政府监管。有效的监管可确保一种权力不能转化为另一种权力。卡瑞莎举了金钱的例子。金钱是强大的，尽管并不总是有效，但我们可以采取适当的措施来减少金钱对民主方式（例如通过购买选票和收买政客）的影响。然而，目前的数据和拥有数据的人同样不受法律约束。我们不需要放弃数据，但我们确实需要采取措施保护人们的数据，防止政府、机构和个人滥用权力。

来自弱势群体或社会的人们将此理解为第二天性。正如卡瑞莎所说，当别人告诉我们采取措施是出于安全原因时，我们总是应该问：是为了谁的安全？

诺兰·福阿德博士是布拉瓦尼克政府学院的一名网络自我保护专家。我问她为什么这很重要，她说这不仅是保护我们自己的数据，也涉及对社会更广泛的义务。网络空间是复杂且相互依存的，我们的安全取决于其他人实施的保护，反之亦然。她指出了在欠发达地区增加互联网连接的措施。从表面上看，这些是传播机会的绝佳方式，但许多人无法得到有效保护来抵御病毒和网络攻击。他们生活的地区要么没有网络法律，要么没有足够有力的条约协议来保护他们。

个人可以学习和实践什么，让自己在掌握科技的同时有更好的机会幸存下来呢？从好奇心到同理心，本书所描述的生存技能只是一个开始。但我们还需要学习和磨炼另外五种生存技能：有能力与科技一起工作；能理解人类与科技的关系如何改变了我们；能够批判性思考；能更好地感知互联网的威胁；如何变得更加人性化。

第一，为了更有效地与科技共存，我们需要学习如何带着乐趣、敏捷的思维和好奇心（这些我们在第二章中提到过）来面对互联网。塔比瑟·格多斯多是英国人工智能咨询委员会的主席。对于成人学习者需要了解哪些知识来应对即将到来的技术变革，我请她就这个问题提出一些建议。她说："我认为我们必须先保证不惧怕科技。人们需要将科技视为男人、女人和机器的结合。科技就像是超能力，而不是会夺走他们工作的东西。关键是，我们能够同时做许多不同的事情，我们可以整天去适应这些科技。因此，我们应该做的是，培养我们作为人类所拥有的认知能力，让我们能够适应，并且与他人合作。这一切只要动动手指，就能悉数掌握。我认为，与其等待我们的雇主或朋友向我们解释这些科技，不如自己走出去寻找这些技术信息。"

戴尔计算机公司的副总裁迈克·萨默斯认为："可用的信息太多了，真是太多了。如果人们没有准备好、不能有效地处理信息，几乎可以说是停滞不前。"如果使用得当，互联网可以为我们的健康带来巨大的益处：了解他人的经历，获取专业的健康信息，获得情感支持，形成自己的社群，有机会表达自己的观点、建立关系并找到志同道合的群体。在2020年和2021年的新冠肺炎疫情期间，互联网一定挽救了许多生命，提供了很多就业机会。

但这些好处取决于我们发现信息的能力。《福布斯》杂志对适应能力强的人进行考察发现，这些人能在别人看到失败的地方看到机会。他们足智多谋、超前思考，他们不炫耀自己的名声、能够与时俱进，他们能够看清现行的体制，他们知道该支持什么。当我们要管理好线上时间和线下时间时，这对我们所有人来说都是一个非常有用的指南。这与我们之前研究过的生存技能一样，从培养危机的应变能力到寻找目标，再到建立联盟而不是单打独斗，但它不会随便发生。与其他生存技能一样，我们需要观察、学习、练习和教授应变能力，这样我们就可以让科技为我们服务，而不是反过来。正如教育先驱、曾担任过校长的安东尼·塞尔登说的那样，我们要确保人工智能等技术解放人类，而不是使人类变得更加幼稚。

哈佛大学计算机科学教授菲纳利·多西·韦莱兹认为，我们很快就会了解如何使用机器做出决策。她说："我很高兴将人类和人工智能结合起来进行预测，人工智能的错误率是70%，人类的正确率也只有70%而已。将两者结合起来很困难，但如果你能很好地融合两者，那么你应该能够比单独使用任何一个系统做得更好。"心理学家丹尼尔·卡尼曼向人们展示，可以通过将我们的见解与算法的见解相结合来减少"噪声"（即人类随机得出截然不同结论的倾向）和偏见（即我们出于某种原因这样做的倾向）。

第二，更多地了解科学技术的工作原理，了解我们与它的互动如何改变我们的工作和生活。不是每个人都需要学习编程，但是人类需要知道机器如何简化人类的思维过程，告诉我们思考的内容和方式。如果不加以控制，这些新技术可能会植入，甚至规范科技发明人的意识形态和哲学伦理，阻碍我们形成多样性和创造力的能力，并系统地限制人类文明的进步。

我们知道，我们与网络世界的诸多令人上瘾且扭曲的关系是公司故意操纵我们的结果。我们的注意力，业界称之为我们的眼球，已成为世界上最有价值的商品。我们需要像捍卫自己的金钱和安全一样坚决捍卫这种商品，因为它与这两者息息相关。作为消费者，这并不是说要拒绝所有想要引起我们注意、吸引眼球的尝试，而是要注意，为什么要让我们注意，商家在利用这种注意做什么。作为眼球经济中的公司或个人，也需要问问自己，我们为什么要去吸引眼球，我们究竟要用它做什么。

我们还可以更精明一些，弄清楚社交媒体算法对我们有什么影响，而不是能为我们做什么。正如分析师亚当·埃尔库斯所说，"与社交媒体互动的机械过程足以产生一种不愉快的意识。这种意识源于自我厌恶，因为自己参与了一个不赋予人类特权的系统，模糊了人与机器之间的区别，并将输入其中的所有内容重新转换为网络和数据。紧随这种自我厌恶而来的是对虚假世界中虚假信仰和虚假情感的强烈愤世嫉俗。一切都是假的，每个人都是机器人，别人也会不断怀疑，认为你也是个假人"。

有时这仅仅意味着，去学习何时关上机器。我们花在网上的时间正在迅速增加，英国人平均每天花在社交媒体上的时间超过两个小时。社交媒体比香烟和酒精更容易让人上瘾。当然，我们也更容易接触社交媒体，而且不会像烟酒那样受到限制或留下污点。研究表明，只要口袋里有一部手机，晚餐谈话的质量就会下降，人与人之间的亲密感也会降低。

在尝试设定这些界限时，会观察到一个有趣的现象，不同的平台对我们的幸福感有不同的影响。"油管"的表现是纯正面的，尤其是在获取信息、消除孤独、为表达和社区建设提供空间等方面，但是该平台对睡眠的影响得分较低。而推特、脸书和照片墙是纯负面的，因为它们会让人产生焦虑、让人害怕错过精彩内容、让人害怕被网暴，尽管已经证明它们在自我表达和身份认同方面是纯正面的。

我们可以在远离电子设备的真实时间内构建正面影响。我们可以监控自己看电子屏幕时看什么内容比较多，列出在线时间。监控一个星期后统计一下，其中有多少时间能够让我们过上更幸福的生活？这可能有助于我们拥抱错过的快乐。它可能会让我们不再想知道其他人在做什么，而只是活在当下。

第三，为了与技术共存，我们需要更好地学习如何建立批判性思维。访问所有这些信息并不困难，难的是寻找内容、使用内容。这要求我们将事实和观点分开，尤其是当我们面对的是一个日益复杂的、充斥着假新闻、恶意挑衅、标题党和表情包的网络的时代，更要如此。真理和理性在某种程度上没么确定，也没那么可靠，这种观点已经被互联网安装上了"火箭助推器"。阴谋日益猖獗，理性举步维艰。正如美国白宫最近的一位女发言人那句经典的回答："我们有另类事实。"假新闻成为摒弃差异和多样性的武器，并制造了一堵用噪声和干扰砌成的墙。我们感到无法跟上事实，无法从谎言中辨别事实，被信息淹没，害怕错过最新的名人丑闻或热点新闻。如今的骗术老江湖就是那些标题党大师，他们创造了大量的阴谋诱使我们看更多没有营养的内容。

正如我们看到的那样，一些政府也故意无视事实。譬如，否认气候变化的影响会威胁到后代的预期寿命。因此，我们必须确保下一代不仅具备知识，而且具备筛选信息所需的批判性思维。

斯坦福大学测量了所谓的"公民在线推理"能力，即年轻人判断他们在网上找到的信息的可信度的能力。大多数学生缺乏识别可信信息或在线党派垃圾信息的基本能力，缺乏辨别哪个是真实文章，哪个是推广软文的基本能力。正如调研团队总结的那样，

"许多人认为,由于年轻人精通社交媒体,他们同样精通在社交媒体上发现的内容,但是我们的调查结果恰恰相反"。芬兰的学校领先于大多数学校,正在尝试寻找新方法来解决这一问题,制订了具体的课程,并且评估了如何管理和筛选在线内容。如果有疑问,请使用 FactCheck.org 之类的事实检查器。对于家长来说,我们需要有意识地对孩子以及我们自己在网上搜索到的内容开展讨论,甚至辩论。

作为教育的一部分,我们需要处理互联网上的错误信息。有一些浏览器扩展程序可让你监控你和你朋友的新闻推送,以衡量自己人云亦云的程度。如果你找到不支持你观点的新闻媒体和来源,你就能更容易、更有效地预测变化。

第四,无论是对自己还是对他人,我们都要学会更加谨慎、警惕和自我保护。尽管当前存在数据监视的现实,但卡瑞莎·威丽姿乐观地认为,人们可以开始限制那些会来获取数据的政府和公司。我请她举一些在生活中可以采取措施的例子,她建议我将谷歌搜索换成更安全的搜索引擎;当不用视频功能时,在笔记本电脑或手机上的摄像头上贴一条胶带;浏览器设置成不接受在用户本地终端上储存数据;尽量减少类似亚马逊 Alexa 这类智能助手的使用;使用虚拟专用网络。

越重视保护个人数据越好,因此,当公司索要你的个人数据时,尽量拒绝。如果问及原因,就说你想要保护隐私。隐私是一种竞争优势,如果更多人选择保护隐私,我们就会获得更好的服务。不要让自己的上网行为变得可预测,除非必要,否则不要分享个人的详细联系方式或订阅邮件列表,从而留下数据痕迹。不仅要求权利，而且要求执行这些权利。

我发现，只要听从卡瑞莎的建议，我就会感觉自己正在夺回一些控制权。成立英国第一个网络防御机构的克拉兰·马丁对此深表同意。网络攻击的增长速度是智能手机增长数量的两倍。他建议一直更新系统，处理专门针对数据的攻击。尽管非常麻烦，但他说我们应该尽量采用多重身份验证，并经常备份数据，以便在最坏的情况下只丢失一份副本。用密码管理器看上去有风险，但它能使我们不太可能使用可预料或重复的密码。克拉兰警告我们可能受到攻击的三个特殊警告信号：假装来自税务机关的信息；看起来不太正确的电子邮件地址或URL；任何现金承诺。如果这听起来好得令人难以置信，或实际上真的难以置信，那它很有可能就是骗子信息。

从很大程度上来说，这也可以归结为常识问题。正如克拉兰说的那样，哪怕高速公路标志告诉你开车时可以闭上眼睛，你都不会这样做。哪怕警察说你可以将大门四敞，你都不会这样做。我们必须训练自己在网上保持理性。老年人通常最有可能成为攻击目标，我们必须帮助他们了解如何保护自己的安全。

自我保护也意味着我们需要像警惕现实生活中的霸凌一样警惕网络霸凌，甚至更甚。

88%的青少年曾在社交媒体网站上看到某人对另一个人刻薄或残忍。我们知道，互联网的使用与焦虑和抑郁有关，在过去的25年中，这两种症状的患病率在年轻人中上升了三分之二还要多。这也与身体形象问题有关，90%的英国年轻女孩表示对自己的体型不满意。此外还有霸凌问题，70%的英国年轻人经历过网络霸凌，经常受霸凌的超过三分之一。2021年的"人人有份"活动提醒我们，社交媒体在多大程度上可以成为骚扰和恐吓的工具，尤其是针对年轻女性。社交媒体还促使我们不断地与他人比较，影响了我们的自尊心。脸书上每小时有1 000万张新照片，不断提醒我们其他人过得更好。

我在纽约大学的研究团队发现，教师们非常担心数字技术会潜移默化地让孩子吃更多的糖、骂更多脏话或物化他人，而且变得更加暴力。他们甚至报告说，学龄前儿童在观看我们供他们消遣的视频时，却发现这些视频中隐藏着很多可怕的图像。我13岁的孩子经常分享一位"油管"用户的有趣视频。这些内容大多数都很吸引人，但时不时会夹杂着关于罗斯柴尔德家族的阴谋，或者对遗传学有争议的看法。我们需要更早地、更坦诚地与下一代而不是与父母进行这样的对话。我们是希望4岁的孩子像在荷兰教育系统中做的那样，从课堂上接受性教育，还是让他们通过看网站上的内容接受性教育？

第五，为了有机会在这场科技革命中幸存下来，我们可以专注于学习更人性化的东西。塔比莎·戈德斯图布敦促人们跃过科技的鸿沟去理解这个世界，她说："去艺术画廊看看，去剧院看看，想一想是什么让人类成为人类。当你开始跳出科技之外，看到这些新科技如何一步一步进入你的生活时，这本身就会让你做好准备。是什么让你与众不同？为什么在某些事情上你会比机器做得更好？如果你能发现你的独特性，你就更有可能蓬勃发展。"

安东尼·塞尔登告诉我，正因如此，尽管我们可能还没有完全理解人工智能的影响，但我们必须确保一件事，无论这些科技发展到什么程度，我们都不要像过去那样，给"智能"二字强加一个标准化的定义。我们需要鼓励创造力，因为创造性思维和创造性工作是对抗自动化的最具前瞻性的活动。他说："太多的国家和政府都在争相发展人工智能，但他们都没有准备好应对人工智能带来的变化。"

最终，这可能会让我们与机器和平相处。正如神经科学家塔拉·斯沃特对我说的那样，"21世纪的文盲不会是那些不会编程的人，而是那些没有结合计算思维、同理心、直觉和创造力来解决问题的人"。

几十年来，科幻小说加剧了我们的恐惧，似乎我们正在与机器进行着某种永无休止的对抗性斗争。我们必须摆脱这种恐惧，我们需要与科技合作，利用我们的相对优势。与机器共处的关键不是变得更像机器，而是变得更加人性化。

第九章
全球化的远见

> 我不是雅典人,也不是希腊人,而是世界公民。
>
> ——苏格拉底(Socrates)

五位世界顶级的教育先驱在理查德·布兰森的扭扭乐[1]毯子上争夺一席之地。我让一位教育部长扮演政府官员,一位教授代表大学,一位活动推广者扮演家长,一位教师代表学校。这个想法是为了体现全球教育改革的混乱局面,以及所有相互竞争的利益和支持者的状态。在这个游戏中,大家在扭扭乐游戏毯子上共同

---

1. 扭扭乐(TWISTER)是一项多人游戏。顾名思义,最终目的就是要让大家扭成一团。游戏套装中附有一张印有各种颜色的塑胶板及指针轮盘,由裁判负责转动指针,对比赛者发号施令。当指针指到哪一只手、脚要压在哪一个颜色上,参加者就必须依照指定动作做到,谁能够坚持到底不倒下,或成为唯一一个离开游戏圈的人,谁就是最后的胜利者。

合作，想办法把自己解救出来。

在毯子中间，安德烈亚斯·施莱歇尔虽然身处混乱，却和往常一样平静。这位身材高大、思维缜密的德国数据科学家曾是国际组织的代表，他的日常工作是经济合作与发展组织（OECD）的全球教育主管。正如老师和活动家们听到的那样，他的陈述说明，他不仅是地球上最有影响力的教育思想家，而且被视为一直以来默默对抗固有思维的重要人物。

施莱歇尔说："如果我们害怕人类的工作会被自动化取代，为什么我们还要教孩子像机器一样思考呢？人工智能应该促使我们更加努力地思考，是什么让我们成为人类。否则，世界将教育出二流的机器人，而不是一流的人类。"他担心我们没有教给年轻人茁壮成长的必要知识，而那些伴随智能手机长大，但受教育水平低下的学生面临着前所未有的风险。"过去，教授内容性质的知识是教育的最终目标，但我们获得的知识已经不能再给我们回报了。"他说。

施莱歇尔对自己说的内容感受颇深。他和他的团队每三年编制一次国际学生评价项目（PISA）测试的结果，该测试有80多个国家的50多万名儿童参加，目的是评估世界各地的教育质量。政府非常重视测试结果，害怕他们会降低排名。许多评论员质疑测试对考试成绩的关注，这种质疑非常正确。2014年，有100名学者表示，国际学生评价项目正在"使我们的课堂变得贫乏"。

然而，事实证明，施莱歇尔本人对这个项目的批评是最严厉的。他说："如果我们要改变教育年轻人的方式，我们就必须改变测试的内容。"他与教育官员争论数年，目的是更多地关注技能和创造力的评估，而不是数学和科学。他还竭力展示幸福感和学习之间的联系。英国、新加坡和美国的孩子往往比其他国家的孩子更焦虑。在这方面，芬兰或爱沙尼亚的孩子要好得多。

施莱歇尔在教育一线的多年经验使他得出结论，我们必须教授和评估他所谓的国际竞争力。基本上，他指的是培养孩子的文化触角，让他们在这样一个彼此连通的世界中有能力不断发展："除非你学习另一种语言，否则你不会理解自己的语言。在你了解其他身份之前，你不会了解自己的身份。"他对这种工作上遇到的障碍并不抱任何幻想。许多政府，包括美国和英国的政府都选择退出国际竞争力评估。"我们的工业教育体系是19世纪的遗产，"他告诉我，"恐怕要靠年轻人自己去改变它。"

施莱歇尔从其他方面获得了意想不到的支持。中国科技巨头马云最初只是一名教师。在巴黎的一次教育会议上，他这样告诉我："我从生活中学到了一切，我上学时多次考试不及格。在阿里巴巴，比起'首席执行官'的身份，我更像是一名'首席教育官'。"马云表示，除了给教师更多的经济回报，我们还需要对考试进行彻底的改革。"为什么大学毕业生加入我的公司后，我必须对他们进行再培训？因为大学学位只是你交学费的收据。"

我问马云，他认为如果不按照当前主流教育去死记硬背，孩子们需要学习什么。他毫不含糊地说："要学会直面失败，这样他们就可以从风险中学习。学会变得更有创意，让他们可以在团队中工作。要学会同理心，这样他们才能理解周围的人。在20世纪，你只关心自己就能赢。但是在21世纪，你要关心他人才能赢。"

和施莱歇尔一样，马云认为教育中缺少的要素是，年轻人没有学习如何与他国世界互动。"明天的世界需要能够走出舒适区的人。从小就要开始练习。"

那么，安德烈亚斯·施莱歇尔和马云是对的吗？如果他们说的是对的，我们又该如何帮助我们的孩子发展综合竞争力这项重要的生存技能呢？我们如何才能在全球范围内变得更加灵活？这一点之所以重要，有三个原因，这三个原因如今变得越来越鲜明：自动化、就业能力和当今这些挑战的性质。

第一个原因是自动化。正如第一章所述，自动化意味着我们的孩子必须培养与我们完全不同的全套技能。随着行业的加速兴衰，人类将需要转向更有机会的领域，而不是原地停留。

第二个原因是就业能力。商界领袖一直表示，教育并没有为年轻人提供解决问题、处理新信息或融入团队所需的社交和情感技能。他们说，他们现在要关注的技能是那些显示出人类比机器更有优势的技能：适应性、创造力和团队合作。用人单位需要能够适应新环境的人。

最重要的是第三个原因，即当今这些挑战的性质。正如我们看到的那样，当今这个时代，人类正面临着气候危机、更大规模的流行病、大规模移民、新形式的战争和竞争对手智能水平的崛起。所有这些巨大的挑战，在本质上都是全球性的。我们要为未来做好准备，这个世界需要的是跨越国界和社会的限制仍能自在工作的人。

在一次关于未来学习的采访中，安德烈亚斯告诉我，小国通常比大国更擅长培养这些技能："你去荷兰和德国，这两个邻国在文化背景上非常相似。但是，荷兰对世界更加开放，更容易感知世界。晚上打开新闻广播，播放的都是国际新闻。相比之下，如果你去我的祖国——德国，你几乎看不到外面的世界。"那么，哪些国家在国际考试中的成绩更好呢？"新加坡和加拿大的表现一直很好。哥伦比亚在阅读、数学和科学方面表现不佳，但在综合能力方面却异常出色。"

如何测试一个人的综合能力呢？经合组织（OECD）开发了评估项目，检查学生如何综合所学知识并将各种理念和想法连接起来。例如，如果你能发现你在学习生物学或化学时做的气候方面的研究、你在学习历史时做的政治研究，和你在下一次气候峰会上看到的纪录片这三者之间的关联，你将会获得奖励。与单独学习相比，对综合能力的测试更有可能奖励协作和团队合作。这么做的目的是要鼓励学生展现出，他们如何识别和理解他人的观点。

在我们有比较数据的每个国家，女孩对其他人和其他文化的开放性也明显优于男孩。安德烈亚斯解释说："全球能力是总体层面上的共情能力。共情，也就是同理心，包括个人的维度，即我对面前的人开放到什么程度。同理心还包括聚合的维度，即我能在多大程度上像参与不同的文化一样参与不同的思维方式。"

我想起我的父母在家里的墙上贴了一张海报，上面写着"永远不要让学校干扰你的教育"。听到我的讲述，他告诉我，政府在决定人们该学习什么的权力方面正在急剧减弱。"我们在许多国家看到的高辍学率与经济原因无关，实际的原因是，年轻人没有看到学校为他们提供未来生活的机会。对我来说最令人惊奇的一次经历是，在日本发生海啸后我在日本做的一个学校项目。海啸几乎摧毁了学校的系统,却创造了巨大的开放性。学校可以联网,所以他们可以与澳大利亚和新西兰的老师一起学习,这改变了教育系统。如今的科技为你提供的工具,让你不仅可以向隔壁老师学习,还可以向世界上任何地方最好的老师学习。但这是全球能力回归的地方,因为如果你的开放程度不够或者多样化参与的意愿不够,你更有可能关上而不是打开机会的大门。"

在这一点上,让我们回到罗利·基廷的理念上。看着那些人聚集在大英图书馆外的广场上,他告诉我,他担心我们生活在一个"历史记录政治化或简化的时代,一个制造各种神话的时代,无论是关于国家身份还是宗教身份,无论是政治还是个人,都是如此"。

那么,解决方案是什么呢?"真应该好好歌颂人类的矛盾性和记录的复杂性。你对记录了解得越深入,它就会变得越不神秘,越简单。因此,我们传递给年轻人和我们所有人的信息必须是,当你认为你已经得到答案时,再问一次,因为它还有另一层意思。请不要以为你可以阅读一本书,就会以某种方式得到你所需的答案或知识。继续去阅读下一本书,对你刚刚读过的书提出的最好的评判来自你即将读的书。"

我问罗利,这种理解从何而来。"我认为大多数人生来就有这种认识。它也许是受到了压制。在我看来,这是自然状态。但是,无论是经济体制原因还是教育资金不足,或者仅仅是对某种情况的绝望,也许人们都无法让它成长。我很幸运,在我家里,这是自然而然的事情。"

新的分界线将出现在那些愿意质疑自己、接受新思想和文化的人，与那些感到自己被远远地抛在后面的人之间。那些分界线不一定是财富或国籍，而是我们对世界是开放的还是封闭的。

要想不走错路，要想让自己彻底全球化，我们应该专注于哪些技能呢？在过去的25年里，越来越多的人尝试着解决这个问题。布鲁金斯学会设置了学习指标工作组，这是对现有的不同学习框架汇总最全面的列表。它收集了300多个关键技能，并将它们归结为六点：批判性思维和解决问题的能力；协作和影响力，尤其是与同龄人、与不同的跨国群体一起工作时的协作和影响力；敏捷的思维能力，能适应变化和未知，并根据职业需要快速提升技能，发现新点子并立刻付诸行动的企业家精神；有效的沟通；获取和分析信息的能力；好奇心。领导该项目的丽贝卡·温思罗普告诉我，最好让学习目标变得更简单："生活、工作和公民身份。"

经合组织作为该项目2030年教育框架工作组成员，制订了有关综合能力的更多细节，并与亚洲协会合作研究，如何将其付诸实践。他们总结说，关键是"能够多角度、批判性地分析全球问题，理解差异性如何影响对自己和他人的看法、影响我们的判断和理念，并在共同尊重人类尊严的基础上，与来自不同背景的人进行公开、适当、有效的互动"。这包括：

- 对全球问题和其他文化的认知和理解；
- 与来自其他文化和国家的人进行有效沟通，通过批判性地分析和思考来审查和获取信息，并调整思想和行为，以适应各种新情况；

- 对来自其他文化的人持开放的态度，尊重文化差异，具有全球视野，对自己的行为负责。

如果你非常幸运，你的孩子将在一所试行这种教学方式的学校学习。国际文凭课程体系帮助学生成为"勤于探究、知识渊博、思想深邃、善于沟通、有原则、思想开放、有爱心、敢于冒险、内心安定、善于反思"的人才。国际文凭组织的战略总监卡罗琳·亚当斯告诉我，正是因为对这些教学重点的关注，使得国际文凭组织蓬勃发展，这要归功于"我们的远大抱负，这套课程不光满足你的实际需求，还将改变世界，让世界变得更美好"。越来越多的国家正在解决这个问题。短短几年间，新加坡已成为教育改革的先锋。其核心是改革授课方式，帮助学生增强自信、独立思考、自主学习和关心社会。新加坡意识到年轻人的焦虑和压力越来越多，因此引入了更多与考试和评估无关的模块。

在这一进展的基础上，哈佛教育大师费尔南多·雷默斯和宗毓华甚至开发了全球公民课程。费尔南多告诉我，要想让各个国家接受这种教育变革，我们还有很长的路要走，"但我毫不怀疑，你可以与对全球公民感兴趣的个人、团体和网络建立联盟，而且他们也会这样做"。

我问宗毓华，这种努力是否有加剧不平等的风险，因为这么做给那些有能力送孩子上教育先锋学校的群体又一个优势。她非常同意这种说法，认为我们实际上正身处险境。她说："危险在于，那些无法获得这些综合技能的人将越来越落后。我们有一个基本的假设，即如果每个孩子都能获得这些技能，不平等就会消失。

但从财富分配的角度来看，我觉得政府正在将权力拱手让给企业。你怎样教育年轻人理解这些复杂的国际动态？对于我们的很多孩子来说，努力学习就会过得好的神话不是真的。如果你的最终目标是让每个人都有一个美好的未来，那么教育可能是最薄弱的环节。"但宗毓华也认为，一些国家可以在这个领域奋力一搏，因为如果综合测试水平低的国家不能迅速适应，那么别人就会缩小与他们的差距。她说："对于像叙利亚难民这样无法以其他方式上学的人来说，科技可能非常有用。如果他们可以访问那些在互联网上精心设计、深思熟虑的课程，那将是一种非常快捷的方式，可以为那些原本没有机会上这些课程的人增加机会。"

英国BBC教育记者肖恩·考夫兰告诫我，我们必须小心，"综合能力"的概念不能称为西方输出的理念。他说的是对的。施莱歇尔也认同这一点。在介绍综合能力的概念时，他故意避开国际公民的标签，因为它具有属于特定民族国家的内涵。

下一阶段教育改革的难点是找到衡量这些技能的方法，以便政府、教育工作者、学生和家长更愿意认真对待它们。经合组织通过结合认知评估和背景调查问卷来实现这一目标。我还与剑桥大学和联合国儿童基金会（UNICEF）的专家就"全球学习护照"项目进行了合作，让年轻人，尤其是移民和难民，在不同的国家系统之间都具有学习资格。目前的制度使那些在不同国家之间流动的人处于明显的不利地位。学习护照使他们能够持续获得优质的线上和线下教育资源。在微软公司的支持下，各国很容易采用这些资源或与国家数字学习平台一起使用。

最大的挑战不仅在于确保处境危险的人（主要是难民和被迫移民）能够在旅途中继续参与有益的教育计划，还在于为他们在合适的时间提供正确的教学大纲内容，从而最大限度地减少教育中断情况的发生。因此，这个护照可以为难民、移民以及流离失所的儿童建立他们已学科目的数字跟踪机制，并为他们提供应该遵循的教育路线图，以此来解决紧急情况下与教育流动性相关的问题。为了成功实施，我们需要确定世界各地教育模式之间的共同点，以便减少干扰，让这些孩子能够继续他们的教育。也许这项工作不仅可以解决难民教育的重大瓶颈，还可以成为制订国际学习目标，甚至国际核心课程的基石。

当然，教育系统的关键不仅仅关乎如何决定学什么，还关乎如何评估所学的知识。我们生活在人类大规模迁移的时代，对人类在全球适应性潜力的可靠评估，也是我在纽约大学的一项工作。对于综合反应力这一概念，我们试图找出其最重要的特征，最后得出了一个惊人的结论：那些正常生活经常被打乱的人，往往是最能展示这些技能的人。

例如，年轻的难民拥有高度发达的机会探查能力。他们已经习惯于观察环境中的可能性和风险。在某种教育背景下，我们应该帮助年轻人学习这些水平勘察技能。这在一定程度上可以通过学习其他社会的语言、历史和文化来实现。不过，也必须加强对边界主题、挑战和危机的理解，比如移民、文化、艺术、供应链、流行病、全球品牌、技术、环境问题和全球机构等问题。这群全球最聪敏的学生总是很兴奋，渴望发现更多关于世界的信息。正如我这一代人可能会嘲笑的那样，这不是在照片墙上讨巧地展示异国体验，或以其他自私的动机摆出的世俗姿态，而是与不同的人和文化相遇、互动和学习。没有这一点，真正的综合反应力是不可能有的。

我们还发现，在不同文化之间进行转换的人，往往也能更具有批判性思维去思考他们周围的信息，而不是只看表面。各种假新闻和互联网骗过了众多高学术水平的人，这说明，我们必须学会如何不愚蠢，或者如何不只是做出本能反应。综合反应迅速的人能够筛选和组合不同来源的信息：书籍、朋友、导师、传统和数字媒体，这使他们能够开拓更广阔的视野。他们更有可能看到争论的不同方面。他们不太可能在没有深入讨论论点的情况下给出鲜明的意见。

我们发现，综合反应力还需要精通数字技术，而不是编程能力。但更多的是如何有效和负责任地使用不同的平台，并在不同的平台之间切换。那些被迫挣扎着适应环境的年轻人往往更容易受到社交媒体的影响，拉帮结派或人云亦云。我们再次发现，难民群体，通常是那些在成长过程中没有经常使用社交媒体的人，能够更好地使用互联网，建立更有意义的联系，例如与远方的家人联系，并作为获取基本信息的主要途径。未来适应性最强的人将是那些能够灵活思考和行动、为意外变化做好准备的人。培养这项技能可以减少我们在接触到新地方或新人时经历的文化冲击，它会增加我们的韧性。但尽量尊重不同人的生活方式并不意味着我们必须同意他们的观点，并不意味着我们得假装不存在差异。

世界观的形成与我们的出身密不可分。我们可以有多重身份：

一个孩子可以是女孩、欧洲人、网球运动员、穆斯林和贾斯汀·比伯的粉丝，关键是她要能理解，这些不同的部落如何塑造了她的生活。因此，当她遇到其他部落的人时，她也会采用同样的思维方式。个体的文化联系是独特的、流动的和动态的。我们的价值观并非独一无二。

这并不意味着我们都成了特蕾莎·梅口中的"无根公民"（citizens of nowhere）。在我采访的人中，综合反应力更高的人往往认识到，他们的文化身份既不固定也不优越。他们认为自己可以继续学习、受到重视和培养。他们可以将本土和世界连接起来。我们需要知道应该携带什么行李出行，为什么这么做。21世纪的解决之道不是让全球化产生的摩擦磨灭我们的差异，或者让我们忘记自己来自哪里。我们经常需要在本地和世界之间建立联系，例如，通过研究附近的洪水来了解气候变化的风险。如果我们能将这些全球化的挑战根植到个人经历中并加以理解，就能更好地应对这些全球化挑战。

在我们采访的人中，综合反应力更强的年轻人，沟通技巧也更好，他们更能谦恭、灵活地与其他文化互动。未来对年轻人的评估将需要衡量他们能不能理解他人的沟通方式并加以适应，能不能为新人和新文化搭建桥梁，尤其是那些乍看之下让人感觉与众不同的人。要多听多说，良好的沟通可以解决或减少冲突。

我在纽约大学的研究发现，最高效的全球运营商都拥有非凡的直觉。你可以将画面拉远，并360度全方位观察别人的情况吗？这意味着要谦虚地倾听和观察，包括观察肢体语言。在最好的情况下，还需要带着同理心去做这些。你能像我们在第八章论述的那样，设身处地为他人着想、理解他人的动机吗？综合反应力最强的人关心他们周围的世界，并且认为他们可以让世界变得更美好。他们可以看到来自其他地方的人在饮食、住所、工作、教育、幸福和尊严方面享有相同的基本权利。

海伦·克拉克担任新西兰总理9年。作为当时为数不多的女政治家之一，她不得不克服偏见和制度上的歧视。她负责管理联合国开发计划署（UN Development Programme），将打破职业玻璃天花板的能力提升到了全球水平。我问她，面对这样的挑战，她是怎样鼓起勇气继续做这份艰巨的世界人道主义工作的。

"我的勇气最初来自作为新西兰人的经历，"她说，"你感觉自己像个局外人。你知道，没有一扇门是无坚不摧的。我的历史老师教我们以不同的方式思考。我记得她教我们理解越南战争的历史，了解到我们的行为可能带来的灾难性负面影响，这打开了我的思路，迫使我跳出自己的圈子，从其他角度看待事情。这比听起来要难得多，但这的确帮助我带着这种意愿去理解其他人进入政治生涯的方式。"

视觉和听觉结合起来是什么样的呢？听起来像是拉尼娅的经历，她14岁，来自叙利亚阿勒颇，现在住在约旦广阔的扎塔里难民营里。

"在历史课上，我们了解到大英帝国在印度的殖民，"她说，"我对这段历史的参与者感到好奇，不仅仅是那些战役和通商贸易。我请一个在难民营工作的印度人给我看照片，告诉我他们国家的生活是什么样的。他谈到了那里的种姓制度，他说我们很幸运在叙利亚没有种姓制度。这让我不禁反思，不知道我们国家是不是其实也有某种种姓制度。

"几年前，一个小男孩从伊拉克来到我们难民营。我也问他那里的生活怎么样。他告诉我，另一个男孩因为他的口音而欺负他，所以我叫了一些朋友来制止了这件事。

"早餐时，我看到我们的茶是印度制造的，但标签上却写着'英式早餐茶'。我在网上查看了茶园工人的生活，我想说服人们从善待茶园工人的地方买茶。"

提高全球生存能力的七个方法

全球化是一项你永远无法彻底掌握的技能。这需要一生的努力。

年轻人，尤其是数字原住民磨炼这些技能、态度和价值观的程度远远超出我们的想象。看看孩子们在"油管"或"网飞"上观看的视频吧，内容真是五花八门。

以下是我与学生一起采用的七项活动，我们可以通过这些活动来提升综合反应力。善意提醒：与本书中的其他生存技能相比，综合反应力涉及不少有争议的问题。

1. 360度分析。观察一个名人或我们遇到的新人。想象一下，作为一名记者，不仅要了解他们所说的内容，还要了解他们为什么这么说。他们的背景、国籍、性别是如何影响他们的世界观的？为什么？

2. 角色扮演。选择一个一直存在争议的新闻故事，试着从双方的角度来解释这个问题。我们将如何在对立的立场之间进行调停？

他们都有什么样的成见？不同的国家和不同的新闻媒体如何报道这个故事？为什么？人们是否可以表达出自己的真实想法？

3. 旅游指南。全家人一起讨论如何度过下一个假期。我们需要了解正在访问的国家或地区有什么关键信息？看哪些书籍或电影最能帮我们了解那里的人们看待世界的方式？要学习哪些重要的单词或短语？单词表里是否包括来自该国的作家或创作者，而不仅仅是那些墨守成规的人？

4. 让直觉更灵敏。从另一种文化中寻找数字笔友，一起完成某个学校或生活上的项目。全球城市网上有一个数字交流计划（全球学者），孩子们可以通过这个计划在世界各地的电子教室中一起学习。

5. 有条不紊地建立一个部落。在加入新的俱乐部、学校或社群时，大家一起确定要了解的主要人物：从谁开始呢？我们之间的相关点或不同点是什么？

6. 了解我们的成见。以家庭和个人的身份讨论价值观。你的价值观是从哪里来的？随着时间和代际变化，它们发生了怎样的变化？为什么？《世界人权宣言》(Universal Declaration of Human Rights)第一条规定："人人生而自由，在尊严和权利上一律平等。他们富有理性和良心，并应以兄弟关系的精神相对待"。非洲土著文化有一种班图精神，强调人道待人。我们同意这种观点吗？别人如何看待我们的价值观？

7. 确定我们真正关心的问题。谷歌的杰米·卡萨普说："不要问孩子长大后想学什么，而要问他们想解决什么问题。"一旦我们考虑好激励我们的因素是什么，接下来就要讨论如何参与其中。我们需要什么信息？谁是我们的盟友（和对手）？我们可以在学校或家里主动采取什么行动？

我问前英国空军特种部队的指挥官格雷姆·兰姆爵士，我们应该教下一代什么，我以为他会说勇气或者价值观之类的东西，没想到，格雷姆却认为"今天的教育不应该再去想英国那老一套的读、写、算术之类。如今人人都需要的技能是了解跨文化交流、肢体语言和语气。了解如何站起来说话，如何坐下来倾听。这些是真正的生存技能"。

正如已故的肯·罗宾逊说的那样，教育应该使人们能够在宽容和多元文化的社会中共同生活，"了解他们周围的世界和自身的才能，以便能够成为心想事成的个体，成为积极、富有同情心的公民，能够在不可预测的未来中创造有意义和有目的的生活"。他在 TED 演讲上陈述了这些理念，那是有史以来最成功的演讲之一。肯告诉我，他被问得最多的问题是"我们怎样才能了解这些呢？"

我希望这本书能有所帮助。未来的人类应该具备更全球化的远见、判断力和耐心。我们应该教学生如何成为世界公民，如何积极创造一个更加平等、公正、和平和可持续发展的世界。那是我们最后的生存技能，而且我们穷极一生也不会知道，是否已经掌握了这一技能。

第十章
传承与榜样

前人种树后人乘凉，社会就会进步了。

——希腊谚语

2011年福岛核危机后，200名日本退休老人主动代替年轻人面对辐射的危险。暴露在核辐射之下，可能需要20年、30年或者更长的时间才会染上癌症，因此他们出现癌变的概率更小。72岁的山田恭晖组织退休的工程师、教师和厨师成立技术老兵团，帮忙应对核泄漏灾难。他告诉BBC的记者，他们的决定并非出于勇敢，而是出于逻辑。是向前冲，还是躲在后面袖手旁观，选择权在你。

和福岛的退休老人一样，我们的祖先对生命的轮回、季节的更替和岁月的流逝有着更强烈的感知。各种仪式和典礼组成了一部社会活动的日历，通常成了联结社区的黏合剂。一段段逸事和故事被保存、被美化、被珍惜、被分享。看看《旧约》的前几章，这些章节写满了对家族史的冗长记载，或者是围坐在炉火旁口头传承家庭故事的传统。我父亲曾经对我说，关于失去父母这件事，最艰难的一点就是忽然意识到，你现在成了故事的传承者。也许这就是这么多人在后半生如此痴迷于追溯家族史的原因吧。

要想寻找关于祖先更直接的信息，大部分先从重新挖掘官方记录开始，逐渐拼凑出关于人物在何时何地发生的故事。自然而然地，这些故事会围绕重要的日期展开：出生、结婚、死亡。还可能围绕地点展开：从这里搬迁到那里，从遥远的地方偶然发现一张照片或明信片，由此开启了一个新的谜团。我们不禁会遐想，去走他们走过的路，去感受他们用过的东西。

在寻找的过程中，有时真的需要冒险。2010年，在被派驻贝鲁特赴任前，我在牛津待了三个星期，深入了解黎巴嫩最近的动荡历史。在一个漫无目的的下午，我决定顺道拜访牛津大学的罗德楼。罗德楼的图书馆里收藏着我祖父的一些文件，是我祖母留在那儿的，但我们不知道具体是什么。在两次世界大战期间，他曾在尼日利亚担任教育官员。

牛津图书馆的工作人员好奇心特别强，对我的这种要求十分热心。但是，图书管理员在查询完毕后回到我身边，带着歉意耸了耸肩。他们只拿着一张双面写字的纸，上面列出了我祖父曾服务过的城镇。看起来，他好像在某个时候认为值得把这些事情用打字机记录下来，后来不知怎的分心了。

我扫了一眼名单，试图感受与它的关联，却找不到什么令人兴奋的地方。我感到很失望，于是让图书管理员再试一次。有没有可能他捐赠的资料归档在了他的姓名首字母"AA"而不是他的名字"安东尼"之下呢？

她输入信息开始搜索，结果大吃一惊地抬起了头，图书馆收藏了1924—1965年我祖父写给祖母的信，共计22盒，内容包括他们的求爱、订婚、1929年结婚，以及在尼日利亚和英国的生活。图书管理员走入地下室，拿着第一个盒子回来，里面装满了手写信件，信件用绳子缠好，微微泛黄。我放下了一切，一头扎进了信的世界。

这些信件具有超凡的文学广度和诗意。他们让我对20世纪20年代的生活有了深刻的认识，也了解到那时生活的色彩、音乐、纯真和希望。恋爱期间要等上半年才有机会在脸上轻抚一下，但足以维持相隔数月的分离时间。没有现代通信的生活，每天写信，忍受着等信的痛苦，但却比任何推文、文本、电子邮件或Skype创造的人与人之间的联系更加紧密。从这些信件中，我能够洞察出祖父是一位杰出的音乐家、作家、幽默家、情人、冒险家和长辈。

我很迷恋这些信，但又觉得信上的内容太私密，不想冒犯。我挑出一些最私人的信件放在一边，不去窥探。总的来说，祖父写在信上的文字十分含蓄，尽管如此，我还是可以从中洞悉一个我不是十分了解的人的内心。那个会在每封信中尽职尽责地写下"以此为记"的人，为他的后代留下了分担这一义务的机会。除了揭示对生活的巨大热情和惊天泣地的爱情之外，这些信件最重要的内容都与家庭、朋友和信仰相关。多亏了智慧和一点好运气，它们跨越80年的时光得以保存，并且比写信人和他的缪斯女神还要长寿。这些信摞在一起，用一种我永远也参不透的打结方式悉数捆绑，记录着我永远也写不出来的文字。

我的祖父称这些信件为"坚不可摧的连接"。在寻找灵感、回忆、惊喜、欢乐和悲伤的过程中，我感到与并不遥远的过去有着坚不可摧的联系。这让我开始了另一场记忆冒险，研究我的曾外祖父格斯·史密斯在1914年驾驶他制造的水上飞机沿尼罗河进行第一次飞行的故事。这次探索成为BBC的纪录片和在开罗举行的四代家族百年纪念活动的重要内容。

我们中的许多人在揭开过去的层层面纱时都经历过类似的兴奋。我的一个愿望是，DNA检测的进步能让更多的人去追溯历史，追随我们的祖先几个世纪以来穿越大陆的足迹。如果一位亿万富翁想做一件事来帮助我们了解如何共存，不妨给每个人一个了解自己过去的本领。这将有助于我们了解我们共同的历史：我们都是移民。

如今，人们越来越容易探索这些历史的足迹、记忆的碎片和坚不可摧的链接。除了那些来自远方的亲戚杜撰的故事，更难的是保存这些人物代表的事物，比如，他们的价值观。提到家族的故事，我们都觉得，最近的祖先对我们的影响最大。但是，尽管有强大的搜索引擎进行撒网式的检索，我怀疑还有很多事情是曾祖父母经历过，但我们完全不知道的。经过几个世纪的城市化和几十年的全球化，我们的社区意识和日历意识已经改变。看"网飞"视频和舒适的中央供暖系统早已取代了炉火边听故事。然而，尊重和纪念我们祖先的一项重要内容是保护和传承他们留给我们的最宝贵的东西，包括最好的价值观。

一路走来，我们是否忘记了成为好长辈有什么意义？

在黎巴嫩期间，我对心理治疗师亚历山德拉·阿塞利的工作非常感兴趣。她告诉我，她的核心观点是一个简单的想法：我们的祖先在冲突中扮演的角色会影响我们的心理，影响我们与家人和朋友的关系，还会导致我们形成参与下一拨冲突的倾向，并且（或有时不会）将其传递给下一代。

如果她说得对，那么我们有责任通过我们的信仰和行为将这些创伤和不满传递给我们的孩子，这种遗产比遗嘱更有可能塑造他们的生活。同样，我们可以将自己视为遗传模式和创伤的接受者，我们的身上也反映出这个时代之前的冲突留下的印记。亚历山德拉认为，无论是个人还是群体，都有可能消除这些根深蒂固的创伤和偏狭，让社区之间更容易和解。

因此，对于亚历山德拉来说，摆在她面前的主要问题是："我们如何成为好长辈，避免将创伤或消极想法传给后代？冲突带来的痛苦记忆至今仍刺痛着我们，让我们有身临现场的感觉，我们如何不再成为这些痛苦记忆的俘虏和傀儡？我们如何清理我们的'祖动脉'，让我们的后代能在当下自由地行动，摆脱过去的藩篱和对今天及明天的阻碍，接受所有人的才能？我的目标是尽力写下我自己的故事，并帮助其他人成为真正的故事讲述者，自由地讲述他们自己真实的故事。"

我认为，要想逐渐与过去和未来握手言和，最好的方法是反思两个更具挑战性、非常私人、非常基本的问题。

在我继承的家庭价值观和家族历史中，哪些是我必须要传承下去的？哪些是我绝不能再传承下去的？

这些是最简单的问题，然而却是最难解决的问题，大多数人一生都在寻找答案。这个过程可能包括去探索我们的家族记忆和家族故事，亚历山德拉称之为"伟大的建筑挖掘"。但与考古学一样，我们可能会发现很多原本被掩埋的东西，"需要我们知道、承认和理解，以及进行'碳年代测定'，以揭示它们被隐藏和掩埋的过程和原因"。亚历山德拉说，每个家庭都可能有些见不得光的幽灵往事，都可能有某个不想提及或令人不安的人物，都可能有被人拒绝或驱逐的难堪时刻。"当我们提到这些旧事物时，我们可以怀着爱意和信任来评价它们，而不是带着偏见或恐惧来评价它们。将这些古老、久远的委屈与不平释放出来。"

这样做，我们就可以找到方法，确保我们个人、家庭或社区的历史只是在告诉我们发生过的事实，但不会控制我们。我们可以发现我们家族过去尚未完全愈合的伤疤，我们可以给后代一个更好的治愈机会或者远离伤疤的机会。因此，在关于继承和传承这两个问题的答案中，隐藏着真正的生存秘诀，以及如何成为好长辈的关键。

这不仅限于我们直系亲属的故事。我们已经研究了受到不公平和不公正待遇时的生存技能，即使没有大规模展开，这也有助于创造改革和变革，从而提高我们共同的生存概率。但是，成为一个好长辈也意味着要面对更多体制上的、潜在的不公正待遇，不仅仅是那些看得见的例子。对于我们来说，光是处理我们现在看到的那些不公正现象是不够的。我们应该预见到我们的后代不会认同的事情。也许，除了要想一想希望在悼词中表达什么，我们还可以考虑希望子孙后代如何看待我们。他们会供奉我们的雕像，还是会把它们拆除掉？

应对这些更深层次和更具结构性挑战的办法，有些类似于让自己成为一名活动家：我们要去找到原因，了解其重要性，建立特殊联盟，以耐心和谦逊的态度做好准备，并找出可能发生变化的时刻。甘地为了对抗英国垄断，领导了非暴力不合作的"食盐进军"运动，不仅向世界展示了暴力压迫自由集会有多么不公正，而且还向世界展示了英国那套靠剥夺印度拥有自己资源的权利建立起来的经济体系有多么不公平。它不光暴露了帝国为保护殖民主义而造成的压迫，更暴露了殖民主义核心的根本缺陷。

在面对压迫时，我们可能领导不了非暴力游行，但是我们可以做更多的事情，让我们的直觉更敏锐，发现和理解我们周围潜在的不公正现象，并且真的去做点什么。好长辈应尽量避免将这三种不公正现象传承给下一代：不平等、气候危机和冲突。

联合国的可持续发展目标涵盖了教育、卫生和人道主义优先事项，这是一个很好的起点。2015年，海伦·克拉克是不少人心中的联合国秘书长候选人，她告诉我，如果联合国只能通过一个国际目标，那就应该是性别平等，因为赋予女性权力能对所有其他目标产生巨大影响。但她太过谦逊，没有高调筹划联合国秘书长职位的竞选。最后，15名男性外交官走进一间暗室，将票投给了一位男士。

与此同时，2020年的"黑命贵"运动打破了我们正快速朝着真正的种族平等迈进的所有幻想。还有，在世界公认同性恋不是疾病之后30年的今天，同性恋在70个国家（覆盖了全球三分之一的人口）仍然被视为非法。在12个国家，同性恋者仍然会被判处死刑。历史并没有结束。

在 2020—2021 年新冠肺炎疫情大流行的大部分时间里，我们发现自己被迫变得"超本地化"：更加专注于我们身边的社区。与此同时，这也让我们变得"超全球化"：每个人都更加意识到社区之间的相互依存关系。我认为，我们会好好反思这场流行病，并将其视为文化和个人觉醒的时刻。这场疫情暴露了我们领导人的巨大不足。也正因如此，我才认为有必要写这本书，以便更好地教授同理心、情商、行动主义和好奇心这几项技能，不仅是教给我们的年轻人，还要教给所有人。我们都需要努力发展这些技能。在接受教育时，我们都知道要把所学的最好知识传授给子孙后代。然而，要想成为一个好长辈，也要传递一些我们没有学到的最好的东西。

为了帮助我们挑战自我、挑战不公正的制度，在未来的课程中，也许可以教授不确定性、异议、怀疑、好奇心、道德和团结等内容。

当然，相比于那些明显的不平等现象，在我们周围还存在更多的、潜在的不平等现象，对它们采取行动要难得多。和前面说的一样，我们可以先发现、了解这些不平等现象，然后摘下有色眼镜来观察。我们可以将观察到的挑战分成可以忍受的、可以影响的，以及可以采取行动的。我们可以进行一些行之有效的练习。下面就是一个：写下你拥有的三个最大的系统性优势，并说明它们如何在关键时刻改变了你的未来。这些优势可能是：正确的学校、在工作面试中性别或种族上的微妙优势，或者某个只在小范围分享、密不外传的忠告。一定要诚实，把那些自欺欺人的内容和道听途说的内容放在一边。

然后，想象一下，那些被剥夺了这些优势的人，在遭遇关键时刻时的经历。你会做些什么来让这场竞争变得更公平？

对我而言，这个过程暴露出我供职的英国外交部存在性别不平等的现象。在我毕业后交往的 11 位平步青云的人中，只有两位是女性，而且都是白人。我们理所当然地认为，以白人男性为主的群体的行为和价值观有助于你获得晋升。总的来说，事实也确实如此。一般来说，在英国外交部工作的女性，她们的职业生涯往往等不到进入高层或成为高级大使就结束了。从女性首次获准婚后可以继续担任外交工作，到我进入英国外交部，这之间不过间隔了几十年而已。

2016 年，我领导了对英国外交和联邦事务部的审查，特别强调了这些问题。时任外交部门负责人的西蒙·麦克唐纳也将解决这些结构性的不平等问题作为他的工作核心。截至 2021 年夏天，在巴黎、柏林、莫斯科、纽约和华盛顿都有女性大使。我的基金会还协助设立了"女外交官"倡议，该倡议帮助年轻的女外交官安排导师，并为高级女外交官提供额外支持。迟做总比不做好。

为了成为更好的长辈，我们需要持续地采取紧急行动应对气候危机。我们的短期需求和利益损害了后代的利益，没有比这更好的例子了。我们知道，如果不能减少温室气体排放，将会造成水资源和食物短缺、自然灾害、难民危机、洪水以及动植物的大规模灭绝。德斯蒙德·图图大主教将减少碳足迹行动描述为"不仅仅是科学技术的需要，它已经成为我们这个时代面临的人权挑战……气候变化最具破坏性的影响，致命的风暴、热浪、干旱、食品价格上涨和气候难民的出现正在对世界上的穷人造成影响，这是极不公正的"。但世界领导人往往是口说空话，并没有真正地严肃对待这个问题。经济紧缩、不安全、急躁和民族国家的衰落都分散了我们的注意力，让我们无法重新思考能源需求。迄今为止，我们已经采取的集体行动几乎只触及皮毛，离有效还差得远。令我震惊的是，很多生态学家已经声称，我们来不及应对工业时代对环境造成的破坏性后果，更不用说重新来过了。在未来，我们必将面对化石燃料时代的终结，必须设法避免过去的能源转型引发的那种重大冲突。

我们已经看到，人类的命运与地球的生态息息相关，这是一种迟来的、必要的认知。美国工程师和未来学家理查德·巴克敏斯特·富勒认为："永远不要通过对抗现实来改变现实。要改变现实，就要建立新模型，淘汰现有的模型。"七个国家已经在法律上承认了自然的权利，新西兰已经赋予旺格努伊河与人类相同的权利，哥伦比亚的阿特拉托河也是如此。孟加拉国最高法院宣布该国所有河流都具有生命力，并且享有合法权利。但是，无论签署多少气候协定、开多少气候峰会，我们都不能坐等各国政府和国际组织来领导这项工作。作为个人，我们必须更加坚定地参与其中。

气候行动主义似乎势不可当，而个人的行动却显得微不足道。但是一些活动家、联合国专家和先驱们一直在寻找方法，让我们每个人都能做出贡献，增加共存的机会。他们特别关注那些影响最大、易于实施，且能够产生倍数效应的行动。如果我们都去做他们强调的那些事，就可以践行《巴黎协定》（*Paris Agreement*）

制订的目标，将全球气温上升控制在人类生存需要的1.5℃以内。在评估这些行动的过程中，我们找到了一个目标、一个群体，我们正试图以简单实用的方式招募其他人加入。关键是将这一艰巨的挑战分解为若干可控制、可管理的部分。开始行动的方式有很多种，例如，关注绿色能源关税、投资环保类养老基金、多吃植物食品、多走路等。

如果你像我一样在超市和商场购物，有车、租用或拥有多房间住宅，而且房间里面有电器、中央供暖和供电，购买新衣服，乘坐飞机度假，那么你会有很多事情要做。不过，通过对这个问题的思考促使我努力承担更大的个人责任，具体的做法是替换（绿色关税和养老金）、停止（例如少坐飞机、少开车、少吃肉）和支持（例如分享我的行动并要求其他人效仿）。

在研究善待自己这一主题时，出于为幸福和健康着想，我提出了植物性饮食的理念，这样的饮食习惯会提高我们共存的可能性。食品生产约占温室气体排放量的四分之一，超过了地球上所有的火车、飞机和汽车。联合国政府间气候变化专门委员会虽然没有明确写出来，但警告说，动物放屁和打嗝会将甲烷（一种比二氧化碳的威力大许多倍的温室气体）排放到大气中，而且，放牧动物的草场取代了可以从空气中去除碳的树木。科学家们开展了一项为期两年的项目，旨在寻找对地球最有利的饮食，他们得出结论说，到2050年，我们要想养活100亿人口，唯一的办法就是在欧洲和北美大幅减少食用红肉，在东亚减少食用鱼类。我们以前从未尝试过以这种速度改变全球粮食系统，但我们必须这样做才能生存下去。

这些方法除了能让我们成为后代更好的榜样之外，最令人激动的地方是它能够让我们处理好历史的创伤。当这种集体心理、社交媒体和维护和平交汇到一起，就能产生作用，帮助我们应对历史遗留的冲突，治愈历史留下的伤口。

　　即使看不到，即使无法理解，但我们每个人都背负着历史的创伤。这可能在最近摆脱冲突或仍饱受冲突困扰的社区（北爱尔兰、卢旺达、巴尔干半岛、以色列和巴勒斯坦）中最为明显。黎巴嫩的情况肯定是这样。当1975年内战开始时，历史书籍就停止了记载，整整一代人都在有意避免去面对、去谈论战争。正如小说家威廉·福克纳在《修女安魂曲》（*Requiem for a Nun*）中所写的那样，"过去永远不会消亡。它甚至不会成为过去。我们所有人都在这一张张早在我们出生之前就织就的遗传和环境之网、欲望和后果之网、历史和永恒之网中苦苦挣扎"。

　　表观遗传学研究的是环境对基因的影响，我们大多数人可能都知道，这就是先天和后天之争。我们是由基因遗传还是经验塑造的？遗传学家现在有证据表明，我们的行为基因可以通过经历改变，并且可以传递给后代。这一发现可能会颠覆我们对遗传和进化的理解。

　　过去，专家们认为DNA会决定我们的人生命运。但如今的科学研究倾向于这样一种观点：生活经历、压力和创伤可以改变我们的基因式，我们的孩子会和我们拥有不一样的基因。大屠杀幸存者的子孙们应对的能力发生了变化，因为这些幸存者在他们有孩子时或者在受孕，甚至更早时经历过大屠杀。

　　神经科学家塔拉·斯瓦特认为，我们可以采取可行的措施来了解环境对价值观的影响。看一看你相处时间最多的五个人，写下他们最差和最好的特点，然后反思你是否能在自己身上看到这些特点。斯沃特说："神经科学研究的都是将无意识上升为有意识的过程。通过神经科学的研究，我们了解到，在巴以会谈中，如果谈判者在发言之前列出十位他们在必要时可以求助的人员名单，他们与对方的谈判可能会更顺利。仅仅是记住有人在身边支持你，你会变得更愿意与你认为可能是敌人或对手的人合作。"

这是科学与政治的交汇点，共同推动了更美好社会的建设。在维护和平或重建"战后"社区的过程中，我们常常要努力处理先前创伤的遗留问题。前联合国特使贝纳迪诺·莱昂对我说，他在利比亚的大部分工作是一种治疗形式。这些冲突可能早在参与和平进程的人出生之前就已经发生了。因此，这种了解一个国家的集体心理、在外交上充当治疗师的做法有很大的尝试空间。你说话的用词、沟通的语气，还有你聚集到一起的人，有时这一切都感觉像是一种集体治疗。

我们不能低估集体治疗的需求程度。20世纪10年代，在一场毁灭性冲突的前夕，许多评论家都认为，不可能爆发大规模战争，因为相互关联的贸易和金融网络会阻止战争爆发。我们不应再犯自满的错误。在当今社会，随着美国经济领先地位的降低，冲突风险不断增加，权力发生了明显转移，这种情况和过去一样。欧洲黑暗时代[1]的权力真空为宗教原教旨主义者、海盗和维京人创造了空间。欧洲大陆四分五裂，人们只能靠收缩得越来越小的单

---

1. 指的是欧洲史上476—1000年的中世纪。

位来保护自己。历史学家尼尔·弗格森曾写过他对"帝国衰落和宗教狂热的新黑暗时代"以及"经济停滞和文明撤退到几个坚固设防的飞地"的恐惧。美国记者罗杰·科恩称其为"大崩盘",一个充满侵略、分裂、软弱和迷失方向的时期。哈佛大学教授斯蒂芬·沃尔特预测,冲突的数量会增加。

我们也可以开始了解使用社交媒体的能力,不仅是为了让人参与,还是为了影响社区,甚至是国家。看看唐纳德·特朗普是如何用推特来动员他的支持者的吧。也许我们可以将这种接触和影响民众的能力、采用和平和外交的集体治疗以及日益了解我们承受过往创伤的方式结合起来,这可能是我们开始疗愈那些历史恩怨的最大希望。否则,这些冲突将持续到 21 世纪。

大多数政客都不信任暴民,网络暴民有时会像他们的线下前辈一样恶毒且容易被操纵。但是科技有可能更公平地分配权力,从而更好地改变权力。在冲突中丧生的人越来越少,因为人们越能决定自己的命运,世界就会变得越和平。我们对网络和连接的渴望,不仅仅是一种时尚或昙花一现,这是一种对互连激增现象的短期反应。而事实上,网络是直观的,是一种管理世界的自然方式。也许我们应该学会更相信群众的智慧,这可能是治愈历史创伤,成为好长辈的关键。

我们可以立志,绝不给我们的后代留下祖辈造成的四分五裂,绝不给他们留下一个破败不堪的世界。这样的宏伟志向看上去有些令人生畏,但与其他生存技能一样,我们可以观察、练习、学习和教授一些小的变化,帮助我们逐步开始。

其一，要更善于说对不起。澳大利亚前外交部长加雷斯·埃文斯曾告诉我，如果政客们学会说对不起，我们就能在看似最棘手的冲突上取得快速进展。这同样适用于我们关于英国脱欧、家庭不和或如何处理剩余的议会预算的激烈争论。2010年，我与戴维·卡梅伦合作，就他对萨维尔的血色星期日调查做出回应。他的道歉充满了力量，因为这种歉意是真实的、真诚的，这是他执政初期具有决定性的时刻。当时他刚刚从最大政党的领导人变为首相。他的道歉承认英国军队向共和党抗议者开火的背景，完全没有对造成的伤害视而不见。大部分道歉都是卡梅伦亲自口述的，并认真考虑了英国军方、他自己的选民以及德里街道上的居民将如何接受他的道歉。"对不起"似乎是最难说出口的词，但有时却是最好、最有效的词。

在很多的历史时刻，各国都采用赎罪策略，即寻求集体宽恕。德国总理康拉德·阿登纳领导过这一活动，在第二次世界大战后德国与以色列的往来中，弥补大屠杀给以色列人带来的伤害。1949年就职后仅几天，他就阐述了国家赎罪的核心要素，开口承认对错误行为负有道德责任；公开表示悔恨与和解，并采取包括金融、法律或政治措施在内的恢复性行动："在数以百万计的人被消灭且无法挽回的情况下，只要有可能，德国人民愿意弥补一个犯罪政权以德国的名义对犹太人犯下的不公。我们认为补偿这一切是我们的职责。联邦政府会采取适当的行动。"正如国际关系学者凯瑟琳·巴赫莱特纳向我解释的那样，"这些做法是德国'战后'采取的策略，因此，'赎罪'和'和解'这两个词经常被描述成'补偿'和'与过去和解'"。但她认为，这种德国模式值得观察和效仿的真正原因在于，它不是自上而下推行的，而是每个德国人会采取的模式，她将此视为其他国家宽恕活动的典范。"我们需要让个人重新参与这些政治进程，"凯瑟琳说，"他们不是被动的、被操纵的受害者，而是和平的积极推动者。人们不仅是受战争影响最大的人，而且还是战争遗产的接受者，无论这遗产是好是坏。"

也许德国的赎罪模式可以教会我们如何道歉，承认我们的责任，表达悔恨与和解，接受过去，做出补偿。

其二，我们也可以练习宽恕，比如深入挖掘自己的家族史并与自己和解。这是最难的生存技能之一。在成为首相之前，戈登·布朗写了一组资料，描述了他十分钦佩的 8 个人。我请他定义他们的共同特征，本以为他给我的答案是关于韧性或坚持的，恰恰相反，他谈到了他们对道德目标的追求。他说，并不是他们从不害怕，正如丘吉尔等人提到的那样，他们的勇气也不仅仅体现在克服恐惧上。他的男女主人公都是"持续的利他主义者"。他钦佩为一项事业而死的勇气，但他同样强调了为一项事业而宽恕的勇气。

我们必须互相原谅。我们必须原谅自己。

2015 年 11 月，发生在巴黎的恐怖袭击造成 130 人死亡。两天后，安东尼·莱利斯在脸书上给恐怖分子写了一封非常有力的公开信。他的妻子是谋杀受害者之一。

"周五晚上，你夺走了一条特别的生命，我生命中的挚爱，我儿子的母亲，但是我不会恨你。我不知道你是谁，我也不想知道。你们的灵魂已经死去……你们想让我害怕，用怀疑的眼光看待我的同胞，为了安全而牺牲我的自由。你失败了，我是不会改变的。"

他坚定地认为，他小儿子的幸福也不会受到他们干扰："因为他们也不会恨你。"

贝鲁特的宽恕花园是一个安静的反思场所，坐落在教堂和清真寺之间，远离城市的喧嚣。阅读本章后，你会发现心理学家亚历山德拉·阿塞利一直是该花园项目的核心，真实体现了治愈历史创伤的机会。按照亚历山德拉对我们祖先的理解方式，该花园还利用考古学来突出一种共同的历史感，比内战还要早。遗憾的是，该花园的规划许可仍在等候批准中。仇恨仍然是一种有用的政治工具，黎巴嫩的一些政客还没有做好准备祈求宽恕。

但这些军阀可能并不孤单，也许我们比我们可能意识到或承认的更像他们。我们自己生活中的每一个不可原谅的创伤，无论大小，都会带来痛苦和侵蚀。我们需要想办法原谅那些伤害过我们的人，这种宽恕可以延伸到我们的祖先或我们家中已逝的灵魂。最终，它也定会延伸到我们自己。

我们可以观察到这种超能力。当纳尔逊·曼德拉要被监狱释放时，他知道，当他走出大门，走向通往自由的大门时，如果不把痛苦和仇恨抛在脑后，他就仍然活在监狱里。甘地能够宽恕对手，他的这种能力是推动非暴力运动的引擎，带领印度走向独立，并且激发全世界开展争取权利和自由的运动。他认为，无论人们生活在何种政权下，他们都拥有自由的良知，拥有做出道德选择的内在能力。

因为宽恕是所有人最难的生存技能。所以，在发现有人宽恕别人时，我们会感到非常感动。最让你愤怒的、对你本人的不公正或你认为不公正的事情是什么？它是如何侵蚀你的？你该怎么做才能逐渐感觉到宽恕，或者至少不允许那种令人痛苦的怨恨继续下去？哪些开展沟通和联系的时刻能帮助你开启治愈之旅？

2020年，就在新冠肺炎疫情暴发之前，我在阿布扎比的首届文化节上采访了舞台上的巴勒斯坦医生伊泽尔丁·阿布拉西。伊泽尔丁的故事既鼓舞人心又令人叹息。他生活在加沙地带，是第一位在以色列医院执业行医的巴勒斯坦医生，他每天都在为自己的职业和家人忍受检查站的检查和极度屈辱，即使在他的妻子纳迪亚长期患病去世后也是如此。他看到以色列将军（后来的总理）阿里尔·沙龙下令推平他家的两座家庭住宅，推平第二座是因为要在摇摇欲坠的难民营中开辟街道，以便让坦克通过。

但后面的事情更糟糕。2009年，在以色列轰炸加沙（即可怕的"铸铅行动"）期间，伊泽尔丁在一次袭击中失去了三个心爱的女儿和一个侄女。戈德斯通调查后称该行动"故意放大了袭击范围"。伊泽尔丁的女儿玛雅尔曾说过，她希望她的孩子们"生活在现实中，而火箭这个词只是航天飞机的另一个名字"。

但是，她从未见过这样的现实。

当我在阿布扎比，坐在伊泽尔丁对面时，我发现很难找到一个词语表达对这一切的感受，也不知如何发问。最后，我只能请他来说。他小心翼翼、斟词酌句，像一个穿过雷区的人一样在记忆中穿行。他提到长在他家土地上的萨布拉植物，后来他家的土地被以色列占领。它坚韧而有韧性。他讲述了和女儿们最后一次一起去海滩旅行时在沙滩上写下了她们的名字。即使被海水冲走，她们也在不断地重写。"我从来没有教过她们适应力,只是把其他人,甚至她们的敌人都要看成和她们一样的人。我在这些检查站学会了耐心,即使在纳迪亚快死的时候也是如此。"

在台上,我们一起流泪。伊泽尔丁的伤口是陈年旧伤,永远都不会愈合。抱着三个女儿被炸得残缺的身体,你的心会如何愈合?除了站在那里默默地看着他、拥抱他之外,我还能说什么?

伊泽尔丁抽泣着,我伸手抓住他的胳膊,不知该作何反应。重新开口时,他的声音很平静:"疼痛永远都不会消失。记住这些伤痛,继续生活下去,这本身就需要勇气。"他的话和安东尼·莱利斯的如出一辙:"我无法不去痛恨他们对我的女儿们犯下的罪行,但我可以选择不去恨他们。"

时间慢了下来,寂静的礼堂里没有人走动。我们有一种强烈的同理心,但也有一种无话可说的无力感。后来,伊泽尔丁深吸了一口气,振作起来,他每天都这样很多次。一声沉重的叹息,带着无尽的失落和感慨。他从我身边转过身来,身体倾向观众。

"这真是太难……太难了。但最终,我们最大的勇气就是宽恕。"

| 第二部分 |

现在就行动吧

第十一章
教育开放的大门徐徐打开

> 教育的目标不是增加知识量,而是为孩子创造发明和发现的可能性,培养创新型人才。
>
> ——让·皮亚杰(Jean Piaget)

当我参观加州为科技巨头企业的孩子们创立的学校时,让我印象最深的是,学校的墙上挂着马克·扎克伯格的照片。要知道,换作以前,那个位置可能会挂着某位君主或宗教人物的照片。

让我印象深刻的第二件事是,对于一个以颠覆为基础的地方,几乎没有颠覆。我去学校,看到那些最了解下一波科技浪潮的人正在教他们的孩子应对方法。我原以为会看到诸如未来科技一般的场景。其实不然。相反,孩子们都在埋头忙着做功课,在混合年级项目组中解决问题,或者安静地专注于创意项目。他们的四周不乏高科技,但这些只是他们手中的工具。很显然,这种学习方法对他们很有成效。这里几乎没有等级制度、班级组织和纪律要求。

在这样的学校里，有关需要更多社交和情感学习的争论已经赢得了胜利。解决问题、团队合作、批判性思维和创造力比机械记忆或通过考试更重要。所有这些安排都是有意为之的。校长解释说，这里的家长们每天都在创造各种高科技，这些高科技吸引着我们，令我们着迷，甚至常常取代了我们。但家长们却希望自己的孩子要做到科技无法做到的事情，比如有创造力、有同情心、互相合作。孩子们的反应是要更多地掌控自己的学习。

具备了这些技能，这些科技巨头的孩子们不会为机器人工作，而是让机器人为他们工作。他们掌握了各种不会轻易自动化的技能，他们将开发出对人类有意义的东西，技术将增强他们影响周围世界的能力，而不是取代这种能力。

因此，技术正在加速改变富人的学习方式。我们正处于教育的拐点，我们面临两种截然不同的情况。

教育的鸿沟扩大了。富人总想让自己的孩子抢占先机，这是与生俱来的本能。许多最优秀的教师将转战精英学校和数字平台，在那里，他们将获得丰厚的 TED 演讲课程的报酬。除了这些精英平台之外，还有在线俱乐部，主要为富二代提供服务。更加部落化的社交关系网络为他们提供自己的社交网络。除了 20 世纪的课程之外，最富有的人还会格外投资关于创造力、情商、适应力、解决问题的能力的培养，让他们的孩子获得更多优势。

在这种情况下，那些没有受过教育，或者以错误的方式接受错误教育的人将会更加落后。结果就是我们将复制、加深和增加社会与经济的不平等。大多数年轻人获取信息的途径将得到改善，但他们获取的知识将在十年内实现自动化，这些人会因为缺乏必要的技能而失业。如今，攻读科学技术学位的学生在第一年学到的知识有一半在毕业时就已经过时了。超过三分之二的年轻人将从事此时尚未出现的工作。之前，我们有几十年甚至几百年的时间来适应类似的创新飞跃。但是这一次，几十年时间对我们而言太过奢侈。

因此，风险在于那些本应去治愈癌症、制定新的社会契约或发现新能源的孩子却没有去做这些事。相反，他们会投票给权力主义者，后者要不了多久就不用为选票而烦恼了。我们将面临一个世纪的大规模移民、极端主义、冲突和环境破坏。联合国全球教育特使戈登·布朗告诉我："这是我们这个时代重大的民权问题。"我们面临着产生新的数字鸿沟的风险，因为只有少数人能够以正确的方式教育他们的孩子。

在这种情况下，许多传统大学将慢慢消亡，因为年轻人已经转向更便宜、更快捷的方式来获得谷歌或微软要求的资质，或者获得零工经济工作的途径，这对20岁的年轻人来说很有吸引力，但是对40岁的人来说却是灾难。认知将被打破，一切陷入混战。很多人都无法适应一辈子要从事四五个职业的现实，最终失业。

与此同时，大多数教师将面临教学素材和新科技的海啸，让他们感到不知所措。这些结果，让教师的职业压力更大、更难、更没有吸引力。一些将教育视为产业的科技公司，只会把较贫困的学校视为新技术的实验室，而表面上却声称他们的动机是善意的。

在这种情况下，世界上的大多数年轻人继续以错误的方式学习错误的东西。我们无法激发学习的乐趣和魔力，我们强迫孩子们学习我们自己学到的东西，却没有意识到他们的生活会有多么不同。教育始终关注学术知识，而不是性格和技能的培养。教育质量排行榜将继续强调错误的东西——传统的考试成绩。

在我担任英国驻黎巴嫩大使期间，我们未能阻止21世纪最大的人道主义危机——就位于一小时车程之外的叙利亚。我相信，如果我们不知道找不到共存的创造性方式会发生什么，我们就无法应对社会面临的挑战。这些挑战包括大屠杀、工业恐怖、大国冲突、贫困、流离失所和极端主义。我在中东的那些年里，当地教育系统告诉孩子们，他们与马路对面或大洋彼岸学校里的孩子们不一样，我看到了孩子们得知这些时的情景。叙利亚战争和类似的冲突代表着人们无法接受不同的观点。

也许，叙利亚看上去与我们大多数人的生活相去甚远。目前的确是这样，但我们所看到的崩溃，对于十年前在那里生活的人来说同样遥不可及。它的出发点通常是这样一种感觉：我们之间的分歧比我们的共同点要多。近年来我们看到，这种两极分化在西方更加明显。我的朋友们因此死在了贝鲁特、内罗毕、巴黎和约克郡的街道上。所有这一切都是在两次世界大战和长达一个世纪的冲突之后发生的。在此期间，我们付出了太多，终于认清情况有多么糟糕，并且制定了第一个集体草案，限制我们作为国家做出的最糟糕的反应。

他们的出发点是好的。然而，有三个体系的群体并不愿意推动这种教育模式的改革。

第一个是科技行业。科技将为共同学习、创新和创造带来绝佳的、前所未有的机会。全球公民将更好地控制自己的生活，也包括他们的教育。学习将更加具有协作性、数字化和人性化。计算机和互联网取代了纸质教科书，智能板取代了黑板，区块链"钱包"取代了考试证书。

2020—2021年的新冠肺炎疫情加速了这一进程。经合组织全球教育的主管告诉我，他看到"2020年教育领域的社会创新和技术创新比过去的6年都要多"。就在不久前，学生和教师还无法想象不需要亲自出现在教室就可以向地球另一端的老师学习。他们也无法想象科技赋予我们的能力，不仅可以让我们学习想知道的知识，而且可以随时随地想学就学。想想多年来那些被迫在一天生物钟最糟糕的时间上课的学生吧。现在很多学生都可以按照自己的生活节奏来学习了。当我8岁的孩子想了解飓风时，还没等我告诉他5年后他将在地理课上学习飓风是什么，他就已经在"油管"上学到了。

没有人比那些在科技海啸中乘风破浪的人更了解当前教育系统的失败。但是，面对教育部门严重的官僚主义和政治挑战，许多科技行业的领袖只能投入更多的时间来重新安排准备不充分的员工，培训他们缺乏的技能，而不是研究如何宣传心灵教育和手工教育的好处。我们没有解决教育危机的症状，而是支付了更多的治疗费用。

当科技的颠覆冲击到教育时，它往往无法将教育者也带入其中。正如活动家格雷厄姆·布朗-马丁说的那样："我们可能会想，既然我们有自动驾驶的汽车，难道我们就不能有自动驾驶的教室吗？但这不是学习的意义。学习是一种深刻的个人体验。所以一个合格的老师要做的就是知道他们负责的孩子是个体，有自己的个性，有自己独特的天赋和兴趣，并且在不断变化。我们难道能省去老师，只给孩子们一个平板电脑吗？我不知道你对这种想法有什么意见，但对我来说，这听起来很可怕。"

学习将成为科技的下一个战场。我们必须确保科技公司为下一代而努力，而不是凌驾于他们之上。

第二个在推动我们需要的变革上无动于衷的是国家政府。我们不能等待政客来领导我们，这无疑是新冠肺炎疫情大流行和两极分化时代的重要教训。与我共事过的大多数领导者都发现，他们变得更难具有战略性、更难获得应对挑战所需的信任、更难形成可靠的联盟，部分原因是他们受过的教育也让他们自己大失所望。在我们需要更强有力的领导时，领导变得越来越难。我们仍在制造无人驾驶汽车，但我们似乎已经进入了无人驾驶的世界。

我们常常听说，要改变教育，必须改变政治。但教育是政治的上游，外交的上游。要改变政治，我们必须改变教育。

你只要看看，和普通医生的手术室相比，普通教室200多年来的变化有多大，就知道教育改革有多难。1921年的医生如果来到今天，基本上认不出现代手术室。但是，一位1921年的老师会很容易认出世界上大多数的教室。即使在传统上被视为教育领导者的国家，政治趋势也常常使教育走向民族主义、死记硬背和等级制度，而不是全球公民身份、创造性学习和网络化学习。即使在最发达的经济体中，最好的和最差的教育之间的差距也十分惊人。

我们之前遇到的记者露西·凯拉维离开了成功的记者生涯，改行当了老师，因为她渴望帮年轻人为将来的生活做好准备。"学习本身的意义是什么？"她问道，"如果教育就是向学生灌输事实，让他们通过考试，那么，恐怕是时候做些不同的事情了。当前的教育向大学和用人单位发出信号——考试成绩好的学生可以进入下一阶段的生活。孩子们需要的资质不是了解这个世界，而是要出人头地……但在我看来，不必如此。教育完全有可能兼具这两种功能——学习与世界相关的、有用又有趣的东西，并且发挥信号灯的作用。"

正如我们所见，20世纪的大部分教育都是要掌握内容，专业化程度越来越高。但随着知识的扩展，获取知识变得更加容易，极度专注于记忆知识，意味着你可能会忘记思想是如何联系和触发的。对于居里夫人来说，更重要的是19世纪70年代她在华沙学校学到的"事实"，还是她父亲教她如何分析、质疑和颠覆事实的能力？我们的教育系统仍然让年轻人浪费太多的生命能量和脑容量来记东西。对于数字原住民来说，接触互联网是他们的第二天性。我的学生们质疑说，既然他们比上一代人更容易获得更多信息，那他们为什么还要记住维基百科上的所有内容呢？

我记得我的驾校教练问我是想学会开车，还是只想通过驾驶考试。如果只教我们的年轻人通过考试，那我们就真的危险了。然而，我们的生存不再只是简单地学习大量信息。这在过去是一项重要的技能，但是现在已经自动化了。

保持学习能力的关键是创造力，以创造性的新方式感知世界和现实，发现其中隐藏的模式，在看似无关的现象之间建立联系并产生解决方案的能力。然而，培养创造力的内容正在从世界大部分地区的学校课程中剔除，被追逐考试成绩和排名的需求所挤占。

随着教育的开放，政府将越来越难保持对年轻人学习内容的垄断。到21世纪40年代时，全球精英将诞生在变化最快的国家，占据国际顶级职位并主导全球经济。然而，在改革方面，政府一次又一次地失败。他们变得心烦意乱、非常不耐烦，指责教育机构无法改变。他们陷入了文化战争和身份政治的简单博弈。与此同时，问题频出。

詹姆斯是阿布扎比的一名12岁的英国籍学生，他讲述了改革失败的后果。他很幸运能够在安全、积极的环境中向优秀的老师学习。但因出身于移民家庭，8年来他接受了4种教育体系。这些教育体系和评估制度几乎毫无重叠。"为什么法国和英国的制度差异这么大？"他感到不解。部分原因是，保持两个教育体系的差异符合法国和英国政府的需要。这让认可它们教育的国家产业得以维系，并且更容易让年轻人强烈地感到，他们首先是国家的一分子，是一个体制的成员。

我们认为，各国政府把制定全球标准的责任转嫁给联合国机构，却没有把相应的资源提供给他们。因此，这些机构无法做出改变。非政府组织因应对当前不平等造成的后果而不堪重负，因此也无力改变。

第三个不太可能引领变革的群体是大学。高等教育系统中有很多才华横溢，而且充满教育热情的人。然而，有太多的大学源源不断地投资这种工厂式的教育模式。在这种模式下，年轻人坚信可以依靠自己学到的知识爬上人生的金字塔。许多大学的管理者热衷于国际排行榜、考试成绩和日益迫切的资金需求。他们甚至缩小了学生的学习范围，人才选拔往往取决于学习成绩，而不是潜力。科学技术正在增加学者的工作量，而不是让他们腾出时间进行开创性的研究和教学。在19世纪创建并满足20世纪大众市场的产业教育模式已经不再适用于21世纪。这将影响人们对教育的选择。

在1970年之前，一个国家中上过大学的人数不超过全国人口的10%。到2050年，韩国和新加坡的这一数字预计将接近50%，在西方大部分地区要超过三分之一。在政治和经济不确定性、在线教育发展迅速以及教育成本不断攀升的背景下，我不太确定高等教育是否像该数字所表明的那样安全。

大学教育正在遭到破坏。有人呼吁将学校教育制度从3年减少到2年。培养程序员的编程训练营，每年产值2.5亿美元。与大学同等课程的毕业生相比，他们的毕业生中找到工作的人数更多。到2025年，大学可能会因这些更精简的替代机构而失去30%的市场份额。纽约大学教授斯科特·加洛韦认为目前的模式在经济上是成功的，但在道德上是有问题的。"我们不再是为公众服务的公务员，而是沉迷于高档奢侈品的人，我们吹嘘这些奢侈品将80%、85%和90%的申请人拒之门外。"在他看来，这种情况是不可持续的，因为新冠肺炎疫情封锁时，我们想知道皇帝是否真的赤身裸体。"我猜，清算大概就要开始了……哈佛现在变成了一个价值5万美元的流媒体平台。"

我们现在的转型速度说明我们没有太多的时间。在新冠肺炎疫情期间，学校、工作和生活之间的界限变得模糊，这让数百万人意识到，必须做出一些改变表明我们当前的全球教育体系有多么低效和不公平。

露西说得对，不必这样。这不仅仅是关于正义和平等，还关乎生存。

第十二章
文艺复兴 2.0 时代

> 我从不教我的学生,我只希望给他们创造可以学习的条件。
>
> ——阿尔伯特·爱因斯坦(Albert Einstein)

故事的第二幕是,我们变了。

这不是说要简单地扩招,或在课程中添加时尚主题,甚至宣传(或警告)下一个闪亮的小工具将如何改变课堂结构。相反,我们可以将教育的重点重新放在教育的初衷上,将我们从祖先那里学到的最好的东西,将一套生存技能传授给我们的后代。

我们的祖先给我们留下了非凡的智慧,让我们知道自己在世界上所处的位置,也留下了他们发现的那些创造和掌握时代技术的方法。但是,这一代年轻人继承的信息量正在呈指数增长。到1900年,人类的知识量每个世纪都要翻一番。到1950年,人类的知识量每25年翻一番。现在，每年都要翻一番。

随着又一个10亿网民的产生，我们将见证自约翰内斯·谷登堡发明印刷机以来知识获取方式的最大发展。如果印刷为文艺复兴和宗教改革奠定了基础，那么互联网将对政治和社会产生什么影响，对我们如何看待自己在世界的位置产生什么影响？

这并不是说我们需要完全抛弃知识，我们只是为了在海量数据中更准确地计算出我们真正需要知道的内容。我向罗利·基廷提出了这个问题，作为大英图书馆的馆长，他是英国知识的守护人。我们为课程的核心设置而争论不休，我的结论是，我们都需要对宇宙有一个基本了解：地球、地理、气候、农业、自然资源、太空和太阳系。我们需要介绍我们的祖先曾经认为理所当然的东西，如生物学、生物多样性、人类和动物行为、动物保护。一些实用的科技知识也是必不可少的，如能源、材料、机械、计算的相关知识。关于社会和信仰，我们应该了解政治制度、宗教、文化和人权。每个人都应该能获得文化领域的基本知识，如艺术、建筑、音乐、舞蹈、文学、绘画、雕塑、媒体、体育。最后，我们还应该了解宏观历史：文明如何发展、现代国家的起源、民族主义和身份认同、治理态度和新闻时事。

但令人惊讶的是，作为知识的守护者，罗利却优先考虑了其他事情："当他们进入我们存储知识的数字空间或者物理空间时，你挂在大门上的信息提示牌会写些什么呢？我们并不是在告诉你要找什么，而是在尽量传达一定的目的和价值观。我们需要人们了解如何使用这些知识。"

至少，已经可以开始想象互联网可以为我们的学习做些什么了。以 LearnCloud 为例，这是一个在线平台，教育工作志愿者在该平台上创建了最大的免费学习内容开放存储库。它的创始人，加拿大企业家塔里克·方西告诉我："人类最伟大的资源——脑力，在世界许多地方尚未开发。一半的学龄儿童缺乏优质的基础教育。每部智能手机的计算能力都超过了 20 世纪 60 年代所有 NASA 计算机的计算水平。每年免费在线内容的质量都在提高。如果维基百科可以利用其非营利性的地位来建立一支如此强大的志愿者队伍，使它的营利性竞争对手倒闭，那我们为什么不能利用大众的智慧来实现让世界上最不幸的人享受崇高教育的目标呢？"

蒂姆·伯纳斯·李为我们提供了互联网这个非凡的平台来展现人类的创造力。作为创造力的发射平台，互联网已经在发挥它的潜力，但他并没有感到满足。相反，他希望互联网能够激发他人的好奇心："我们的成功将取决于我们如何培养孩子的创造力，未来人们是否拥有治愈疾病的武器，将可靠的信息与宣传或商业垃圾区分开，建立支持民主和促进负责任辩论的系统。"蒂姆在一开始就让互联网免费，就是希望所有人都能上网交流、彼此协作、共同创新。互联网改变了我们对知识的分享方式，他认为除非有充分的理由，信息应该是共享的，而不是恰恰相反。他说："更大的开放性和更严格的问责制将使个人更容易、更直接地参与并利用网络作为积极变革的媒介。"

维基百科让这种想法变得可能实现。维基百科是一个在线百科全书平台，由吉米·威尔士和拉力·桑格于 2001 年发布（维基百科的字面意思就是"快速百科全书"），是迄今为止互联网上最受欢迎的参考工具，刊登了 600 多万篇文章，每月有 6 500 万用户访问。与万维网一样,维基百科是免费的,它也是少数几个不由企业运营的顶级网站之一。对此,吉米·威尔士的阐述十分简单:"想象一下,世界上的每一个人都可以免费获取所有人类的知识。这就是我们正在做的事情。"

在第二幕的故事场景中,教育的存在不是要制造千篇一律的政治追随者(如今可能换成了社交媒体上的追随者),而是培养出又一批技能完全被自动化取代的人。教育的存在是为了培养一代又一代能够在瞬息万变的世界中茁壮成长,并彼此共存的全球公民。

我们学习是为生活、公民身份、福祉、社区做准备,而不仅仅是为了应付一系列决定我们人生地位的考试。

我们与所有人,而不仅仅是那些目前处于优势地位的人分享这种学习超能力,我们使全球公民获得教育的机会更加公平。

移民带着学习护照从一个国家迁移到另一个国家,展示他们所学到的东西。新冠肺炎疫情期间的远程学习经验应该让我们更容易想象,我们可以创建这样一所大学,它是各种创新思想的孵化地,而不仅仅是一座建筑物。大学是让人们更好地生活,而不是将他们拒之门外。

年轻人不仅要了解他们的国家赢得了多少战争,还要知道该如何学会在这些冲突之间共存。他们确实变得比我们更友善、更好奇、更勇敢。他们学会批判性地思考,学会跨越国界、种族和代际进行合作。我们学习如何管理技术,而不是被技术管理。我们让科技服务于我们的学习方式,而不是相反。我们确保所有年轻人都有批判性思维,能筛选和过滤海量的信息,并了解他们与科技的关系。

我召集了30位世界顶尖的高等教育先驱和领导者,讨论大学如何适应社会发展的问题。我们得出的结论是,未来上大学很容易,大学将成为全社会的资源,而不仅仅是在里面学习3年的一小群人。大学将成为分享知识的中心,而不是囤积知识的象牙塔。大学将为那些选择不参加全日制学习的人提供更多课程,让人们将学习与工作和生活结合起来。他们的课程将培养全球化的世界公民,具备连接思想、环境和地点的能力,以及经历失败、解决问题的能力。大学将利用个性化学习和保护个人选择来确保学生保持自主性和独特气质。大学将领导一场伦理辩论,讨论人类的价值如何在科技领域留下烙印,讨论人类如何与机器共处。最重要的是,随着人工智能越来越能执行机械任务,大学的主要任务是培养学生的创造力。

在文艺复兴2.0的场景中,科技将我们的学习方式从被动的聆听转变为更具互动性、参与性。我们都以不同的方式学习。那些喜欢使用动作、艺术或音乐的协助来学习的人将不必再坐着不动、停止涂鸦或摘下耳机,这对我们的集体学习能力很有帮助。随着智能手机越来越便宜,普及速度越来越快,我们可以用手机创建和访问信息,便利的互联网连接和搜索引擎服务以前所未有的规模开启了知识的传播。技能和工艺——从绘画到汽车维修再到风险管理,曾经必须面授、以师徒形式或通过教科书传授,现在都可以通过视频分享。

在这种情景下,我们也解放了教师的教学,并认识到他们比我们更了解如何更好地教授。我们已经可以观察到,随着越来越多的基本信息实现网络共享，应该让教师有更多的时间花在指导和反馈上，帮助整理和解释所有这些信息。最好的内容和讲课风格才是最重要的，当你可以在线观看世界上最伟大的数学老师时，为什么要向某个兼职的生物老师学习勾股定理的知识呢？可用的在线资源也使我们更容易填补学习中的空白。

如果我们认识到我们需要一种全社会的教育方法，这样的情景才会出现。这种方法太重要了，不能只留给老师来完成。但是如果现在做出正确的改变，我们就会为泽纳布的登月计划和更多的人创造机会。这并不是什么高深的航天科技。

但是，谁能使这一切梦想成真？

当然是我们。

每个家长都希望自己的孩子茁壮成长，但是，因为无法评估孩子是否心灵手巧，也因为大学或公司会有准入门槛，我们经常被各种测试弄得不知所措。开家长会的时候，如果班主任建议在戏剧或艺术上花费更多的时间，而不是夜以继日地准备考试，那家长就可以安心地坐在后排了。实际上，父母的疑虑源于对孩子在瞬息万变的世界中的前景担忧不已。

也许在新冠肺炎疫情大流行期间，在家上课的经历可能会成为催化剂，让父母扮演更积极的角色，改变我们的学习方式和原因。丽贝卡·温思罗普在布鲁金斯学会的研究团队的最新成果表明，这件事可能已经发生了。他们邀请全世界14个地区的家长回应下面这个声明："我相信，学校最重要的目的是……"在过去，受访者可能会说"学术发展：提供所有科目的严谨教学，帮助学生考上大学"，或者是"经济：教给学生就业必备的技能和能力"。

然而，在14个地区中，有9个地区的父母让孩子上学是为了培养他们的社会情感。"帮助学生获得自我认知，找到个人的使命感，更好地理解他们的价值观。"在印度的两个地区，人们普遍认为学校的目标是"让学生成为好公民，准备过好他们的政治和公民生活"。随着孩子不断长大，家长的重点从社会情感转移到学术培养。但即便如此，父母们还是认为孩子需要以不同的方式学习：他们需要开展更多的小组合作、组织更多的游戏或讨论。

作为家长，我们中的许多人会不断评估孩子的教育情况。丽贝卡的研究表明，父母在日常生活中会本能地这样做，他们将各种信息汇总到一起，例如孩子的评论，与孩子老师的交流互动，已经从中学毕业并考上大学的邻家孩子的经验之谈，孩子的成绩单或考试成绩，学校的排名和评语。但研究还表明，越来越多的父母通过孩子的幸福感和社会发展来判断教育质量。

由此可见，父母可能正朝着正确的方向前进。但这个进展很缓慢，教师们在努力将重点从把学校当成考试工厂转移到让年轻人为生活、工作和公民身份做好准备。不过，经合组织全球教育主任、最常接触全球校长的安德烈亚斯·施莱歇尔认为，新冠肺炎疫情可能也改变了这种发展动态。"我想，你将会看到很多老师回去对校长说，'嘿，我学会了好多新方法来教授、指导、培训、推动和评估学生。为什么不能把它纳入日常教学呢？'你将会看到很多校长对教育局说，'嘿，当你们不在的时候，我们能够破除一些障碍，让我们的社区一起寻找新的学习形式。你应该给我们更多的专业自主权，并帮助我们形成更加协作互助的工作文化。'"他认为，管理人员现在可以寻找机会，支持变革，找到更有效的方法来应用这些创新。

莎拉·布朗在教育一线工作了近十年。在此期间，她一直是生态系统的架构师、创意代理和推动者。这个生态系统包括全球教育商业联盟、"他们的世界"教育慈善机构和全球"#AWorldatSchool"（学校里的世界）运动。在此期间，她参与了扩大教育机会的所有关键突破。她的领导角色是独一无二的，因为她既是局内人又是局外人，不断将活动和倡导与研究和试点项目结合起来，她还要找到各个行业之间的联系。我问她，我们如何用她所学的知识来改变教育。莎拉说，她最开始是吸取了之前有关民权、孕产妇死亡率和"让贫困成为历史"等运动的教训。每次活动中，都会有人搞破坏，常常会遇到来自权势集团和现状的巨大阻力，这些阻力形成了"一堵反对的墙"。

只有基础广泛的变革运动才能接受这种反对。要发起这样的运动，你需要清楚地说明情况，用一些新的方式招募新兵，不停地吸引别人的注意力，并招募用于宣传的挂名首脑。找到并始终坚持论证的道德核心至关重要，例如，对于教育来说，"坏人"指的是缺乏希望和机会。

对于教育这样的一个大问题，还有更具体的挑战。很难确定对手是谁，因为所有政府和机构都同意（至少在理论上同意）教育是一件好事。挑战就在于，证明教育实际上是解决所有其他挑战的关键，从健康到气候变化的诸多挑战，都是引起人们更多关注的问题。莎拉发起的"学校里的世界"运动是一种典型的"大帐篷"倡议，它刻意设定了大而广的目标，以便该提议的无数参与者拥有一个包罗万象的叙述。它有意识地号召不去竞争，而是去召集活动。团队里的活动家敬业且经验丰富。作为其中的一员，莎拉会尽力通过吸引他们对教育的独特兴趣来吸引特定群体，例如企业或年轻人。对于目前缺乏伞形组织架构的领域，她给予了特别关注。

在一个标榜道德和名人活动家领导运动的时代，莎拉·布朗的方法最显著的特点之一是强调真正的合作伙伴关系，并相信靠自我驱动的高调运动从长远来看不会成功，除非它们与一个更广阔的平台相关联。在她看来，这不仅仅是品味的问题。现代活动家别无选择，只能从背后领导，放弃控制权。社交媒体加速了这一趋势：当你的信息被他人接纳而不是靠你直接参与时，成功就越来越频繁。从背后领导也意味着更容易传递生态系统的倡导精神。在竞选"英雄领袖"时，则要困难得多。除非他们得到大笔资金资助，否则，以个人名义命名的基金会很难维持长久。

莎拉的例子也显示出持之以恒的价值，这就是她所谓的"黏性"和坚持不懈。最近的危机或运动使许多人道主义行动偏离了方向。在教育方面，有必要让政府长期承担责任，并处理好细节。政治领导人需要从广泛的利益相关方听到一致的信息。正如莎拉说的那样，你不能总是指望去摘低处的果实，有时你必须"抓住高处垂下的果实，并坚持下去"。

这件事正在发生。

许多新兵训练营举办方的出现填补了我们教育的空白。Coursera、edX、FutureLearn、领英（LinkedIn）和亚马逊等公司正在提供数以千计的大规模开放在线慕课课程（MOOC）。"慕课"

是一个由专家教授模块组成的在线教育平台，现在市值超过 8 亿美元。类似的学习平台 Udacity 的创始人告诉我，成人学习者对创造力和解决问题等技能的需求越来越大，尤其是科技行业工作者。他们可以从日常工作中看出，哪些地方他们无法与机器竞争，但在哪些地方他们可以。他们也知道有必要管理好科技对大脑的影响，因为他们正是推动这件事的人。当然，硅谷的社区最热衷于发展和维持心理健康的群体，这绝非巧合。

一些更开明的国家逐渐认识到，需要将发展的重点转向创造力。他们并不总是传统教育的超级大国。韩国在国际学业成绩测评指标中名列前茅，但学生的积极性和幸福感极低。首尔的一些试点机构一直尝试将教育文化从追求学术成就转变为追求技能和创造力。在这样一个应试教育的体制下，有 42 所中学引入了不考试学制。艺术和人文学科已被纳入传统的科学和数学为主的课程中。课外活动正在增多，重点是社区服务，现在已经成为大学入学评估的一部分。

与此同时，日本的广岛市一直在尝试对技能和性格进行新的自评和互评，越来越强调个人的创造力。他们的做法表明，从团队合作到同理心，再到创造力，专注于这些领域可以提高传统学科的成绩。

我们与英国创意产业基金的研究证实了这一点。在课程（和我们的生活）中鼓励并培养创造力，会产生加倍的效果。在我们看来，"科学和艺术不是非此即彼的。诺贝尔科学奖获得者成为画家的可能性是普通科学家的 18 倍，成为诗人的可能性是普通科学家的 12 倍，成为音乐家的可能性是普通科学家的 4 倍。当然，并不是每个人都能成为诺贝尔奖获得者……但对科学、技术和数学的有限关注并不能带来我们需要的创新和创造性思维。艺术，包括手工艺和设计，是复合能力的重要组成部分。让我们打破这些人为的障碍，将艺术与科学、科技和数学一起置于教育系统的核心。让我们把 STEM 变成 STEAM（Science、Technology、Engineering、Art、Mathematics）吧"。

我在本书中描述的转变听起来并不像是革命性的，确实不是，但它要求我们所有人都参与进来，改变教育的目标、内容和方式。我们都需要将自己视为终身学习者和教育者。要做到这一点，比听起来更难。人们很容易感到绝望，因为这太复杂了，遇到的障碍太大了。对于未来，我们已经感到不知所措和惶恐不安。但是，这种脆弱感正是这种尝试如此重要的原因。如果我们要变革全球培训，就必须回答以下 10 个问题：

1. 我们要如何确保教育先驱的想法被公众听到？
2. 有先进理念的政府为了推动变革，如何给其他政府产生同侪压力？
3. 企业如何支持第二次学习复兴？
4. 全球学习架构如何为改革创造合适的环境？
5. 我们在哪里可以就全球化学习的目标达成一致？
6. 大学如何才能解决问题而不是制造问题？
7. 我们如何才能获得家长的支持，让他们传授给我们不断发展的技能，而不仅仅是教我们如何通过考试？
8. 年轻人如何从教育的消费者转变为教育的生产者？

9. 你如何公平地衡量茁壮成长所需的新技能和能力？

10. 技术如何提高教育机会而不是加剧教育不平等？

最让我充满希望的是，目前接受教育的这一代人比以往任何一代人都更能直观地理解如何适应和转变学习的方式，如何发现新的差距和机会，以借助科技改善未来的教育。这些年轻人在亲自推动教育的更新。

爱莎15岁时从巴黎的学校退学。但她并不是因为学习成绩差而辍学。当我遇到她时，她刚刚获得学士学位，正在为其他想成为黑客的人编写指南。在布鲁塞尔的一家餐馆吃晚饭时，她低声说："这种事已经发生了——年轻人正在掌控自己的未来。"

大英图书馆的罗利·基廷也和她一样乐观。"我们这个时代的人总认为图书馆空荡荡的，没有人来，但事实并非如此，"他说，"来图书馆的千禧一代越来越多。家里的环境设计容易让他们分心。他们知道，为了生存和发展，他们需要知识，需要专注力。图书馆早于互联网诞生，我由衷地希望图书馆能比互联网存活得更持久。因为它们代表了人类需求更永恒的东西，这是一个对所有人免费开放的集中场所。大英图书馆里非常引人注目的是我们的大书柜，例如珍藏乔治三世藏书的书柜。人们希望尽可能地靠近书籍，即使他们正在看笔记本电脑。书籍象征着记载的知识和知识的潜能，你也能感受到书籍的吸引力。

看到年轻人的能动性日渐增长，我向新动力专家杰里米·海曼斯询问了这对学习的影响。他问我："如果你想让学习者去推动你描述的变革，那种变革必须能够吸引他们。是什么让其他运动真正飞速运转起来：它们是个人的、基于一定身份的。他们创造了这样一个环境：人们可以在其中相互合作，彼此建立深厚的关系。那么如何让学习者一起组织起来？这才是推动这场运动的动力所在。"

"X一代"，也叫"被遗忘的一代"，他们是玩着《俄罗斯方块》长大的。这个游戏很整齐，自上而下，规则明确。我们的孩子如今玩的是《我的世界》，它需要更多的合作和更多的创造力。想法迅速传播，横向传播。这些年轻人将解放自己，释放聪明才智和创造力。他们知道，这是他们应对未来挑战所必备的。他们将拥有目标感，能够借助智能手机的功能。有时，老一辈人起到的作用就是包容下一代的失误，帮他们了解该如何、朝什么方向集中精力，然后为他们的前进让路。我们不要抱怨年轻人的行为激进，我们需要理解他们想要更自由、更灵活地参与生活的愿望。

也许前几代人最重要的遗产就是为年轻的一代提供实现这些愿望的空间和工具。他们渴望变革的理想会促使我们成为超速发展的先锋。随着学习者夺回了教育的控制权，权力开始发生转移。只有让更多的人以正确的方式学习正确的东西，我们才能迎接21世纪的挑战：如何在全球化和技术变革中创造更多的赢家，同时更好地保护落后的群体。

想象一个我们无法做到这一点的世界：在这样的世界中，我们也无法释放出潮水般巨大的创造力、新方法、新发现和新机会。

然后，再想象一个我们能够成功做到这一切的世界。

第十三章
人文主义

> 每个伟大时代的标志都是大胆创新，运用智慧去解决各种新问题。
>
> ——美国第 35 任总统 约翰·F. 肯尼迪（John F. Kennedy）

我在本书中描述的未来几十年的一些情景可能会让你感到恐惧和悲观，有这种感觉的并不止你一人。许多人说，我们在面临着新的"天启四骑士"。我们面对的不是征服、战争、饥荒和死亡，我们面对的是 21 世纪升级的问题：科技、流行病、战争和气候危机。

科技进步的速度提供了巨大的机会，让世界变得更美好。但是，科技进步也确实让我们的安全、自由、创造力和人性面临风险。这不是我们要经历的最后一次流行病。新冠肺炎疫情可能是记者罗斯·温妮·琼斯口中的"一场严峻的彩排"，目的是要应对即将到来的紧急情况。这不会是我们要经历的最后一场战役，气候危机严重威胁着我们这个唯一宜居的星球。

这些威胁叠加在一起，确实造成了真正的危险。英国皇家天文学家马丁·里斯爵士认为，人类在 2100 年之前灭绝的概率为 50%。美国生态学家加勒特·哈丁早在 1968 年就指出，总是独立行动、理性考虑自身利益的人，常常会耗尽有限的共享资源，这不符合任何人的长期利益。早在 1949 年，阿尔伯特·爱因斯坦就提出，我们不知道第三次世界大战会用什么武器，但第四次世界大战用的肯定是石头。

当扎伊德·拉阿德·侯赛因在 2014 年成为联合国人权事务高级专员时，没有人预料到他会成为一名战士、活动家、攻击目标和英雄。这位约旦王子受命与世界精英对抗，让一众社会活动家大感震惊。这样的人真的是平等和人权的排头兵吗？然而，世界大国看到是这样一位联合国内部人士：举止温和优雅，说话时捏着一根纤细的铅笔。36 岁出任联合国大使，43 岁出任约旦驻美国大使，他的谨慎、魅力和机智成就了他的外交生涯。

扎伊德抛弃了静默外交的原则。他告诉我："对于不宽容这种事，我算是某种全球噩梦了。虽然是被各国政府推选出来的，却站出来批评所有的政府；虽然是穆斯林，却是个白人，让种族主义者十分困惑。我们家能去度假的地方如今越来越少了。可是，没有人接受这份工作的目的只是当人气之王。"

这究竟是怎么回事？扎伊德告诉我，他在联合国担任驻波斯尼亚的初级官员时，曾看到军阀汽车上的战利品竟然是一个孩子的头骨，这让他大受触动。他格外关注大屠杀，这对于一位阿拉伯王子来说实在不同寻常。他崇拜的英雄是 101 岁的纽伦堡检察官本·费伦茨。扎伊德描绘了自己的"顿悟时刻":那是在 1994 年飞越德国的航班上。在他们下方是阳光明媚的魏玛市,是"德国启蒙运动的发源地"。接着,透过云层,他看到了布痕瓦尔德集中营的遗迹。"要知道,1933 年的那场大屠杀简直是不可想象的,"他说,"孩子们需要了解偏执和沙文主义可能产生的邪恶。"在设立刑事法庭或起草演讲稿时,扎伊德总是会回想起纳粹时代。"如果说我们从历史中学到了什么经验教训的话,那就是,如果我们只为我们自己、我们的意识形态或我们自己的种族去争夺,最终的悲剧就是,我们会抢走所有人的一切!"

这个想法之前很流行,后来又过时了。但早在这些理念出现之前,扎伊德就已经是一名世界公民了。他的祖母是土耳其画家法赫尔尼萨·扎伊德,母亲是瑞典人,父亲是伊拉克人,现在是约旦的张伯伦勋爵。在成为这场运动的局内人之前,扎伊德也曾是个局外人。作为一名阿拉伯人,他为了能在英国私立学校上学而选择了橄榄球运动。他还是一位哈希姆王子,为了能在宫廷中显得不那么欧洲化,他努力服兵役,并且留了胡须。他说:"我肯定无法再次当选,因为成员国会采取打击措施。"

扎伊德被"令人昏昏欲睡的国际自满情绪"折磨得伤痕累累,身心俱疲。看到社会对恶性越来越漠视,深感绝望。"今天,压迫再度流行,基本的自由和羞耻心正在逐渐减少,仇外心理和种族主义者一点都不觉得难堪。国际体系成了海市蜃楼,联合国的工作一败涂地。正因如此,我宁愿直言不讳地说出来,哪怕会犯错,哪怕我也同样害怕失败后对人类生活造成的后果。国际法是一个可以依赖的有效屏障。"

他引用普里莫·莱维的话："恶魔是存在的，但更危险的是那些没有问清问题就准备采取行动的公职人员。"每个人都认为，是对方在实施暴行。扎伊德说："侵犯人权的行为就像是地震仪上画出的尖锐曲折线，是在警告人们，大地震即将发生。这些线颤抖得越来越快，这些蠢蠢欲动的恶意、不负责任和令人眼花缭乱的愚蠢就像高压蒸汽一样，被灌进了世界各种事件的封闭房间里。"

全球架构建设的理想主义就这样结束了吗？在一个充斥着假新闻和凌晨3点推文的世界里，一位外交官黯然卸任。在真相被诽谤的地方，弱势群体成为替罪羊，遏制我们最坏本能的规则被撕毁。在地球的某个地方，又一个孩子的头骨被放在了汽车仪表盘上。

扎伊德经常被迫独自行动，伤痕累累。但他的例子确实为新一代公众人物指明了道路，能够重新发现为公众和事业服务的古老但强大的概念，这比为自己或他们的派系服务更重要。由于他的努力，人们开始支持包括从缅甸到苏丹的各种最弱势群体。不宽容的人暴露得太慢，而且往往没有得到足够的惩罚。但是当我们经历一个不宽容和两极分化的时代时，我们可以看到，扎伊德等人的工作比以往任何时候都更加重要。

为什么这么说？我们研究了纳尔逊·曼德拉与对手换位思考的能力。1964年，他在因叛国罪受审时的演讲，揭露了整个南非法律体系的不公平性，扭转了压迫和不公正的局面。曼德拉入狱27年，最终胜诉。他的演讲长达三个小时，最后的结束语铿锵有力，代表了 20 世纪的最强音："我为反对白人种族统治进行斗争，我也为反对黑人专制而斗争。我怀有一个建立民主和自由社会的美好理想，在这样的社会里，所有人都和睦相处，有着平等的机会。我希望为这一理想而活着，并去实现它。但如果需要的话，我也准备为它献出生命。"

这些话现在挂在南非宪法法院的墙上。然而，这些话提到的似乎不再像我一生中的大部分时间感受到的那样，那样不可避免。1919 年，威廉·巴特勒·叶芝创作了一首著名的诗——《基督重临》（*The Second Coming*）。诗中描写了他在第一次世界大战后的悲观情绪。

> 猎鹰绕着越来越大的圈子不停地盘旋，
> 再也听不见放鹰人的呼唤；
> 万物分崩离析；中心难以为继；
> 世上只落下一盘散沙的混乱，
> 血色模糊的潮流奔腾汹涌，
> 天真的仪典，亦忍为滔天血浪所湮没；
> 至善者毫无信心，而至恶者
> 却躁动不止。

在进入新千年后的头 20 年中，人们的确经常感到至恶者躁动不止；的确经常感到那个以理性、犹豫、辩论、好奇、共存为中心的世界难以为继。

某种程度上来说，历史是一条单行道。我已经意识到，我看待世界的方式在很大程度上受到了这种感觉的影响。那是我的有色眼镜。和许多我这一代的人一样，我的世界观是由1989年的事件形成的，即柏林墙的倒塌和东西方的革命。我14岁的时候，在电视里第一次感受到活生生的历史。那一年的重大事件会随着时光的车轮逐渐消失在后视镜中。但它正在成为历史书中独立的一章，也许会成为1948—2016年这个时代的决定性时刻。

完全正确。从苏联解体到东欧剧变，再到万维网概念的形成，1989年是一个动荡之年。电视上转播着革命动态，这些图像被深深地印刻在我们共同的记忆中。第一批穿着牛仔服的抗议者欣喜若狂地冲破柏林墙。费迪南德·马科斯、伊梅尔达·马科斯和齐奥塞斯库像是表演哑剧的恶棍。

但这到底是怎么回事？人们对1989年的事件有各种各样的评论。那年夏天，政治学家弗朗西斯·福山的著名结论是：我们正在见证历史的终结。他并不是说事件会停止，而是说自由市场、自由民主已经永远摆脱了独裁、法西斯主义和威权主义。人类的道路已经确定，那就是——融合。显然，并非莫斯科、德黑兰和阿富汗山区的每个人都同意这个观点。"9·11"事件之后，记者法里德·扎卡瑞亚写道，双子塔的倒塌标志着"历史终结的终结"。

福山的结论发表30多年后，人们更倾向于认为，人类在1989年加速应用新技术和通信，朝着更大的尊严目标迈出了绝对性的一步，反对高压制度和不公平的机会分配。1989年，麦当劳快餐连锁店进驻莫斯科——这的确是过去30年主导的消费主义模式全球化的决定性时刻。

当然，在经历了当代的剧变之后，所有这些看起来都更加脆弱。30年后，我们更容易看出，福山认为的胜出模式有多不堪一击。事实证明，在提供安全、正义和机会方面，它比所看到的系统要好得多。但事实也证明，它还不够好。正如福山和其他人自2016年以来所观察到的那样，民主可能会倒退。就像它所取代的模式一样，1989年后的世界系统已经表明，系统本身容易变得衰落和颓废、腐败和腐蚀。它还未能让政府变得更负责任、让公民变得更强大，来适应数字时代。它还常常被那些认为自己的优越权利胜过我们的平等权利的人所主导。与此同时，在世界大部分地区，不平等仍在加剧。"我也是"反性侵运动和"黑命贵"运动提醒我们，我们要走的路比很多人以为的还要长得多。

1989年也提醒我们，我们选择了自己的历史教训。随着柏林墙的倒塌，一位名叫弗拉基米尔·普京的克格勃（KGB）中级官员对俄罗斯领导层的失败感到沮丧。一位名叫安吉拉·默克尔的东柏林量子化学家离开学术界投身民主政治。还有一位德国移民的孙子、纽约房地产大亨弗雷德·特朗普的继承人取得了商业上的巨大成功，由此下了一盘政治棋局。

当我们面临着新的变革时期时，1989年也向我们证明，历史的发展是颠簸的，社会的进步是曲折的。每向前迈出一步，诸如黎巴嫩停火、苏联从阿富汗撤军、第一位黑人当选美国参谋长联席会议主席，都会有反动势力朝相反的方向推进。曼德拉尚在狱中，第一个"基地组织"小组就开始在纽约活动，伊朗政权就对作家下达悬赏追杀令。1989年真的进步了吗？正如中国总理周恩来曾经说过的那样，在西方看来是决定性的变革时刻，但现在下结论还为时过早。

最重要的是，1989年提醒我们，只有在民众的推动下，道德宇宙的弧线才会向正义倾斜。站在2049年回顾现在，过去十年的抗争，无论是新冠肺炎疫情大流行期间寻求新的共存方式，还是保护我们的上网自由，都与1989年取得的突破一样重要。

这毕竟是一个好消息，对不对？1989年，福山担心历史的终结会很无聊："无休止地解决技术问题……以及满足消费者的复杂需求。"有些人可能希望人类的下一个时代会是那样。但他们会失望的。不管发生什么，接下来的30年肯定不会无聊。我们在时光快车的后视镜中看到的物体可能比看起来的更近。

历史并没有在1989年结束。我不得不摘下那个有色眼镜。我在本书前面所主张的维护全球秩序的大部分内容，当然都是在少数几个国家的首都建立起来的，它们不仅依靠着军事上的胜利，还依靠着两个世纪的强大火力和帝国剥削的背景。在我看来，这些对维护全球秩序至关重要的机构，是由一小部分人类按照他们自己的形象塑造的。这对我的世界观是一个挑战，但在我真正弄清自己究竟戴着什么样的有色眼镜之前，我也无法做出自己真正渴望做出的贡献。

人类的核心精神能继续下去吗？人们常说，悲观主义者其实是被事实武装起来的乐观主义者，但我认为我们可以抱有更多的希望。人类经历了糟糕的几十年甚至几百年。但我们这一物种组成足以说明，韧性和适应性一直存在于我们的DNA中。在这些变化和挑战不断催化的时刻，我们找到了应付过去的方法。现在，普通人的寿命是我们的曾曾祖父母的两倍，身高比我们的曾曾祖父母高大约15.23厘米，我们如今过的生活，在他们看来简直无法想象。过去15年里，极端贫困减少了一半。当我们在2020年和2021年担心新型冠状病毒时，脊髓灰质炎终于在非洲被消灭。与一个世纪前相比，我们死于战争的可能性要降低到原来的二百分之一。我们都变得更富足，寿命更长，对世界更了解，死于疾病、贫困或暴力的人数也在逐渐减少。

也许，乐观主义者其实是看透世事的悲观主义者。然而，我们不能认为这种进步是理所当然的，我们需要夺回控制权。英国的《大宪章》，它的字面意思是"大章节"，距今已有八百多年的历史。在《大宪章》出台的那一刻，贵族们强迫英国君主签署协议，获得更大的自由和权利，这是通往我们今天更多自由之路上的里程碑。为了我们的自由，英国人蒂姆·伯纳斯·李可能比其他任何人做出了更多的贡献。他认为，我们需要一个新的、适应互联网时代的大宪章。他是对的：我们需要去寻找，团结起来，并坚持一种简单的表达，能够在自由与安全之间、言论自由和他人权利之间求得平衡。只有这样，科技才能成为人类力量的延伸，而不是变成人类的替代品。

在第二章中，我研究了如何将我们自己的宣言整合在一起，努力寻找和定义我们的目标。如果一起这样做，《世界人权宣言》可能会增添哪些内容？是否能汇聚出一些人类共性的基本原则？以下的想法可供借鉴、更新。

·我们生而自由，在尊严、自由和权利上一律平等，不分种族、肤色、性别、国籍、性取向、语言、宗教、政治观点或经济状况。
·我们都享有平等的自由、法律保护、教育、良知自由和机会自由的权利。我们都有平等的思考、发言和集会的权利。

· 我们是共享世界的公民，我们对彼此、对我们的星球和对子孙后代负有责任。

· 尽管文化背景不同，但我们共享同理心、团结和尊重他人等世代流传的价值观。

· 我们珍惜个人和集体的创造力，认识到我们的努力仍在继续。

· 我们共同努力减少不平等，努力成为好长辈。

· 我们有足够的勇气生活在一起，不是要忽略差异，而是要尊重差异。

· 教育的目的是工作、公民身份和生活，而不仅仅是发展生产力。我们应该传承我们自己学到的东西：知识、技能和价值观。我们应该活到老学到老。

罗马皇帝、斯多葛派哲学家马可·奥勒留在他的励志著作《沉思录》（*Meditations*）中写道："不要让将来的事困扰你，因为如果那是必然要发生的话，你将带着现在对待当前事物的理性走向它们。"

今天，能给我们最大希望的理性武器是我们作为人类的过往记录，以及将更多权利转移给公民个人的机会。这两者如今都要求我们为我所提到的新教育模式承担个人责任和集体责任，来使用我们手中的新权力。

我讲述了人类的故事，这是由疯狂到理性、由本能到专业、由暴政到群体、由谎言到诚实的逐渐演变。我们必须学习、整理和传递这种遗传的独创性，即我们天使般更优秀的本性。如果我们这样做，科技可以重新激发我们的创造力、重振政治，有助于人们形成一种更好的共存方式，可以帮助我们一起思考、制定一条安全的路线。

小说家阿伦达蒂·罗伊形象地将2020—2021年的新冠肺炎疫情大流行比作一个关口。她说，我们面临着"一个世界与另一个世界之间的关口"。我们面临这样的选择：是"带着我们的偏见和仇恨、我们的贪婪、我们的数据库和死气沉沉的思想、我们身后的死河和烟雾缭绕的天空穿过门户"，还是"轻装上阵，准备好想象另一个世界，并且准备为之而战"。这是我们如何成为好长辈的又一道选择题。

20世纪50年代，德国哲学家恩斯特·布洛赫认为，只要开始寻找，就可以在任何地方找到希望。我们通常只是没有留意而已。但也许在2020年和2021年长达几个月的孤立、恐惧和疏远中，我们能更好地留意到希望的踪迹。也许，我们会回首往事，发现更深层次的人类团结。那个时候，我们开始采取更多的措施来保护大多数的弱势群体，在阳台上互相歌唱，珍视那些走向危险保护我们的人，聆听鸟鸣，找到我们的信念，减少我们的足迹，重建我们的政治，向陌生人挥手问好，保持中立，更加感恩我们所拥有的幸福，更加同情不幸的人。

也许它让我们变得更善良、更好奇、更勇敢。

不需要一场革命就能做到：这些生存技能已经是我们生活的一部分。

重新发现它们是我们对不信任、不容忍和极端主义建立群体免疫的方式，否则，这些因素将结束我们了不起的人类历史。我在这本书的开头谈论了进化以及人类不断更新个人和集体生存技能的方式。现在，这比以往任何时候都需要更多的关注。适者生存经常被误解。正如达尔文总结的那样，"幸存下来的不是最强壮的物种，也不是最聪明的物种，而是对变化反应最迅速的物种"。

我希望这本书能帮助你思考如何做到这一点，并最终帮助我们更多人做到这一点。

继续前进。

第十四章
39个生存措施

> 不管你能做什么，或者梦想你能做什么，开始去做吧。胆识将赋予你天赋、能力和神奇的力量。现在就开始去做吧。
>
> ——歌德（Goethe）

这些措施并不是什么火箭科学或脑外科手术。我在这本书中试图提炼的，都是我从那些生存技能好榜样的身上观察到、听到的小点子。

在收集这些建议的过程中，让我感到惊讶又备受鼓舞的是，他们的建议高度融合，这些不同的生存技能相辅相成。这本书不是要求我们改变生活的方方面面。不过可以肯定的是，你已经正在或多或少地采用这些想法。但我确实希望它能给你的生活提供一些实际的推动和调整，能够有助于我们共存。

"千里之行，始于足下。"

那么，我就在这里概述一下本书中比较实用的 39 个措施……

1. 目标

1）写下生活中对你来说十分重要的事情。为家庭、健康、工作、财富、学习，写一句话：
- 我希望……
- 我现在能采取的可行措施是……
- 我的一个重要盟友是……
- 当我……时，我知道我正朝着我的希望前进。
- 我能掌控的主要问题 / 障碍是……
- 我无法掌控的主要问题 / 障碍是……我希望进一步理解的是……

2）与你信任的人分享这些话。让自己负起责任。

3）寻找更多的兴趣点。去年的哪些书、电影和想法最能激发你的灵感，为什么你没有从中收获更多？在完全不同的领域中找到令你惊讶的东西，并尽量将其应用到你自己的领域。

4）做出改变。写下你自己的马拉拉式的演讲。你准备为什么奋斗至死？你如何展示你希望看到的变化？谁是你的盟友（和对手）？你可以在学校或家里主动采取什么行动？

5）不要成为障碍。你的价值观从何而来？随着时间和代际的变化，它们发生了怎样的变化？为什么？写下你拥有的三个最大的系统性优势，以及它们如何在关键时刻改变了你的未来。

这些优势可能是：正确的学校、在工作面试中性别或种族上的微妙优势，或者某个只在小范围分享、密不外传的忠告。想象一下那些失去这些优势的人在重要时刻的经历。你现在会做什么来让竞争变得公平？

6）找一个导师。

7）承担预期风险。你最疯狂的想法是什么？是什么阻止你承担风险？

8）转身。你需要在生活的哪个领域考虑、接受改变？

2. 实践

9）设计属于自己的课程体系。你的知识和技能有哪些差距，如何填补这些差距？

10）养成记学习日记的习惯。你今天学到了什么？

11）练习创造力。你每天都在做哪些大脑练习来锻炼你的聪明才智和创新能力？你要自己解决哪些实际问题？

12）练习同理心。花点时间回顾历史，或翻阅新闻网站上的故事。先选择你会本能地同情谁，然后再试着从对方的角度来看这件事，或者在和平会议上为他们写开场白。然后言归正传，列出你与对手、反对者或刚刚站到你面前的某人的五个共同点。想象他们的背景、现状或心情。让自己脱离复杂的局面。你能采取什么行动来表明，对他们观点的理解？当你需要表明立场时，有什么安静而有力的方式来做到这一点？

13）行善。争取保持每天五次积极的互动。记录这些内容并且保存好（直到它成为一种条件反射）。当你相信某人时，要直接告诉他们。做好事不要在乎有没有人看到。睡前花几分钟时间回顾一下你这一天发生的事情。想想你遇到和交谈过的人，以及你们是如何对待彼此的。你做得怎么样？还能做得更好吗？你学到了什么？

14）练习360度分析。观察一个名人或我们遇到的新人。想象一下，作为一名记者，不仅要了解他们所说的内容，还要了解他们为什么这么说。他们的背景、国籍、性别是如何影响他们的世界观的？为什么？

15）让自己将注意力切换到绿色能源关税、太阳能和绿色投资/养老基金的问题，并告诉你的投资服务商这么做的原因。

16）认真计算你每年究竟需要多少钱来生活。你现在可以节省多少才能达到那个目标呢？你的财务计划是什么？准备好应急基金。

17）重新掌控你的时间。写下你理想的一天：怎样才能接近这个目标？

18）编制自己的风险登记册。

19）学习一种在你的工作生活中不会被自动化取代的技能或手艺，为具有更多创造力、爱心或不可预测性的职业做好准备。

20）告诉政治家什么对你很重要。

3. 人

21）列出你的核心支持团队，告诉他们。

22）管理你的能量。写下你觉得让你最有活力和最兴奋的伙伴名单，与他们开展更多的合作。写下让你感到筋疲力尽、无精打采的人员名单，少和他们一起共事。

23）有条不紊地建立一个部落。在加入新的俱乐部、学校或社群时，大家一起确定要了解的主要人物：从谁开始呢？我们之间的相关点或不同点是什么？

24）变得更人性化：保持联系，谈论你的感受，表现出脆弱，寻求帮助。

25）寻找专家。

26）观察榜样。他们是如何使用这些生存技能的？"我认为某某某很勇敢。这就是原因，这就是我从中学到的东西。"

27）花更多的时间和老年人在一起。

28）花更多的时间和年轻人在一起。

29）练习极致宽恕。你亲身经历的、最让你愤怒的不公正或你认为不公正的事情是什么？它是如何伤害你的？你如何开始感觉到你的宽恕方式？

30）练习做一个好长辈。哪些是我必须要传承下去的？哪些是我绝不能再传承下去的？

4. 个人空间

31）做一些真正无忧无虑的事情，为意外的好运创造空间，做白日梦。

32）多吃植物食品。

33）锻炼身体。

34）做一个全面的身心健康检查。

35）拔掉插头。

36）走近大自然，吸收阳光。

37）学会深呼吸。

38）拿出 20 秒的时间勇敢发疯。

39）加入连接点。

祝你好运！把你的进展告诉我。我希望这份生存指南可以成为一份动态文件，通过加入更好的想法、经验和榜样不断完善。当你经历从观察到学习到实践再到教学的循环过程时，请将你对于应该如何发展人文主义的想法分享出去。

后 记

直到我写完这本书，我才意识到，我竟然花了好长时间来编辑。

我是一名正在康复的大使。在此之前，我做过拳击手、乐队主唱、上门推销员、老师、酒保、建筑工人、学生。在每一个节点，以及从那以后的很多节点上，我都得到了朋友、家人和陌生人的支持。我希望这本书可以将他们教给我的一些东西传承下去。

这些想法是我在中东工作时逐渐形成的。2011年，我36岁，以英国大使的身份来到贝鲁特，当时"阿拉伯之春"刚刚开始。在那里曾有过短暂的希望和期待。我在推特上发推文（那时的我太过乐观，完全没那么现实主义和充满远见）说，该地区最强大的武器不是核武器或化学武器，而是智能手机。有一段时间，当独裁政权像多米诺骨牌一样倒下，年轻人以令人眼花缭乱的激情和色彩涌入街道时，我感觉可能真的是这样。他们利用手中的技术组织起来，互相鼓励，揭露种种不公。对于试图遏制他们的独裁政权来说，他们的行动太快了。正如一块标语牌写道："如果你在我们的互联网周围建一堵墙，我们将在你的墙周围建一个互联网。"

这本书也是一段时间以来自我反省的结果。也有一部分原因是受到新冠肺炎疫情大流行的启发。更重要的是 21 世纪 20 年代的社会辩论所激发的集体自省。我一直认为自己是一个求知欲强、思想开放、追求进步的人。我在墙上挂了马丁·路德·金的画像，在 20 世纪 90 年代为同性恋争取权利游行，并在内罗毕资助了一所学校。

然而，我虽然注意到，却没有真正考虑过这样一个事实：我在牛津大学读书时，一百多名一年级的学生中只有一名黑人学生，我在英国外交部接收的 20 名外交官中一名黑人都没有。我每天都路过英国外交部外面的罗伯特·克莱武雕像，从未质疑它可能代表什么。我没有考虑这些现实背后不公正的根本原因是什么，而是只给了钱（或时间）帮忙寻找治标不治本的膏药。在我生命的大部分时间里，我真的认为我是打破玻璃天花板的人。

为什么我要提到这个？我们就数百万人无法接受教育的问题谈论了很多。这的确是个问题。然而，当前的教育也让众多有幸接受良好正规教育的人感到失望。这产生了一定的效果。我要感谢帮助我理解这一点的人，书中有很大一部分是和他们有关的。

我还要感谢所有帮助我完成本书的人。我的经纪人查理·布拉德斯通看到了这本书的潜力，并敦促我花时间把这些想法写下来。我非常幸运，再次有机会与才华横溢的阿拉贝拉·派克、乔·汤普森、伊恩·亨特和哈珀柯林斯团队一起工作。数百次的安静指导、方向调整、挑战和保证使写作和思考的工作变得不那么艰巨，而是变得更加令人兴奋。

后 记

我的全球学习目标项目团队，包括杰里米·奇弗斯、洛林·查尔斯、安吉拉·所罗门、史欧·康诺、莎莉·曼苏尔、马里奥·萨帕塔、克里斯·惠勒、迪瑞尔·拉恩和迪玛·布拉德等成员，他们推动了本书中诸多观点的研究。丽贝卡·科克斯是一个项目执行和规划的天才。她负责策划，让我专注写作，并计划和执行了其他项目，为这个项目创造空间和精力。我感谢鲍迪克斯基金会对"迈向全球学习目标"事业的支持。

书中的许多想法和概念都是通过与纽约大学、加尔加什外交学院和牛津赫特福德学院的优秀学生进行教学和互动而形成的。他们当中有些人将会对这些内容如数家珍；将会变得善良、充满好奇心、勇敢；将会成为一个好长辈；将会过着由悼词而不是简历塑造的生活。对他们的付出，我充满歉意，又由衷感激。

这本书是在我离开我热爱的职业之后的一段时间里写成的。这可能是一个学习、冒险和创造力的时代，这要感谢很多人，包括莎拉·布朗、贝纳迪诺·莱昂、亚历克·罗斯、兰达·格罗布·扎哈里、约翰·塞克斯顿、阿拉斯泰尔·坎贝尔等人。他们对本书的出版做出了重大贡献。

争论是本书的核心内容。许多人可能在书中找到自己的角色，包括海伦·克拉克、努拉·卡比、敖厚德·罗米、马克·阿德尔曼、拉比·阿布查克拉、迪拜·阿布胡尔、娜·阿尔·奥拉比、瓦莱丽·阿莫斯、凯茜·阿什顿、安东尼·塞尔登、莎拉·扎伊德、扎伊德·拉阿德·侯赛因、亚历克斯·阿塞利、齐亚德·巴洛德、克里斯蒂安·特纳、西蒙·毕晓普、贾斯汀·福赛斯、科丝蒂·麦克尼尔、阿利斯泰尔·伯特、托尼·百利、约翰·卡森、卡尔马·艾克梅吉、塔拉·斯沃特、金·加塔斯、尼克·高英、菲利普·格兰迪、托莫斯·格雷斯、乔恩·卢夫、卡特琳·本霍尔德、海伦·霍尔姆·佩德森、卡斯珀·克林格、威尔·赫顿、约翰·坎普夫纳、格雷姆·兰姆、理查德·克里普韦尔、鲁卜娜·阿勒·卡西米、阿曼达·麦克劳林、纳德·穆萨维扎德、斯图尔特·伍德、拉娜·努赛伊巴、奥马尔·戈巴什和安德烈亚斯·施莱歇尔等人。

与我所做的任何其他工作相比，这本书不仅表达出我对我卓越的父母的敬意，而且我还希望延续他们在学习和教学方面的开创性工作。

路易丝，你是我的灵魂伴侣，是本书精彩部分的创作源泉，是我努力完成其余部分的巨大动力。我爱上了你，也将永远爱你。

我选择了一种能够与我儿子查理和西奥相处最长的生活方式。他们的问题、挑战和惊喜使这项工作充满活力，并让这一切都变得有价值。

最后，我要感谢泽纳布！我希望你觉得本书可以更好地回答你的问题。

附 录

Introduction: Kindling the Flame

1. But as the project grew 'Mobilising Parents and Learners', Towards Global Learning Goals, February 2019, https://secureservercdn.net/160.153.138.219/tvi.232.myftpupload.com/wp-content/uploads/2019/02/Mobilising-parents-andlearners-Towards-Global-Learning-Goals-IPAR-7-printversion.pdf
2. they think more than previous generations Jennifer McNulty, 'Youth Activism Is on the Rise Around the Globe, and Adults Should Pay Attention, Says Author', UC Santa CruzNewscenter, 17 September 2019, https://news.ucsc.edu/2019/09/taft-youth.html
3. One in six young people in the UK 'Mental Health of Children and Young People in England, 2020: Wave 1 Follow-up to the 2017 Survey', NHS Digital, 22 October 2020, https://digital.nhs.uk/data-and-information/ publications/statistical/mental-health-of-children-and-youngpeople-in-england/2020-wave-1-follow-up
4. We are no longer taking for granted 'Only a Third of Generation Y Think Their Generation Will Have Better Quality of Life Than Their Parents …', Ipsos Mori, 11 March 2016, https://www.ipsos.com/ipsos-mori/en-uk/only-thirdgeneration-y-think-their-generation-will-have-better-qualitylife-their-parents
5. 'Instead of houses' 'Instead of Houses, Young People Have Houseplants', Economist, 6 August 2018, https://www. economist.com/

graphic-detail/2018/08/06/instead-of-housesyoung-people-have-houseplants

6. As they hit the job market 'Jobs of the Future: 2025–2050', Resumeble, 21 April 2020, https://www.resumeble.com/ career-advice/jobs-of-the-future-2025-2050

7. A quarter of adults already say 'Accelerating Workforce Reskilling for the Fourth Industrial Revolution', World Economic Forum White Paper, July 2017, http://www3. weforum.org/docs/WEF_EGW_White_Paper_Reskilling.pdf

8. A quarter may have no full-time job Cornelia Daheim and Ole Wintermann, '2050: The Future of Work. Findings of an International Delphi-Study of the Millennium Project', https:// www.bertelsmann-stiftung.de/fileadmin/files/BSt/ Publikationen/GrauePublikationen/BST_Delphi_E_03lay.pdf

9. 'The well-paying jobs will involve creativity' N. W. Gleason, 'Introduction' in N. W. Gleason (ed.) Higher Education in the Era of the Fourth Industrial Revolution (Palgrave Macmillan, 2018), https://doi.org/10.1007/978-981-13-0194-0_1 17 'a fusion of overwhelming technological breakthroughs' Klaus Schwab, 'The Fourth Industrial Revolution: What It Means, How to Respond', World Economic Forum, January 2016, https://www.weforum.org/agenda/2016/01/the-fourthindustrial-revolution-what-it-means-and-how-to-respond/

10. 'known unknowns' The phrase was made popular, perhaps inadvertently, by US Defense Secretary Donald Rumsfeld

11. By 2100, we will take up UN, World development indicators

12. The planet will probably see a bigger temperature increase Chi Xu, Timothy A. Kohler, Timothy M. Lenton, JensChristian Svenning and Martin Scheffer, 'Future of the Human Climate Niche', PNAS, 26 May 2020, 117 (21) 11350–11355, https://www.pnas.org/content/117/21/11350

13. Europe's share of world GDP 'The World in 2050', PwC Global, February 2017, https://www.pwc.com/gx/en/issues/ economy/the-world-in-2050.html

14. That proportion will overtake the young United Nations, World Population Prospects 2014
15. Advances in healthcare David Amaglobeli, Hua Chai, Era Dabla-Norris, Kamil Dybczak, Mauricio Soto and Alexander F. Tieman, 'The Future of Saving: The Role of Pension System Design in an Aging World', IMF, 15 January 2019
16. By 2050, over half of the world's population will face water scarcity 'Water Scarcity', UN Water, https://www.unwater.org/ water-facts/ scarcity/
17. 'Uber, the world's largest taxi company' Tom Goodwin, 'The Battle Is for the Customer Interface', TechCrunch, 3 March 2015, https://techcrunch.com/2015/03/03/in-the-age-ofdisintermediation-the-battle-is-all-for-the-customer-interface/

Chapter 1: How to Take Back Control

18. But Homo sapiens have 'A Brief History of Forecasting', ForesightR, 6 May 2016, http://foresightr.com/2016/05/06/a-brief-history-of-forecasting/
19. Futurist Ray Kurzweil Alexandra Wolfe, 'Weekly Confidential: Ray Kurzweil', Wall Street Journal, 30 May 2014, https://www.wsj.com/articles/ray-kurzweil-looks-intothe-future-1401490952
20. smart homes Maeve Campbell, 'News Clip from 1989 Shows What Experts Thought Future Homes Would Be Like in 2020', Euronews.green, 7 February 2020, https://www.euronews.com/living/2020/02/06/news-clip-from-1989-showswhat-experts-thought-future-homes-would-be-like-in-2020
21. 'by the year 2018 nationalism' Grace Hauck, '20 Predictions for 2020', USA Today, 22 December 2019, https://www.usatoday.com/story/news/nation/2019/12/22/2020-predictions-decades-ago-self-driving-cars-mars-voting/2594825001/
22. 'twenty-first-century humans' Alvin Ward, '25 Weird Old Predictions Made About the 21st Century', Mental Floss, 5 February 2020, https://www.mentalfloss.com/article/616354/weird-predic-

tions-about-21st-century

23. 'Don't ask the barber' Maggie Fitzgerald, 'Warren Buffett: Don't Ask the Barber Whether You Need a Haircut', CNBC, 12 February 2019, https://www.cnbc.com/2019/02/12/warren-buffett-dont-ask-the-barber-whether-you-need-ahaircut.html
24. Like the physicist John Dalton Rachelle Oblack, '10 Famous Meteorologists', ThoughtCo., 3 July 2019, https://www.thoughtco.com/famous-meteorologists-3444421
25. From his data Rachelle Oblack, '10 Famous Meteorologists', ThoughtCo., 3 July 2019, https://www.thoughtco.com/famous-meteorologists-3444421
26. 'use artefacts' Bobbie Johnson, 'The Professionals Who Predict the Future for a Living', MIT Technology Review, 26 February 2020, https://www.technologyreview.com/2020/02/26/905703/professionals-who-predict-the-future-for-a-livingforecasting-futurists/
27. He told the New Yorker Maria Konnikova, 'How People Learn to Become Resilient', New Yorker, 11 February 2016, https://www.newyorker.com/science/maria-konnikova/the-secret-formula-for-resilience
28. blessing of John O'Donohue The title of John O'Donohue's blessing is 'For the Breakup of a Relationship'.
29. 'Every time you borrow money' Personal finance quotes, Goodreads, https://www.goodreads.com/quotes/tag/personalfinance
30. 'Too many people spend money' Rob Berger, 'Top 100 Money Quotes of All Time', Forbes, 30 April 2014, https://www.forbes.com/sites/robertberger/2014/04/30/top-100-moneyquotes-of-all-time/#5a71fbd84998
31. 'Once you have your human needs met' Daniel Gilbert, Stumbling on Happiness (HarperPerennial, 2007)
32. 'Wealth consists' Rob Berger, 'Top 100 Money Quotes of All Time', Forbes, 30 April 2014, https://www.forbes.com/sites/robertberger/2014/04/30/top-100-money-quotes-of-alltime/#5a71fbd84998
33. How we perceive our relative wealth Christopher J. Boyce, Gordon D. A. Brown and Simon C. Moore, 'Money and Happiness: Rank of

Income, Not Income, Affects Life Satisfaction', Psychological Science, Vol. 21, No. 4 (April 2010), pp.b471–5, https://www.jstor.org/stable/pdf/41062232. pdf?refreqid=excelsior%3A4d7574d672bb3355fc-4b6ac8c83f5263

34. 'similar others' David Futrelle, 'Here's How Money Really Can Buy You Happiness', Time, 10 June 2016, https://time. com/collection/guide-to-happiness/4856954/can-money-buyyou-happiness/

35. 'the happy people didn't know' David Futrelle, 'Here's How Money Really Can Buy You Happiness', Time, 10 June 2016, https://time.com/collection/guide-to-happiness/4856954/can-money-buy-you-happiness/

36. Students rated experiences Susan Kelley, 'To Feel Happier, Talk About Experiences, Not Things', Cornell Chronicle, 29 January 2013, https://news.cornell.edu/stories/2013/01/feelhappier-talk-about-experiences-not-things

37. The most Googled financial questions Natalia Lusinski, 'What the Most-Googled Personal Finance Questions Reveal About How We Think About Money', Mic, 2 May 2019, https://www.mic.com/p/the-most-googled-personal-finance-questionsreveal-so-much-about-our-money-anxieties-17292478

38. If we think of time rather than money Cassie Mogilner, 'The Pursuit of Happiness: Time, Money, and Social Connection', Psychological Science, Vol. 21, No. 9 (September 2010), pp.b1348–54, https://www.jstor.org/stable/pdf/41062376.pdf? refreqid=excelsior%3Aafa-71fa720a93d16343e52faa8010d8d

39. Oxford experts found 'Adult Learning a "Permanent National Necessity", Report Finds', Department for Continuing Education, University of Oxford, https://www.conted.ox.ac.uk/news/new-report-finds-adult-learning-apermanent-national-necessity

40. Yet there is massive variation from country to country OECD

41. SkillsFuture has a huge hub of resources 'From Ferment to Fusion', Towards Global Learning Goals, May 2018, https://secureserver-cdn.net/160.153.138.219/tvi.232.myftpupload.com/wp-content/

uploads/2018/06/From-Ferment-to-FusionTowards-Global-Learning-Goals.pdf

42. we need to keep learning See also the BeLL project
43. We all learn differently '4 Types of Learners in Education', Advancement Courses, 12 October 2017, https://blog. advancementcourses.com/articles/4-types-of-learners-ineducation/
44. Kenyan javelin thrower Julius Yego Matt Church, 'The Evolution of Education', https://www.mattchurch.com/talkingpoint/education-evolution
45. Mark Fletcher has spent a lifetime 'About the Author', Mark Fletcher, http://www.brainfriendlylearning.org/author.htm Chapter 2: How to Be Curious
46. The daughter of a Malaysian engineer Charlotte Karp, 'Australia's Youngest Billionaire, 32, Doubles Her Wealth in Just Months', Daily Mail Australia, 23 June 2020, https://www.dailymail.co.uk/news/article-8449289/Australiasyoungest-billionaire-Melanie-Perkins-DOUBLES-wealth.html
47. study demonstrated that curiosity Christopher Bergland, 'Curiosity: The Good, the Bad, and the Double-Edged Sword', Psychology Today, 4 August 2016, https://www.psychologytoday.com/us/blog/the-athletes-way/201608/curiosity-the-good-the-bad-and-the-double-edged-sword
48. research has shown that when facing something uncertain Christopher K. Hsee, Bowen Ruan, 'The Pandora Effect: The Power and Peril of Curiosity', Psychological Science, Vol. 27, No. 5, pp.b659–66, https://journals.sagepub.com/doi/abs/10.1177/0956797616631733?journalCode=pssa
49. at times we need to manage Christopher Bergland, 'Curiosity: The Good, the Bad, and the Double-Edged Sword', Psychology Today, 4 August 2016, https://www.psychologytoday.com/us/blog/the-athletes-way/201608/curiosity-the-good-the-bad-and-the-double-edged-sword
50. curiosity helps us to learn Emily Campbell, 'Six Surprising Benefits of Curiosity', Greater Good, 24 September 2015, https://greatergood.

berkeley.edu/article/item/six_surprising_ benefits_of_curiosity

51. Research by the University of California Marianne Stenger, 'Why Curiosity Enhances Learning', Edutopia, 17 December 2014, https://www.edutopia.org/blog/why-curiosity-enhanceslearning-marianne-stenger

52. When we are curious about our work or study J. M. Harackiewicz, K. E. Barron, J. M. Tauer and A. J. Elliot, 'Predicting Success in College: A Longitudinal Study of Achievement Goals and Ability Measures as Predictors of Interest and Performance from Freshman Year Through Graduation'. Journal of Educational Psychology, Vol. 94, No.3 (2002), pp.b562–75

53. 'remain a lifelong student' Indra Nooyi, 'Never Be Happy With What You Know', https://www.youtube.com/watch?v=24d4rfnsOxg

54. Harvard Business School Francesca Gino, 'The Business Case for Curiosity', Harvard Business Review, September–October 2018, https://hbr.org/2018/09/curiosity

55. This makes it easier for us Todd B. Kashdan, Ryne A. Sherman, Jessica Yarbro and David C. Funder, 'How are Curious People Viewed and How Do They Behave in Social Situations? From the Perspectives of Self, Friends, Parents, and Unacquainted Observers', Journal of Personality, Vol. 81, No. 2 (April 2013), pp.b142–54, https://www.ncbi.nlm.nih. gov/pmc/articles/PMC3430822/

56. 'they increased the purchase' Christopher Bergland, 'Curiosity: The Good, the Bad, and the Double-Edged Sword', Psychology Today, 4 August 2016, https://www.psychologytoday.com/us/blog/the-athletes-way/201608/curiosity-the-good-the-bad-and-the-double-edged-sword

57. We see people as warmer Todd B. Kashdan and John E. Roberts, 'Trait and State Curiosity in the Genesis of Intimacy: Differentiation from Related Constructs', Journal of Social and Clinical Psychology, Vol. 23, No. 6 (June 2005), https://guilfordjournals.com/doi/abs/10.1521/jscp.23.6.792.54800

58. 'In spite of illness' Nir Evron, '"Interested in Big Things, and Happy in Small Ways": Curiosity in Edith Wharton', Twentieth-Century Literature, Vol 64, No. 1 (2018), pp.b79–100, https://read.dukeupress.edu/

twentieth-century-lit/article-abstract/64/1/79/134007/Interested-in-Big-Things-andHappy-in-Small-Ways

59. But curiosity expands the empathy Roman Krznaric, 'Six Habits of Highly Empathic People', Greater Good, 27 November 2012, https://greatergood.berkeley.edu/article/item/six_habits_of_highly_empathic_people1

60. Imagine the motivation of the Kampala graduate Clare Spencer, 'Five African Inventions to Look Out For in 2017', BBC News, 3 January 2017, https://www.bbc.co.uk/news/world-africa-38294998

61. M&Ms were invented Kristen Mulrooney, 'Tea Bags, Duct Tape and 18 Other Inventions Born in Times of Crisis', Interesting Things, 3 April 2020

62. would top a list of cultural moments '80 Moments That Shaped the World', British Council, https://www.britishcouncil.org/sites/default/files/80-moments-report.pdf

63. Biographer Walter Isaacson has written Walter Isaacson, 'The Real Leadership Lessons of Steve Jobs', Harvard Business Review, April 2012, https://hbr.org/2012/04/the-realleadership-lessons-of-steve-jobs

64. 'You can't connect the dots looking forward' Steve Jobs' 2005 Stanford University Commencement Address, https://www.youtube.com/watch?v=UF8uR6Z6KLc

65. 'all sorts of things can happen' Stephanie Kwolek, https:// www.azquotes.com/author/45405-Stephanie_Kwolek 67 Albert Einstein Brent Lambert, 'Read Albert Einstein's Letter to His 11-Year-Old Son on Joy, Time and the Secret to Learning Anything', FeelGuide, 15 June 2013, https://www.feelguide.com/2013/06/15/read-albert-einsteins-letter-to-his-11-year-old-son-on-joy-time-the-secret-to-learning-anything/

66. 'Families who do well' 'LEGO Play Well Report 2018', https://www.legofoundation.com/en/learn-how/knowledgebase/lego-play-well-report-2018/68 Protecting play at home D. Whitebread, D. Neale, H. Jensen, C. Liu, S. L. Solis, E. Hopkins, K. Hirsh-Pasek, J. M. Zosh(2017), 'The Role of Play in Children's Development: A Re-

view of the Evidence (Research Summary)', LEGO Foundation, DK, https://www.legofoundation.com/media/1065/play-types-_-development-review_web.pdf

67. Play develops communication skills J. M. Zosh, E. J. Hopkins, H. Jensen, C. Liu, D. Neale, K. Hirsh-Pasek, S. L. Solis and D. Whitebread (2017), 'Learning Through Play: A Review of the Evidence (White Paper)', LEGO Foundation, DK, https://www.legofoundation.com/media/1063/learningthrough-play_web.pdf

68. these are precisely the carefree activities See for example from the LEGO Foundation: Bo Stjerne Thomsen, 'Play to Cope with Change', 23 April 2020, https://www.legofoundation.com/en/learn-how/blog/play-to-cope-with-change/; 'Why Learning Through Play Is Important', https://www.legofoundation.com/en/why-play/why-learning-through-playis-important/; 'Characteristics of Playful Experiences', https://www.legofoundation.com/en/why-play/characteristics-of-playful-experiences/; Bo Stjerne Thomsen, 'How Technology and Play Can Positively Reform Our Education System', 29 June 2020, https://www.legofoundation.com/en/learn-how/ blog/how-technology-and-play-can-positively-reform-oureducation-system/; Ollie Bray, 'Innovating Pedagogy: Exploring New Forms of Teaching, Learning and Assessment', 13 February 2019, https://www.legofoundation.com/en/learn-how/blog/innovating-pedagogy-exploring-newforms-of-teaching-learning-and-assessment/; Ollie Bray, 'How Playful Interventions Can Support High-Quality Learning in Schools', 28 June 2019, https://www.legofoundation.com/en/ learn-how/blog/how-playful-interventions-can-support-highquality-learning-in-schools/; 'Types of Play', https://www.legofoundation.com/en/learn-how/play-tips/types-of-play/; Lawrence Cohen, 'Tips for Playful Parenting', 12 December 2018, https://www.legofoundation.com/en/learn-how/blog/tips-for-playful-parenting/; 'Six Bricks Booklet', https://www.legofoundation.com/en/learn-how/knowledge-base/six-bricksbooklet/; 'Creating Creators', https://www.legofoundation.com/en/why-play/skills-for-holistic-development/creativitymatters/creativity-matters-re-

port-series/creating-creators/

69. But they all required the space to think Alice Robb, 'The "Flow State": Where Creative Work Thrives', BBC Worklife, 5 February 2019, https://www.bbc.com/worklife/article/20190204-how-to-find-your-flow-state-to-be-peak-creative

70. 'I will always choose a lazy person' 'Give the Hardest Job to the Laziest Person', https://ravenperformancegroup.com/givehardest-job-laziest-person/

71. The wheel would not have been invented David Anthony, The Horse, the Wheel, and Language: How Bronze-Age Riders from the Eurasian Steppes Shaped the Modern World (Princeton University Press, 2007)

72. 'If a building doesn't' Leo Babauta, '8 Creativity Lessons from a Pixar Animator', Zen Habits, https://zenhabits.net/pixar/

73. 'They stay away from questions' Stephanie Vozza, '8 Habits of Curious People', Fast Company, 21 April 2015, https://www.fastcompany.com/3045148/8-habits-of-curious-people 75 Evolutionary psychology suggests that men J. Palomäki, J. Yan, D. Modic, M. Laakasuo, '"To Bluff like a Man or Fold like a Girl?" – Gender Biased Deceptive Behavior in Online Poker', PLoS ONE, Vol. 11, No. 7 (2016): e0157838, https://journals.plos.org/plosone/article?id=10.1371/journal.pone.0157838

74. 'Curious people aren't afraid' Stephanie Vozza, '8 Habits of Curious People', Fast Company, 21 April 2015, https://www. fastcompany.com/3045148/8-habits-of-curious-people Chapter 3: How to Find Purpose

75. If we nurture this kind of curiosity 'Future Technology: 22 Ideas About How to Change Our World', Science Focus, 31 August 2021, https://www.sciencefocus.com/future-technology/future-technology-22-ideas-about-to-change-our-world/

76. Edelman Edelman Trust Barometer, 19 January 2020, https://www.edelman.com/trustbarometer

77. experiment by the primatologist Frans de Waal Excerpt from Frans de Waal's TED Talk, 4 April 2013: https://www.youtube.com/watch?v=-

meiU6TxysCg

78. The initial impression Albert Mehrabian, Silent Messages: Implicit Communication of Emotions and Attitudes (Wadsworth, 1972)

79. Microsoft creating the Xbox John Rampton, 'Businesses That Took Huge Risks That Paid Off', Inc., 11 October 2016, https://www.inc.com/john-rampton/15-businesses-that-tookhuge-risks-that-paid-off.html

80. FedEx founder raising cash Dave Hiskey, 'The Founder of Fedex Once Saved the Company by Taking Its Last $5,000 and Turning It into $32,000 by Gambling in Vegas', Today I Found Out, 2 June 2011, https://www.todayifoundout.com/index.php/2011/06/the-founder-of-fedex-once-saved-thecompany-by-taking-its-last-5000-and-turning-it-into-32000-by-gambling-in-vegas/

81. 'Hey, Jonny' Chris Matyszczyk, 'Isaacson: Jobs Was Ingenious, But Not Necessarily Smart', CNET, 30 October 2011, https://www.cnet.com/news/isaacson-jobs-wasingenious-but-not-necessarily-smart/

82. In 2008, Engineers Without Borders Canada Engineers Without Borders, http://reports.ewb.ca/

83. In an experiment run by product designer Peter Skillman Design: http://www.peterskillmandesign.com/about

84. people with grit Angela Duckworth, Grit: The Power of Passion and Perseverance (Vermilion, 2016): https://angeladuckworth.com/grit-book/

85. 'missions' TULA Learning, http://www.tulaeducation.com/

86. As students move through the missions The Ultimate Learning Accelerator (TULA): http://www.wise-qatar.org/edhub/ultimate-learning-accelerator-tula, https://solve.mit.edu/challenges/youth-skills-the-workforce-of-the-future/solutions/632 and https://ph.theasianparent.com/after-schoolprogram-tula-the-ultimate-learning-accelerator/

87. 'I hate risk' Partners in Leadership, '5 Wildly Successful Entrepreneurs Reveal How Risk Taking Propelled Their Careers', Inc., 3 October 2018, https://www.inc.com/partnersin-leadership/5-wildly-successful-entrepreneurs-reveal-howrisk-taking-propelled-their-careers.html

Chapter 4: How to Find Your Voice

88. book of advice For more see Tom Fletcher, The Naked Diplomat (William Collins, 2016)

89. Barack Obama commented Lucy Fisher, 'Dream Big, Kid, and Give Carla a Call', The Times, 11 August 2013, https://www.thetimes.co.uk/article/dream-big-kid-and-give-carla-a-callmtxkvdcsh88

90. 'Watch the ball!' See W. Timothy Gallwey, The Inner Game of Tennis: The Ultimate Guide to the Mental Side of Peak Performance (Pan, 1974)

91. Companies such as Cisco 'Transitioning to Workforce 2020', Cisco White Paper (Cisco Public Information, 2011)

92. Greta Thunberg Rachel Elbaum and Elizabeth Chuck, 'Trump Appears to Mock Climate Change Activist Greta Thunberg in Tweet, and She Quietly Swipes Back', NBC News, 24 September 2019, https://www.nbcnews.com/politics/donald trump/trump-appears-mock-climate-change-activist-gretathunberg-tweet-n1057981; Harry Pollard, 'Why Greta Thunberg Is an Inspiration', Exposure, 4 September 2019, https://exposure.org.uk/2019/09/why-greta-thunberg-is-aninspiration/

Chapter 5: How to Find, Grow and Mobilise Your Community

93. mobilise that community You could begin with Christiana Figueres and Tom Rivett-Carnac's book The Future We Choose (Manilla Press, 2020). It has ten actions for citizens and is a manifesto for citizen action

94. Polls suggest Sunder Katwala, 'As Society Re-opens, Our Divides Need Not', CapX, 3 July 2020, https://capx.co/as-society-re-opens-our-divides-need-not/

95. Ten million citizens David Robinson, 'The Moment We Noticed: The Relationships Observatory and Our Learning from 100 Days of Lockdown', Relationships Project, 2020, http://relationshipsproject.org/content/uploads/2020/07/RP_Observatory-Report_web_finalcompressed-1.pdf

96. peaceful protests of the Liberian women Sam Jones, '7 Times Activism

Changed the World That You May Never Have Heard Of', Global Citizen, 2 June 2015, https://www. globalcitizen.org/en/content/7-times-activism-changed-theworld-that-you-may-ne/
97. youngest-ever Nobel laureate See https://www.malala.org/ malalas-story
98. a recent Fabian Society paper Kirsty McNeill and Roger Harding, 'Counter Culture: How to Resist the Culture Wars and Build 21st Century Solidarity', Fabian Society, 6 July 2021, https://fabians.org.uk/publication/counter-culture/

Chapter 6: How to Coexist

99. UNESCO's 1996 commission on education International Commission on Education for the Twenty-first Century, Learning: The Treasure Within, UNESCO, 1996, http://www. unesco.org/education/pdf/15_62.pdf
100. good online resources See Training for Change: https://www. training-forchange.org/tools/
101. As empires rose and fell For the textbook, I recommend Peter Frankopan's brilliant Silk Roads (Bloomsbury, 2015)
102. The Ascent of Man Tim Radford review of The Ascent of Man by Jacob Bronowski, Guardian, 15 April 2011, https:// www.theguardian.com/science/2011/apr/15/ascent-man-jacobbronowski-review
103. Since 1989 Max Roser, 'War and Peace', 2016. Published online at OurWorldInData.org, https://ourworldindata.org/war-and-peace
104. 'One hand' Wesley Baines, '10 Times Kindness Changed the World', Beliefnet, https://www.beliefnet.com/inspiration/10-times-kindness-changed-the-world.aspx
105. 'It's coexistence or no existence' See http://www.global education.org/quotations.htm
106. Buddhist monk Thich Quang Duc Robyn Johnson, '10 Revolutionary Acts of Courage by Ordinary People', Matador Network, 15 September 2008, https://matador network.com/bnt/10-revolutionary-acts-of-courage-byordinary-people/
107. 'I have seen how' Barbara Kingsolver, from https://www.goodreads.

com/author/quotes/3541.Barbara_Kingsolver

108. Standing up for yourself 'Test: Do You Stand Up for Yourself?', Psychologies, 22 March 2015, https://www.psychologies.co.uk/test-do-you-stand-yourself

109. You can help kids Kerry Flatley, 'The Best Way to Raise Assertive Kids Who Stand Up for Themselves', Self-Sufficient Kids, https://selfsufficientkids.com/kids-stand-up-forthemselves/

Chapter 7: How to Be Kind

110. 'I didn't let him win' See https://www.youtube.com/watch?v=HYqc-qzSVH60&feature=youtu.be

111. 'At the root of extreme niceness' Marcia Sirota, 'The Difference Between Being Nice and Being Kind', HuffPost, 6 September 2011, https://www.huffpost.com/archive/ca/entry/too-nice_b_946956

112. 'If you want others to be happy' Leo Babauta, 'A Guide to Cultivating Compassion in Your Life, with 7 Practices', Zen Habits, https://zenhabits.net/a-guide-to-cultivatingcompassion-in-your-life-with-7-practices/

113. A walk raises our mood See World Happiness Report, https://worldhappiness.report/ed/2020/#read

114. International Positive Education Network See https://www.ipen-network.com

115. It even changes the chemical balance 'The Science of Kindness', Cedars Sinai, 13 February 2019, https://www.cedars-sinai.org/blog/science-of-kindness.html

116. 'crafted a species' Dacher Keltner, Born to Be Good: The Science of a Meaningful Life (W. W. Norton, 2009)

117. 'scrutinized everything' Charles Duhigg, 'What Google Learned from Its Quest to Build the Perfect Team', New York Times Magazine, 25 February 2016, https://www.nytimes.com/2016/02/28/magazine/what-google-learned-from-itsquest-to-build-the-perfect-team.html

118. Alarmingly, empathy and the ability to see your own filter Sara H. Konrath, Edward H. O'Brien, Courtney Hsing, 'Changes in Dispo-

sitional Empathy in American College Students Over Time: a Meta-Analysis', Personality and Social Psychology Review (May 2011), 15 (2): pp.b180–98, https://pubmed.ncbi.nlm.nih.gov/20688954/

119. The film was developed Jason Marsh, Vicki Zakrzewski, 'Four Lessons from Inside Out to Discuss with Kids', Greater Good, 14 July 2015, https://greatergood.berkeley.edu/article/item/four_lessons_from_inside_out_to_discuss_with_kids

120. One in four Brits Mental health facts and statistics are available at https://www.mind.org.uk/information-support/types-of-mental health-problems/statistics-and-facts-aboutmental-health/how-common-are-mental-health-problems/

121. In an increasingly stressful Mobilising parents & learners –Towards Global Learning Goals report

122. Sousa Mendes James Badcock, 'Portugal Finally Recognises Consul Who Saved Thousands from Holocaust', BBC News, 17 June 2020, https://www.bbc.com/news/worldeurope-53006790

123. Harriet Tubman Elinor Evans, '5 Acts of Kindness That Changed History', History Extra, 17 February 2020, https://www.historyextra.com/period/20th-century/acts-kindnesshistory-examples-jane-austen-harriet-tubman-elizabeth-fryjesse-owens-berlin-olympics-miep-gies-anne-frank/

124. We already feel bombarded Ben Goldacre, author of Bad Science, is on a mission is to protect the public from the stupid things that people write about science and their health. He shows how some 'nutritionists' blur research data to mystify diet and build people's dependence on their advice

125. Ed Walsh Ed Walsh, 'Bad Science: How to Learn from Science in the Media', Science in School, Issue 22, 22 February 2012, https://www.scienceinschool.org/article/2012/badscience-2/

126. It helps your body fight infections Heather Alexander, '5 Benefits of a Plant-Based Diet', MD Anderson Cancer Center, University of Texas, November 2019, https://www.mdanderson.org/publications/focused-on-health/5-benefits-ofa-plant-based-diet.h20-1592991.html

127. 'chew to win' Jackson Cole, 'Ray Parlour Reveals Strange Secret Behind Arsenal's Success Under Arsene Wenger: "Chew to Win"', Talksport, 19 June 2020, https://talksport.com/football/719560/ray-parlour-secret-behind-arsenal-successarsene-wenger-chew/

128. Dr Lilian Cheung See www.savorthebook.com

129. some form of exercise 'Benefits of Exercise', NHS UK, https://www.nhs.uk/live-well/exercise/exercise-health-benefits/

130. The stats are worst among female and black students Danice K. Eaton, Lela R. McKnight-Eily, Richard Lowry, Geraldine S. Perry, Letitia Presley-Cantrell, Janet B. Croft, 'Prevalence of Insufficient, Borderline, and Optimal Hours of Sleep Among High School Students – United States, 2007', Journal of Adolescent Health, Vol. 46, No. 4 (January 2010), pp.b399–401, https://www.jahonline.org/article/S1054-139X%2809%2900600-4/fulltext

131. Most young people 'Daytime Somnolence', ScienceDirect, https://www.sciencedirect.com/topics/medicine-and-dentistry/daytime-somnolence

132. keep regular sleep hours 'Trouble Sleeping?', NHS UK, https://www.nhs.uk/every-mind-matters/mental-health-issues/sleep/

133. We can get closer to nature 'Making Peace with Nature', Resurgence & Ecologist, https://www.resurgence.org/satishkumar/articles/nofa-interview.html

134. You can do the same For a more detailed way to track your happiness, try the Oxford Happiness Questionnaire, developed by psychologists Michael Argyle and Peter Hills. This gives you a sense of your relative level of happiness, and how it changes over time

135. a more methodical approach to kindness See also Dare to Be Kind: How Extraordinary Compassion Can Transform Our World (Legacy Lit, 2017), by Lizzie Velasquez, which is about the path to self-acceptance, tolerance, love and forging a compassionate world; and Kindness: Change Your Life and Make the World a Kinder Place (Capstone, 2018), by Gill Hasson, a more practical guide for how to be kind, including how to recognise kindness all around you 169 'Act with

kindness' From https://quotecatalog.com/quote/8abvZQa

136. 'pay it forward' Alice Johnston, '11 Small Acts of Kindness That Changed the World Forever', Culture Trip, 21 December2017, https://theculturetrip.com/europe/articles/10-small-actsof-kindness-that-changed-the-world/

137. Harvard's Graduate School of Education '5 Tips for Cultivating Empathy', Making Caring Common Project, Harvard Graduate School of Education, https://mcc.gse. harvard.edu/resources-for-families/5-tips-cultivating-empathy

138. practise empathy For more on learning empathy, do try the Empathy Lab: https://www.empathylab.uk/, including its 2020 read for empathy list: https://www.empathylab.uk/2020-read-for-empathy-collections

139. many are unconscious https://implicit.harvard.edu/implicit/takeatest.html offers a Harvard quiz that helps you identify bias

Chapter 8: How to Live with Technology

140. AI can indeed be a tool Sahajveer Baweja, Swapnil Singh, 'Beginning of Artificial Intelligence, End of Human Rights', LSE blog, 16 July 2020, https://blogs.lse.ac.uk/humanrights/2020/07/16/beginning-of-artificial-intelligenceend-of-human-rights/

141. Through her Algorithmic Justice League Chris Burt, 'Tech Giants Pressured to Follow Google in Removing Gender Labels from Computer Vision Services', Biometric Update, 2 March 2020, https://www.biometricupdate.com/202003/techgiants-pressured-to-follow-google-in-removing-gender-labelsfrom-computer-vision-services

142. Global Tech Panel See https://eeas.europa.eu/topics/globaltech-panel/62657/global-tech-panel_en

143. Oxford Commission on AI and Good Governance See https://oxcaigg.oii.ox.ac.uk/about/

144. International Principles on the Application of Human Rights to Communications Surveillance See https://www.eff.org/files/necessary-andproportionatefinal.pdf. See also this from the Ford Foundation:

https://www.fordfoundation.org/media/2541/prima-hr-tech-report.pdf

145. 'expose the impact' 'Technology and Rights', Human Rights Watch, https://www.hrw.org/topic/technology-and-rights

146. According to Forbes Jeff Boss, Forbes magazine, September 2015

147. 'noise' Daniel Kahneman, Olivier Sibony, Cass R. Sunstein, Noise: A Flaw in Human Judgment (William Collins, 2021)

148. 'The machinelike process' Adam Elkus, 'The Hierarchy of Cringe', https://aelkus.github.io/culture/2019/10/21/hierarchyof-cringe

149. The hours 'How Use of Social Media and Social Comparison Affect Mental Health', Nursing Times, 24 February 2020, https://www.nursingtimes.net/news/mental-health/how-use-ofsocial-media-and-social-comparison-affect-mental-health-24-02-2020/

150. just having a phone in your pocket Andrew K. Przybylski, Netta Weinstein, 'Can You Connect With Me Now? How the Presence of Mobile Communication Technology Influences Face-To-Face Conversation Quality', Journal of Personal and Social Relationships, Vol. 30, No. 3 (May 2013), pp.b237–46, https://journals.sagepub.com/doi/full/10.1177/0265407512453827

151. different platforms have different effects 'Status of Mind', Royal Institute of Public Health report, 2017, https://www.rsph.org.uk/our-work/campaigns/status-of-mind.html

152. 'civic online reasoning' Annabelle Timsit, 'In the Age of Fake News, Here's How Schools Are Teaching Kids to Think Like Fact-Checkers', Quartz, 12 February 2019, https://qz.com/1533747/in-the-age-of-fake-news-heres-how-schools-areteaching-kids-to-think-like-fact-checkers/

153. Schools in Finland Jon Henley, 'How Finland Starts Its Fight Against Fake News in Primary Schools', Guardian, 29 January 2020, https://www.theguardian.com/world/2020/jan/28/fact-from-fiction-finlands-new-lessons-in-combatingfake-news 190 There are browser extensions 'Is Your News Feed a Bubble?', PolitEcho, http://politecho.org/

154. examples of the steps we can take 'How to Protect Your Privacy: 21st

Century Survival Skills', https://www.youtube. com/watch?v=LnV8i-U0CLpg

155. Eighty-eight per cent of teens Social media statistics, https://www.guardchild.com/social-media-statistics-2/192 problems with body image 'The Link Between Social Media and Body Image, King University Online, 9 October 2019, https://online.king.edu/news/social-media-and-body-image/

156. affects self-esteem Leon Festinger, A Theory of Social Comparison Process (1954) 192 Ten million new photos an hour 'Status of Mind', Royal Institute of Public Health report, 2017, https://www.rsph.org.uk/our-work/campaigns/status-of-mind.html

157. as in the Dutch system Bonnie J. Rough, 'How the Dutch Do Sex Ed', The Atlantic, 27 August 2018, https://www.theatlantic.com/family/archive/2018/08/the-benefits-ofstarting-sex-ed-at-age-4/568225/

158. Or via Snapchat? See https://www.net-aware.org.uk/ networks/snapchat/Chapter 9: How to Be Global

159. Andreas Schleicher See https://www.oecd.org/education/andreas-schleicher.htm

160. business leaders consistently say Frank Levy and Richard J. Murnane, Dancing with Robots: Human Skills for Computerized Work (Third Way, 2013)

161. fit in well with a team 'New Vision for Education: Unlocking the Potential of Technology', World Economic Forum, 2015, http://www3.weforum.org/docs/WEFUSA_NewVisionfor Education_Report2015.pdf

162. adaptability, creativity and teamwork Graham BrownMartin, 'Education and the Fourth Industrial Revolution', keynote speech, ICERI 2018 201 The Brookings Institution Learning Metrics Task Force, Brookings Institution, https://www.brookings.edu/product/learning-metrics-task-force/201 boiled them down to six Randa Grob-Zakhary and Jessica Hjarrand, 'To Close the Skills Gap, Start with the LearningGap', Brookings Institution, https://www.brookings.edu/opinions/to-close-the-skills-gap-start-with-the-learning-gap/201 the OECD

has set out more detail 'Global Competency for an Inclusive World', OECD, 2016, https://www.oecd.org/education/Global-competency-for-an-inclusive-world.pdf

163. worked with the Asia Society 'OECD, Asia Society Release Framework, Practical Guide for Global Competence Education', Asia Society, https://asiasociety.org/oecd-asiasociety-release-framework-practical-guide-global-competenceeducation

164. 'the capacity to analyse' 'OECD, Asia Society Release Framework, Practical Guide for Global Competence Education', Asia Society, https://asiasociety.org/oecd-asiasociety-release-framework-practical-guide-global-competenceeducation

165. 'inquirers' IB learner profile: http://www.ibo.org/contentassets/fd-82f70643ef4086b7d3f292cc214962/learnerprofile-en.pdf

166. At the heart of that Vivien Stewart, 'Preparing Students for the 21st Century', Asia Society, http://asiasociety.org/globalcities-education-network/preparing-students-21st-century

167. a curriculum for global citizenship Fernando M. Reimers, Vidur Chopra, Connie K. Chung, Empowering Global Citizens: A World Course (CreateSpace Independent Publishing Platform, 2016)

168. The learning passport enables 'About the Learning Passport', Learning Passport, https://www.learningpassport.org/aboutlearning-passport

169. a global core curriculum 'Islands of Opportunity', Towards Global Learning Goals, December 2018, https://secureservercdn.net/160.153.138.219/tvi.232.myftpupload.com/wp-content/uploads/2019/01/Islands-of-OpportunityTowards-Global-Learning-Goals-singepageversion.pdf

170. Ken Robinson argued National Advisory Committee on Creative and Cultural Education, All Our Futures: Creativity, Culture and Education, May 1999, sirkenrobinson.com/pdf/allourfutures.pdf Chapter 10: How to Be a Good Ancestor

171. The cancer they could develop Alice Johnston, '11 Small Acts of Kindness That Changed the World Forever', Culture Trip,

172. December 2017, https://theculturetrip.com/europe/articles/10-small-

acts-of-kindness-that-changed-the-world/

173. another adventure Matthew Teller, 'The Three-Month Flight Along the Nile', BBC News, 5 January 2014, https://www.bbc.com/news/magazine-25578363

174. part of honouring and remembering This starts with learning to grieve for them: the Collective Psychology Project's 'This Too Shall Pass' report gives us a toolkit 220 Diplowomen 'Diplomat Interview: Karma Ekmekji', Diplomat, 2 July 2019, https://diplomatmagazine.com/diplomat-interview-karma-ekmekji/

175. Food production accounts for Here's a nifty tool to check the carbon footprint of your diet: https://www.bbc.com/news/science-environment-46459714

176. has replaced the trees The Intergovernmental Panel on Climate Change, https://www.ipcc.ch/

177. a two-year programme EAT-Lancet Commission on Food, Plant, Health, https://eatforum.org/eat-lancet-commission/

178. transform our understanding of inheritance and evolution Philip Hunter has argued that epigenetic inheritance 'is implicated in the passing down of certain cultural, personality or even psychiatric traits'. Philip Hunter, 'What Genes Remember', Prospect, 24 May 2008, https://www.prospectmagazine.co.uk/magazine/whatgenesremember

179. predicted an increase in the number of conflicts Stephen M. Walt, 'What Will 2050 Look Like?', Foreign Policy, 12 May 2015, https://foreignpolicy.com/2015/05/12/what-will-2050-look-like-china-nato/

180. Hay Festival 'Izzeldin Abuelaish Talks to Tom Fletcher', https://www.hayfestival.com/p-16413-izzeldin-abuelaishtalks-to-tom-fletcher.aspx?skinid=16 Chapter 11: Education's Sliding Doors Moment

181. By 2050, that figure is projected to be Max Roser and Esteban Ortiz-Ospina, 'Tertiary Education', published online at OurWorldInData.org, https://ourworldindata.org/tertiaryeducation

182. 'I think the reckoning' Tim Levin, 'Education Is More Ripe for Disruption Than Nearly Any Other Industry, Says NYU Professor Scott Galloway: "Harvard Is Now a $50,000 Streaming Platform"', Business

Insider, 9 December 2020, https://www.businessinsider.com/nyu-professor-scottgalloway-college-access-equity-future-educationdisruption-2020-12

Chapter 12: Renaissance 2.0

183. I brought together thirty 'Universities of the Future', Towards Global Learning Goals, https://globallearninggoals.org/universities-of-the-future/
184. shared by video Samo Burja, 'The YouTube Revolution in Knowledge Transfer', Medium, 17 September 2019, https://medium.com/@samo.burja/the-youtube-revolution-inknowledge-transfer-cb701f82096a
185. 'I believe that' Rebecca Winthrop and Mahsa Ershadi, 'Know Your Parents: A Global Study of Family Beliefs, Motivations, and Sources of Information on Schooling', Brookings Institution, 16 March 2021, https://www.brookings.edu/essay/know-your-parents/
186. MasterClass, an online education platform See https://www.bloombergquint.com/business/masterclass-is-said-to-seekfunding-at-about-800-million-value
187. an exam-free semester Jung Min-ho, 'Exam-Free Semester Program Gets Positive Reviews', Korea Times, 9 December 2014, http://www.koreatimes.co.kr/www/news/nation/2014/12/116_169600.html
188. part of university entrance procedures Vivien Stewart, 'Preparing Students for the 21st Century', Asia Society, http://asiasociety.org/global-cities-education-network/preparing-students-21st-century
189. the city of Hiroshima Vivien Stewart, 'Preparing Students for the 21st Century', Asia Society, http://asiasociety.org/globalcities-education-network/preparing-students-21st-century
190. 'Science and arts' Creative Education Agenda: How and Why the Next Government Should Support Cultural and Creative Learning in the UK, 2017, https://www.creativeindustriesfederation.com/sites/default/files/2017-05/CIF_EduAgenda_spreads.pdf

Chapter 13: Humanifesto

191. 'a gateway between one world' Arundhati Roy, 'The Pandemic Is a Portal', Financial Times, 3 April 2020, https://www.ft.com/content/10d-8f5e8-74eb-11ea-95fe-fcd274e920ca Chapter 14: The Thirty-Nine Survival Steps You Can Start to Take Today
192. 'A journey of a thousand miles' Attributed to the Chinese philosopher Lao Tzu
193. Prepare yourself for vocations Arwa Mahdawi, 'What Jobs Will Still Be Around in 20 Years? Read This to Prepare Your Future', Guardian, 26 June 2017, https://www.theguardian.com/us-news/2017/jun/26/jobs-future-automation-robotsskills-creative-health
194. Get a full physical Kit Collingwood, 'A Mental Health MOT', Medium, 1 October 2019, https://medium.com/oneteamgov/a-mental-health-mot-a1fdc6cc222